Der Tod ist ganz ungefährlich

Buddhistische Hilfen im Umgang mit Alter, Krankheit, Tod

von

Wilfried Reuter

in Zusammenarbeit mit
Sabine Schüler und Traudel Reiß

JhanaVerlag

Jhana Verlag im Buddha-Haus:
www.buddha-haus-shop.de oder www.buddha-haus.de
Wir senden Ihnen gerne unseren Katalog zu.

Bibliografische Information der Deutschen Bibliothek
Die Deutsche Bibliothek verzeichnet diese Publikation in der Deutschen Nationalbibliografie; detaillierte bibliografische Daten sind im Internet über http://dnb.ddb.de abrufbar

ISBN 978-3-931274-45-0

Umschlaggestaltung: Simone Hundertmark
Satz und Layout: Claudia Wildgruber
Druck: Druckerei Steinmeier GmbH & Co.KG, Deiningen

Widmung

Dieses Buch widme ich meinem Vater und Bhante Nyanabodhi in Dankbarkeit und Verbundenheit.

Mein Vater lebt unauslöschlich in meinem Herzen weiter. Ich verdanke ihm unendlich viel. Auch in der Art, wie er mit seinem Alter, mit Krankheiten und seinem Sterben umging, ist er ein Vorbild für mich. Aus der Begleitung in seinen letzten Lebensjahren reifte in mir die Absicht, jene Vorträge zu halten, die diesem Buch zugrunde liegen.

Bhante Nyanabodhi ist ein authentischer Lehrer, ein wichtiger Freund und wertvoller Vertrauter für mich. In meiner eigenen Lehrtätigkeit bestärkt, fördert und unterstützt er mich bis heute. Die weitsichtige und tolerante Art, in der er als Mönch und Abt wirkt, inspiriert und ermutigt mich sehr.

Inhalt

Einführung

Verschiedenheit und Verbundenheit

Die Götterboten. Bist du den Götterboten schon begegnet?

Wenn wir uns gegenseitig so anschauen und betrachten, dann können wir erkennen, dass wir ziemlich verschieden aussehen. Wir sehen nicht nur verschieden aus, wir haben auch verschiedene Biografien, kommen aus unterschiedlichen Gegenden. Wir sind Frauen, wir sind Männer, wir sind unterschiedlich alt. Wir üben verschiedene Berufe aus, und wir haben im Laufe der Zeit zum Teil sehr voneinander abweichende Erfahrungen gemacht.

Jeder hat seine persönliche Lebensgeschichte, die sich von der anderer unterscheidet. Wenn du es aber nicht bei diesem ersten Blick belässt, sondern tiefer schaust, unter die Oberfläche, dann wirst du grundsätzliche Gemeinsamkeiten sehen. Es gibt Lebensgesetze, die für uns alle gelten: Wir alle werden älter, irgendwann treten Krankheiten auf, und wir alle werden diesen Körper wieder verlassen.

Viele von uns haben Angst vor der Trennung von lieben Menschen, und der Gedanke an den Tod ist uns vermutlich unangenehm. Wir fürchten uns vor Verlusten und Schmerz und sehnen uns nach Geborgenheit und Sicherheit. Wir wünschen uns – vermutlich kann ich auch das für uns alle sagen –, am Ende auf ein erfülltes Leben zurückzublicken. Wir hätten gerne einen leichten Tod.

Solange du nur an der Oberfläche bleibst und nur die Verschiedenheit wahrnimmst, wirst du dich vermutlich immer wieder einsam fühlen, auch ziemlich bedeutungslos. Da glaubst du dann, dass andere viel wichtiger sind: größer und bedeutender. Sieben Milliarden Menschen gibt es auf der Erde, und du bist nur einer von so vielen. Solange du nur den Blick auf die Oberfläche richtest, wirst du dich immer wieder gegenüber anderen behaupten und durchsetzen müssen, um deine Identität aufrechtzuerhalten. Das wird dir nicht jedes Mal gelingen, und so werden auch immer wieder Einsamkeit und Verzagtheit aufkommen. Solange du nur den Blick auf diese oberflächliche Ebene kennst, wirst du ein mehr oder weniger anstrengendes Leben führen.

Solange du nur die Verschiedenheit wahrnimmst, wirst du dich einsam fühlen.

Solange wir nur die Oberfläche sehen, gleichen wir Inseln in einem Ozean: verschieden groß und hoch und unterschiedlich bewachsen. Inseln, die vergessen haben, dass sie an der Basis alle miteinander und auch mit dem Festland verbunden sind. Inseln, die vergessen haben, dass sie eigentlich nichts anderes sind als vorübergehende Ausstülpungen eines gemeinsamen Urgrundes. Könnten wir tiefer schauen, unter die Oberfläche, hin zu dem, was uns verbindet, könnten wir Mitgefühl und Verbundenheit erleben.

Wenn buddhistische Lehrer über Mitgefühl sprechen, betonen sie immer wieder diesen Zusammenhang: Aus dem Blick auf die Oberfläche entsteht kein Mitgefühl, sondern Konkurrenzdenken und Kampf. Erst aus dem Blick in die Tiefe, auf die Verbundenheit, kann Mitgefühl entstehen.

Aus dem Blick in die Tiefe kann Mitgefühl entstehen.

Verschiedenheit und Unwissenheit

Aber warum belassen wir es so gerne bei diesem ersten oberflächlichen Blick? Vielleicht, weil wir es nicht anders gewohnt sind und alle es so machen. Wer spricht schon mühelos über unsere

Verbundenheit, über unsere tief gehende Gemeinsamkeit, wenn es sich nicht um besondere Gelegenheiten handelt oder wir uns an speziellen Orten befinden? Warum nehmen wir immer wieder nur die Oberfläche wahr?

Vielleicht weil es an der Oberfläche lauter ist als in der Tiefe und der Geist sich am stärksten von dem anziehen lässt, was am lautesten, am spektakulärsten ist.

In unserem Zentrum finden ab und zu Kurse für Schwangere und junge Eltern statt. In Berlin gibt es für Schwangere sehr viele Angebote, für junge Eltern nur wenige, sodass diese Kurse gut angenommen werden. Also kommen auch immer junge Eltern und bringen ihre Babys mit. Und wenn ich dann einen Vortrag halte, schlafen die Babys vielleicht ein (je nachdem, wie langweilig der Vortrag ist), aber irgendwann werden sie wieder wach. Und wenn ein Baby wach wird und anfängt zu weinen, dann habe ich nichts mehr zu melden. Erst schauen alle mich an, dann schauen alle zum Baby.

Das Baby zieht in diesem Moment stärker als der Vortrag. Dieser Urinstinkt in uns sorgt dafür, dass wir uns um das Baby kümmern und spüren, was es gerade braucht. Im Alltag sind es im Allgemeinen jedoch nicht die Babys, die unsere Aufmerksamkeit auf sich ziehen. Im Alltag ist es das Lauteste, das Schrillste, das Faszinierendste, das Gröbste, das unseren Geist ablenkt und an sich zieht. Die tiefere Dimension hingegen ist leiser, subtiler. Sie ist eher in der Natur zu erleben und beinhaltet Weite und Sein statt Tun.

Solange du es beim ersten oberflächlichen Blick belässt, bleibt dein Leben unvollständig, eindimensional. Solange du nur die Dimension der Oberfläche kennst, fehlt etwas. Im Buddhismus sprechen wir nicht von Unvollständigkeit, sondern von Unwissenheit. Vielleicht erschrickst du jetzt, wenn du das Wort „Unwissenheit" liest. Vielleicht hast du einen strengen Lehrer vor Augen, der dich

Solange du es beim ersten oberflächlichen Blick belässt, bleibt dein Leben unvollständig.

wegen deiner Unwissenheit tadelte, oder es werden alte verletzende Erfahrungen angerührt. Aber um diese Art von Wissen geht es nicht. Es geht nicht um einen Mangel an intellektuellem Wissen, wenn der Buddha von Unwissenheit spricht.

Unwissenheit ist die Basis für alle Schwierigkeiten, die wir erleben, so hat der Buddha gelehrt. Der indische Meister Sri Aurobindo sagt, Unwissenheit sei unvollständiges Wissen. Kein Makel, sondern ein Wissen, das sich nur auf die Oberfläche, auf die Fassade unseres Seins und damit auf die Verschiedenheit bezieht. Unwissenheit sieht nur, was uns voneinander trennt.

Solange du nur die oberflächliche Ebene kennst und nicht mit der Tiefe verbunden bist, kommst du vermutlich zu falschen Schlüssen und zu einem falschen Verständnis. Solange du nur die Fassade kennst, wirst du aus falschem Verständnis heraus immer wieder versuchen, dich als Einzelner zu behaupten. Du bemühst dich, du kontrollierst dich oder vielleicht auch andere, du versuchst, dein Leben in den Griff zu bekommen. Im Allgemeinen hast du damit jedoch keinen dauerhaften Erfolg.

Zu den Kostbarkeiten unseres menschlichen Lebens zählt, dass wir immer wieder neue Chancen bekommen, aufzuwachen und tiefer zu schauen. Also bieten sich auch dir immer wieder neue Chancen, Unwissenheit zu verringern und stattdessen Wissen und Einsicht anwachsen zu lassen. Eine große Chance liegt darin, dich einmal tiefer auf die genannten Gemeinsamkeiten einzulassen: dass wir alle älter werden, für Krankheiten anfällig sind und diesen Körper eines Tages wieder verlassen werden.

Zu den Kostbarkeiten des menschlichen Lebens zählt, dass wir immer wieder neue Chancen bekommen.

Wenn du einmal in Kiel, Hamburg, Bremerhaven oder an einem anderen Hafen warst und dort die großen Schiffe gesehen hast, dann weißt du, dass sie Lotsen brauchen, die sie durch enge Zufahrtswege steuern, um auf den weiten Ozean zu gelangen.

Auch wir brauchen Lotsen, die uns aus der Enge unserer eingeschränkten Sichtweise herausführen können. Lotsen, die uns helfen, den Blick unter die Oberfläche zu lenken. Diese Lotsen heißen Alter, Krankheit und Tod. Der Buddha bezeichnete sie als „Götterboten“.

Alter, Krankheit und Tod sind Götterboten.

Flucht in den Rausch

Untersuche dich nun einmal selbst anhand der folgenden Fragen:

Wie reagierst du, wenn du Alter, Krankheit oder Tod gegenüber stehst?
Wie begegnest du im Allgemeinen einem dieser Götterboten?
Verschließt du die Tür vor ihm?
Versuchst du, ihn zu ignorieren?
Entschließt du dich, ihn zu bekämpfen?
Übertünchst du ihn?
Oder bittest du den Götterboten an deinen Tisch und hörst ihm zu?
Vielleicht hörst du, was er dir sagen oder dich fragen will?
Welchen Weg will er dir zeigen?

Für manche bedeuten Alter und Krankheit eine Last, andere sehen sie als Ungemach oder als Strafe, als unabwendbares Übel. Viele Menschen lehnen es ab, dem Götterboten zuzuhören. Und da er sich nicht abweisen lässt, entscheiden sich die meisten Menschen für Kampf oder Ignoranz. Sie flüchten in das Nicht-Wahrhaben-Wollen wie in einen Rausch. In der Lehrrede von den Götterboten[1)] spricht der Buddha auch von den drei verschiedenen Arten von Rausch, in die wir uns flüchten: von dem Jugendrausch, dem Gesundheitsrausch und dem Lebensrausch.

---

1) Die drei Götterboten, Angereihte Sammlung, AIII.36, Bielefeld: Aurum Verlag 1984.

Der Jugendrausch will uns weismachen: „Alt werden nur die anderen! Du bist zwar 60, siehst aber aus wie 35!"

Viele Menschen flüchten in den Jugend-, Gesundheits- und Lebensrausch.

Der Gesundheitsrausch denkt: „Dieser Körper ist so fit, ich werde nicht krank." So dachte ich auch, bis dann mit 40 der Schlaganfall kam.

Der Lebensrausch sagt: „Ich und sterben?" – Du wirst dich zwar nicht für unsterblich halten, aber – „Jetzt noch nicht! Bis der Tod zu mir kommt, das dauert doch noch lange."

Hast du schon einmal einen Rausch gehabt? Auf jeden Rausch folgt im Allgemeinen ein Kater, und ein Kater ist unangenehm. Wenn wir in einem Rausch gefangen sind, wird irgendwann der Kater in Gestalt eines ziemlich unsanften Wachwerdens kommen.

Erwachen aus dem Rausch

Aber es gibt auch noch eine weitere Möglichkeit. Sie besteht darin, den Götterboten, den Naturgesetzen, keinen Widerstand entgegenzusetzen, sondern ihnen zuzuhören. Du kannst sie an deinen Tisch bitten und lauschen, was sie dir zu sagen haben, worauf sie dich aufmerksam machen wollen.

Du kannst den Götterboten zuhören und einen bestehenden Rausch auflösen.

In der Lebensgeschichte des Buddha werden drei Ausfahrten beschrieben, die er unternahm, bevor er zum Buddha wurde. Bei diesen drei Ausfahrten kam er zum ersten Mal in seinem Leben nacheinander mit Alter, Krankheit und Tod in Berührung. Bis dahin hatte er ein sehr privilegiertes Leben unter besten Bedingungen geführt. Er war gut erzogen, hatte eine hervorragende Ausbildung genossen und eine glänzende Zukunft lag vor ihm. Alles Unbequeme und Unangenehme versuchte sein Vater von ihm fern zu halten.

Die drei Ausfahrten stehen für das Aufwachen aus den drei

Räuschen. In der Lehrrede Dreierlei Rausch[2] heißt es: „Auch ich bin dem Alter unterworfen, auch ich bin der Krankheit unterworfen, auch ich bin ja dem Tod unterworfen. Indem ich so dachte, schwand mir der Jugend-, der Gesundheits-, der Lebensrausch."

Die Tendenz, sich angesichts von Alter, Krankheit und Tod rauschhaft zu vernebeln, scheint so alt wie die Menschheit zu sein. Aus den Veden, den ältesten indischen Schriften, die lange vor der Lebenszeit des Buddha entstanden sind, stammt der folgende Dialog zwischen zwei Göttern. Einer der Götter fragt: „Was ist eigentlich das Erstaunlichste an den Menschen?" Darauf erwidert der andere: „Das Erstaunlichste an den Menschen ist, dass sie alle sehen, wie sie älter werden, wie Krankheiten sie ereilen und dass sie sterben müssen, aber jeder Einzelne glaubt von sich, er bleibe davon verschont. Das ist das Erstaunlichste an den Menschen."

Alter, Krankheit und Tod heutzutage

Heute versucht die Medizin uns zu suggerieren, dass das Alter zu überwinden sei. Kürzlich habe ich in einem von Genetikern und Biologen veröffentlichten Artikel gelesen, dass Menschen durchaus 250 oder 300 Jahre alt werden könnten. Alles nur eine Frage der Zeit! Ob das aber tatsächlich wünschenswert ist?

Auch möchte die Medizin uns glauben machen, dass wir irgendwann die Krankheit beherrscht haben werden. Bei manchen Infektionskrankheiten ist uns das vielleicht sogar gelungen. Vielleicht sind die Pocken wirklich ausgerottet. Aber dafür beschäftigen uns neue Infektionskrankheiten, HIV beispielsweise, HPV und viele weitere Krankheiten. Dennoch suggeriert uns

Die Medizin suggeriert uns, dass Alter und Krankheit irgendwann beherrscht werden können.

[2] Dreierlei Rausch, Angereihte Sammlung, III.39, Bielefeld: Aurum Verlag 1984.

die Medizin: „Irgendwann werden wir die Krankheiten besiegt haben! Wir müssen nur noch mehr investieren, noch raffiniertere diagnostische Methoden entwickeln, noch wirkungsvollere Medikamente!"

Und diejenigen, bei denen die Methoden der modernen Medizin nicht oder nicht mehr anschlagen, werden abgeschoben. Zurzeit betreue ich eine junge Patientin, die schwanger ist. Vor Kurzem habe ich bei ihr ein Mammakarzinom entdeckt und sie in eine Klinik eingewiesen. So eine junge Frau ist erst einmal interessant für die Mediziner, und es werden alle möglichen diagnostischen und therapeutischen Maßnahmen in die Wege geleitet.

Und ich betreue auch einige Patientinnen, bei denen alle Methoden der Medizin ausgereizt sind und es klar ist, dass weitere Therapien nichts mehr nützen. In solchen Situationen wird die Medizin mit ihrer eigenen Begrenztheit konfrontiert.

Über die Fragen von Leben und Tod wird in letzter Zeit häufiger gesprochen. Die Medien nehmen sich des Themas an, und oft wird dabei der Umgang mit dem Tod verherrlicht. Nahtoderlebnisse werden meistens als sehr leuchtend und leicht dargestellt. Der Tod als müheloser Übergang ins Licht. Bis man ihn dann selbst erlebt.

Hierzulande haben viele Menschen noch nie einen Toten gesehen. Ganz selbstverständlich werden die Verstorbenen bald nach dem letzten Atemzug in die Kühlkammern gebracht und anschließend in den Sarg gebettet. Und wenn du nicht gerade dabei warst, als in deiner Verwandtschaft jemand starb, dann hast du vielleicht auch noch nie einen Menschen sterben sehen.

Ganz anders geht es in Indien zu. In Varanasi[3)] werden wir ständig mit dem Tod konfrontiert. In Indien gilt es im Hinduismus als sehr verdienstvoll, in Varanasi zu sterben. Deshalb gibt es dort viele Hospize und Altenheime. Die Toten werden zum Ganges

---

3) Stadt am Ganges, früher „Benares".

getragen und an seinem Ufer verbrannt. Einige von uns haben dies schon gesehen und dabei auch die Betroffenheit erlebt, die aufkommt, wenn wir ganz konkret und unmittelbar einen toten Menschen sehen.

In der Arztpraxis höre ich immer wieder Sätze wie: „Ich finde alt werden schrecklich. Alles fängt an zu hängen, alles wird runzlig. Hier und da kommen die Zipperlein und schränken mich immer mehr ein. Furchtbar!" Und eine Kollegin bemerkte kürzlich, auf ihren Kreuzschmerz anspielend: „Altwerden ist nichts für Feiglinge." Altwerden mag ja nichts für Feiglinge sein, aber trotzdem kommst du nicht ums Altern herum. Und wer ist nicht manchmal auch ein bisschen feige?

Altwerden ist nichts für Feiglinge.

„Vor Krankheiten habe ich große Angst." Das habe ich bei den üblichen Vorsorgeuntersuchungen hunderte, tausende Male gehört. Oder: „Ich bin nicht krank. Das würde ich spüren. Ich lebe gesund und balanciert, und meine Psyche ist ausgeglichen." Ein fataler Irrtum.

„Ach, man sollte sich doch auch gar nicht so viel mit solchen Dingen wie Alter, Krankheit und Tod beschäftigen", sagte mir eine Patientin, als ich ihr erzählte, mit welchem Thema ich mich gerade ausgiebig beschäftige. „Damit zieht man doch nur negative Energien an. Das ist doch morbide."

Wenn der Blitz einschlägt

In der Lehrrede über die Götterboten wird ein Mensch dargestellt, der auch nicht auf die Götterboten gehört hat. Er hat sich treiben lassen und nach Lust und Laune gelebt, ohne Visionen für sein Leben. Und so erlebt er zum Schluss, als der Tod naht, große Reue. „Ich bin zutiefst erschrocken und habe große Angst", sagt er. Der Buddha fragt: „Hast du denn nicht bedacht, dass auch du älter wirst?" „Nein, das habe ich nicht. Ich war leichtsinnig", erwidert dieser Mensch.

Wenn du Alter, Krankheit und Tod ausklammerst, wenn du den Götterboten die Tür weist und dich irgendwann ganz plötzlich der Blitz trifft – du einen Unfall, eine Krankheit oder eine Trennung erleidest –, dann stehst du da wie der Mensch in dieser Lehrrede: überhaupt nicht vorbereitet.

Manchmal braucht es einen heftigen Anstoß des Schicksals, um die Perspektive zu wechseln. Vielleicht ist es eine eigene Erkrankung, vielleicht der Tod eines uns nahe stehenden Menschen, der uns tief erschüttert.

Manchmal braucht es einen heftigen Anstoß des Schicksals, um die Perspektive zu wechseln.

Immer wieder habe ich in meiner Arztpraxis Patientinnen denen ich lebensverändernde Diagnosen übermitteln muss. Und im Laufe des Erstgespräches frage ich sie im Allgemeinen: „Wollen Sie wissen, was der Buddha zu dem gesagt hat, was Sie gerade erleben?" Fast immer stimmen sie zu. Dann erzähle ich, dass der Buddha von den Götterboten gesprochen hat. Und meist sind die Patientinnen dankbar für diese Perspektive: „Ah, ich habe nicht falsch gelebt und das ist keine Strafe, sondern ein Götterbote." Und so gehen sie und kommen vielleicht beim zweiten Besuch oder am Ende der Therapie wieder mit der Frage: „Können Sie mir helfen, herauszufinden, was der Götterbote mich fragen oder mir mitteilen will?"

Sehnsucht und Vision

Götterboten könnten nach den Visionen für dein Leben fragen. Sie könnten dich fragen, wie klar du dir eigentlich über den Sinn deines Lebens bist. Bist du dir klar darüber, wozu du da bist? Götterboten könnten dich nach deiner Sehnsucht fragen. Visionen wurzeln in der Sehnsucht, in den Urbedürfnissen.

Götterboten könnten nach den Visionen für dein Leben fragen.

Menschen ohne Lebensvisionen leben häufig planlos. Menschen, die keinen Sinn in ihrem Leben gefunden haben, die kein übergeordnetes Ziel benennen können, bewegen sich oft richtungslos. Und wenn bei diesen Menschen verschiedene Bedürfnisse miteinander in Konflikt geraten, dann folgen sie im Allgemeinen dem, was am lautesten ist und am stärksten zieht.

Ihr kennt vielleicht das japanische Sprichwort: „Eine Vision ohne Handeln ist ein Tagtraum, aber Handeln ohne Vision ist ein Albtraum." Ein Leben ohne Visionen ist ein Albtraum. Die Götterboten könnten dich also nach den Visionen in deinem Leben fragen, denn sie möchten dich vor dem Albtraum bewahren. Gibt es in deinem Leben eine Richtung? Je klarer du dir bezüglich deiner Visionen bist, desto mehr Klarheit wirst du auch in Bezug auf damit zusammenhängende grundlegende Werte entwickeln. Wenn dir deine Werte bewusst werden und du sie mit deinen Visionen in Einklang bringst, dann kannst du dein Handeln entsprechend ausrichten.

„Eine Vision ohne Handeln ist ein Tagtraum, aber Handeln ohne Vision ist ein Albtraum."

Manche Menschen formulieren keine übergeordneten Visionen, weil sie Angst haben, sich festzulegen und sich unter Druck zu setzen. Jemand sagte einmal zu mir: „Wenn ich ein Ziel habe, ein Lebensziel, dann gibt es doch wieder nur Erreichen dieses Ziels oder Scheitern, also Siegen oder Verlieren. Das setzt mich unter Druck." So ist ein übergeordnetes Lebensziel nicht zu verstehen. Betrachte deine Visionen eher als Leuchtturm, als Leitstern. So wie die Wanderer und Seefahrer früherer Zeiten die Sterne am Himmel zur Orientierung nutzten.

In meine Arztpraxis kommen Frauen jeden Alters, in letzter Zeit auch immer mehr sehr junge Frauen. Im Allgemeinen sind das die Töchter der Mütter, die ich einst entbunden habe, also Kinder, die ich schon als Neugeborenes begrüßt habe. Oft haben sie gerade ihren Schulabschluss gemacht, und wenn es die Zeit erlaubt, frage ich sie: „Was wünschst du dir für dein Leben? Hast du eine Vorstellung? Wie kann es weitergehen?" Und dann werden Dinge genannt wie „Studieren, einen Beruf erlernen, eine Familie gründen.“ Und: „Natürlich möchte ich Zufriedenheit erleben. Ich wünsche mir Glück.“ Dann erkundige ich mich weiter: „Was glaubst du, wovon dein Glück abhängt? Was heißt das konkret für dich?“ „Ja, ich glaube, wenn ich einen guten Beruf erlerne, wenn ich Geld verdiene, wenn ich eine Familie gründe, Kinder habe, das ist es. So stelle ich es mir vor, das ist meine Vision.“

Und manchmal frage ich dann: „Willst du wissen, was der Buddha dazu gesagt hat?“ – Diese Frage zu stellen fällt mir nicht schwer, weil mein Arztzimmer einem buddhistischen Tempel gleicht und der Buddha ganz mühelos ins Spiel gebracht werden kann. – „Ja, klar“, kommt dann meistens als Antwort.

Bedingungen für Glück

Der Buddha hat Zufriedenheit, Glück und Erfüllung als Grundbedürfnisse genannt. Nach der Lehre des Buddha geschieht das Stillen dieser Grundbedürfnisse im Allgemeinen nicht zufällig, sondern ist abhängig von vielen verschiedenen Bedingungen. Es ist wichtig, dabei zwischen äußeren und inneren Bedingungen zu unterscheiden.

Zu den äußeren Bedingungen zählen deine Beziehung zu Partner und Freunden, die Familie, die du vielleicht gründest, der Beruf, den du irgendwann ausübst. Auch der Körper zählt zu den äußeren Bedingungen. Äußere Bedingungen sind nur wenig kontrollierbar, manchmal etwas, häufiger gar nicht, denn sie verändern sich ständig. Aber wenn sich ständig die äußeren Bedingungen für Glück ändern, stellt sich die Frage, ob es überhaupt möglich ist, dauerhafte Zufriedenheit, Erfüllung, Freude, Glück zu erlangen.

Äußere Bedingungen sind nur wenig kontrollierbar, sie verändern sich ständig.

Doch, das ist möglich, denn wie wir gelesen haben, gibt es zwei Arten von Bedingungen: die äußeren und die inneren. Die inneren Bedingungen sind die wichtigsten und viel wichtiger als die äußeren.

Wenn du zum Beispiel im Herbst einen Apfel ernten willst, dann brauchst du dazu einen Garten. Wenn du Getreide ernten willst, brauchst du dazu ein Feld, auf dem das Getreide wachsen kann. Außerdem werden Regen und Wind benötigt, Sonnenschein und die Jahreszeiten. Das sind die äußeren Bedingungen. Aber wichtiger als dies alles ist für den Apfel der Apfelsamen, der irgendwann in den Boden gelegt wurde und aufgegangen ist. Für die Ähre ist das Korn, das im Frühjahr in den Boden gesät wurde, wichtiger als die äußeren Bedingungen.

Bedingte Entstehung

Der Buddha hat eine Lehrrede[4)] gehalten, in der er erklärt, wie die Bedingungen zustande kommen, aus denen letztlich Alter, Krankheit, Tod und die damit verbundenen Schwierigkeiten, „Dukkha"[5)], entstehen. Das Zustandekommen dieser Bedingungen nennt er die „weltlich bedingte Entstehungskette".

In derselben Lehrrede erklärt er weiter, wie aus einem weisen Umgang mit Alter, Krankheit, Tod und dem damit verbundenen Dukkha Vertrauen entstehen kann. Wie wir also selbst Bedingungen schaffen können, damit sich Vertrauen in einen spirituellen Weg entwickeln kann. Ebenso wie die Entschlusskraft, diesen Weg dann auch zu gehen. Dies nennt der Buddha die „überweltlich bedingte Entstehungskette".

Vertrauen stellt der Buddha also an den Anfang der überweltlich bedingten Entstehungskette. Seit vielen Jahren treffen

---

4) Nidāna, Upanisa-Sutta, Gruppierte Sammlung, 12.23, Stammbach: Verlag Beyerlein & Steinschulte 1997.

5) „Dukkha" ist ein zentraler Begriff im Buddhismus. Das Wort bedeutet Leiden in einem sehr umfassenden Sinne. Dazu gehört jede Form unangenehmer Geisteszustände, also zum Beispiel auch Unerfülltheit, Nervosität oder Angst. Dukkha erfahren wir in jedem Moment, in dem wir nicht vollkommen zufrieden und erfüllt sind.

sich in unserem Zentrum Menschen mit Krebserfahrung in einer Gruppe. Menschen, die über das Dukkha ihrer Krankheit Vertrauen in einen spirituellen Weg gefunden haben. Aus diesem Vertrauen heraus begannen sie zu praktizieren und gewannen daraus Inspiration. Aus der Inspiration entstand Gestilltheit, und aus der Gestilltheit konnte meditative Sammlung entstehen, die schließlich zu Einsichten führte. Das sind erst spontane, noch oberflächliche, dann immer tiefere Einsichten in das Wesen des Körpers und des Geistes, bis hin – dies als Zukunftsvision – zur vollkommenen Befreiung. So endet dann die überweltlich bedingte Entstehungskette.

In der weltlich bedingten Entstehungskette, so erklärt der Buddha, bleiben wir aus Unwissenheit heraus immer wieder bei alten Konzepten, bewegen wir uns immer wieder auf der alten Wippe. Aber, so erklärt er weiter, wenn wir mit dem Erleben auf dieser Wippe weise umgehen, kann sich ein Weg auftun, der aus diesem Kreis herausführt. Aus der Unzufriedenheit, Unsicherheit und der damit verbundenen Ungestilltheit kann sich die Zuwendung zu einem Weg, zu spiritueller Praxis entwickeln.

Die weltlich bedingte Entstehungskette wird gerne als Kreis dargestellt: Alles wiederholt sich, immer wieder, immer wieder von Neuem. Die überweltlich bedingte Entstehungskette hingegen wird geradlinig und nicht als Kreis dargestellt, und sie endet in vollkommener Befreiung. Befreiung wovon? Befreiung von jeglicher persönlicher, begrenzter Perspektive, von jedem persönlichen, begrenzten Erleben.

Die Götterboten können dich zu Inspiration und spiritueller Praxis führen.

Die drei Götterboten könnten dich also über das Erleben von Dukkha zu Inspiration und spiritueller Praxis führen. Und damit könnten sie dich zu immer tieferen Meditations-Erlebnissen und den damit verbundenen Einsichten leiten.

Alltagsgifte

Jedoch ist der Alltagstrott wie ein schleichendes Gift, das die Inspiration immer wieder von Neuem schwächt. Jeder, der schon einmal an einem Retreat teilgenommen hat, kennt das. Während des Retreats hast du dich ganz auf die Praxis eingelassen, da war alles stimmig für dich. Am Ende des Retreats fährst du dann mit neuer Inspiration nach Hause und begibst dich in die gewohnte Umgebung. Dann kommt der Alltagstrott, und wie durch ein schleichendes Gift verringert sich die Inspiration mehr und mehr.

Nach unseren Retreats in Birkenwerder in der Nähe von Berlin nehmen in der ersten Woche danach dreimal so viele Menschen wie vorher an der Morgenmeditation in unserem Zentrum teil. In der zweiten Woche sind es doppelt so viele und spätestens in der vierten Woche ist es wieder die übliche Gruppengröße. Dieses Phänomen tritt häufig auf.

Der Götterbote könnte dich nach deinen Alltagsgiften, deinen Gewohnheiten und Prioritäten fragen. Alltagsgifte schwächen die Inspiration und stärken gleichzeitig die Tendenz zu Nachlässigkeit, Trägheit und Bequemlichkeit in jedem unvollkommenen Menschen. Und so könnte der Götterbote sich weiter erkundigen: „Wie hältst du es mit der Bequemlichkeit, mit der Nachlässigkeit? Wie sicher bist du dir über die Richtigkeit deiner Zeit- und Krafteinteilung? Was ist wirklich wichtig für dich und dein Leben?"

Alltagsgifte stärken die Tendenz zu Nachlässigkeit und Trägheit.

Der Götterbote will dir zeigen, ob, wie und womit du deine Zeit vergeudest. Er will dir zeigen, dass das meiste, worüber du dich ärgerst, am Ende vollkommen nichtig ist. Dass das meiste, worüber du dich aufregst, am Ende doch ziemlich lächerlich ist. Weißt du noch, worüber du dich heute vor einem Jahr aufgeregt hast? Vermutlich nicht. Und damals hat dir die Angelegenheit möglicherweise Stunden oder sogar einen ganzen Tag verdorben.

„Halte dir stets den Tod vor Augen", heißt es in einem Sprichwort, „und du wirst nie kleinliche Gedanken haben."

„Halte dir stets den Tod vor Augen und du wirst nie kleinliche Gedanken haben."

Die Götterboten wollen dich zu einem Leben führen, in dem du deine Stärken, Neigungen und Veranlagungen erkennen kannst, in dem du deine Interessen und dein Potenzial leben kannst. Die Götterboten wollen dir zeigen, dass deine Vorstellungen von Alter, Krankheit und Tod bei genauer Betrachtung nicht stimmen. Dass sie vielfach Ausdruck einer viel zu engen, begrenzten Perspektive sind. Etwas, das man dir gesagt hat und du vielleicht zu wenig hinterfragt hast.

Kraftquellen

Die Götterboten wollen dich bei alldem auch nach deinen Kraftquellen fragen. Was sind Kraftquellen? Kraftquellen können Wesen aus den himmlischen Bereichen, erkannte und erlebte Wahrheiten, Meditationen oder auch unterstützende Energien sein, die dich bestärken und dir helfen, mit dir selbst verbunden zu sein. Als Kraftquelle eignet sich alles, was dir hilft, deine Balance zu finden, Kanäle nach innen zu öffnen und offen zu halten.

Wenn in der Arztpraxis Menschen plötzlich mit schweren Erkrankungen konfrontiert werden, dann erlebe ich, dass manche zutiefst erschüttert sind und große Angst verspüren. Einige geraten in Panik, die dann nur mit Medikamenten zu beherrschen ist. Andere Menschen wiederum können sich nach einer Phase der Instabilität relativ schnell wieder ausbalancieren. Ich habe mich gefragt, was diese beiden Erlebens- und Verhaltensweisen unterscheidet. Die letzteren Menschen sind im Allgemeinen diejenigen, die Zugang zu einer Kraftquelle haben. In schwierigen Zeiten kommt es darauf an, dass der Zugang zur Kraftquelle in guten Zeiten gebahnt wurde.

Die Götterboten wollen dich bewusster werden lassen. Sie wollen dich zur Erfüllung führen. Sie wollen dich nicht bedrücken, da bin ich mir ganz sicher. Sie wollen dich nicht einschüchtern und dich nicht in Angst und Schrecken versetzen. Unweises Betrachten von Alter, Krankheit und Tod sieht nur die negativen Aspekte und verkennt die Chancen, die diesen Götterboten innewohnen. Und in der Folge entstehen Anspannung, Sorgen, Angst, Klagen, Unentschlossenheit und Pessimismus.

Die Götterboten wollen dich zur Erfüllung führen.

Chancen erkennen

Weises Betrachten der Götterboten hingegen hilft, die Haltung zu deinem Leben und zu den Lebensgesetzen zu verändern und dein Leben zu bereichern. Eine Frage, die du dir stellen kannst, lautet: „Was könnte in diesem Moment mein Leben bereichern?" Das kannst du tun, wenn du in Verbindung mit den Götterboten bist. Du kannst dir immer wieder in Alltagssituationen die Frage stellen: „Was könnte in diesem Moment mein Leben bereichern?" Vielleicht ist es der Wechsel der Perspektive. Vielleicht der Zugang zu einer inneren Kraftquelle oder mehr Einfühlsamkeit für dich selbst. Vielleicht auch die Verbindung zu einem anderen Menschen.

Weiser Umgang mit den Götterboten lässt uns die Chancen erkennen, die sich in diesem Leben bieten.

In diesem Zusammenhang gibt es eine wunderbare Belehrung von Dilgo Khyentse Rinpoche, einem tibetischen Meister, der leider schon verstorben ist: „Wenn wir unsere Chance nicht nutzen, dann sind wir wie der Bettler, der einen Edelstein findet, ihn einen Augenblick lang in seiner Hand hält und wieder in den Staub wirft, weil er ihn für Tand hält. Aber es gibt noch Schlimmeres", sagt der Meister. „Der Gipfel der Verwirrtheit ist es, wenn man im vollen Bewusstsein um den Wert der menschlichen Existenz diese in Zerstreuung und in der

Weises Betrachten der Götterboten lässt uns Chancen erkennen.

Verfolgung eitler Ziele vergeudet. Umsonst hat der Reisende dann mit unendlichen Mühen die Meere durchquert, wenn er von der Schatzinsel mit leeren Händen heimkehrt."

Wenn du lernst, den Götterboten an deinen Tisch zu bitten und ihm zuzuhören, ihn weder zu bekämpfen, noch zu ignorieren, wenn du lernst, mit Hilfe des Götterboten eine Vision für dein Leben zu entwickeln, auf dein Verhalten achtzugeben und es mit deinen Grundwerten in Einklang zu bringen, wenn du mit Hilfe des Götterboten auf Inspiration und auf deine Innenwelt achtest, wenn du dich um Entwicklung deiner Bewusstheit bemühst, dann werden – wenn du eines Tages von der Schatzinsel wieder heimkehrst – deine Hände und deine Taschen übervoll sein.

Das ist die Absicht der Götterboten.

Teil I

Der erste Götterbote – Alter

1. Begegnung mit dem Götterboten Alter

Im ersten Schritt haben wir einen Überblick über unser Thema präsentiert. Und vielleicht haben wir auch schon ein wenig verstanden, dass die Götterboten Alter, Krankheit und Tod uns nicht niederdrücken und in die Verzagtheit führen, sondern dass sie uns etwas sagen wollen. Sie möchten uns nach der Zufriedenheit und nach den Prioritäten in unserem Leben fragen, danach, wie wir unsere Energie und Kraft einteilen. Die Götterboten möchten uns darauf aufmerksam machen, dass wir jederzeit die Perspektive wechseln können.

Die Götterboten möchten uns nach der Zufriedenheit und den Prioritäten in unserem Leben fragen.

Und in letzter Konsequenz wollen sie uns zu einem Erleben führen, das mit wachsendem Verständnis und mit Einsicht zu tun hat. Sie wollen uns von allem Begrenzenden und Unbedeutenden vollkommen befreien. Wir haben dazu auch schon einen Blick auf eine Lehrrede – die Upanisa-Sutta (siehe Seite 21) – geworfen, in der uns der Buddha dies in sehr klaren Schritten darlegt. Er zeigt uns, wie aus einem weisen Umgang mit Alter, Krankheit und Tod höchste Befreiung erwachsen kann.

Wir wollen nun damit fortfahren, uns etwas genauer mit dem ersten Götterboten, dem Alter, zu beschäftigen.

Vielleicht kennst du solche Situationen: Du triffst auf einen Menschen, den du lange nicht gesehen hast. Und auf einmal siehst du die Veränderungen, die Spuren des Älterwerdens und damit diesen Götterboten ganz deutlich vor dir stehen.

Im letzten Jahr fuhr ich zu einem Klassentreffen unter dem Motto „40 Jahre Abitur". Es war das erste, das ich überhaupt besuchte. Von meinen ehemaligen Mitschülern war der eine Professor und Ordinarius an einer deutschen Hochschule geworden, der andere – unser hoffnungsvoller Physiker – hatte einen Knick in seiner Biografie und arbeitete nun als Aushilfsfahrer. Manche hatten ziemlich dicke Bäuche und wenig Haare, und ich sah den Götterboten.

Wenn du morgens in den Spiegel schaust, dann siehst du ihn vielleicht nicht so deutlich, weil du dich täglich im Spiegel betrachtest. Aber irgendwann, wenn du einmal genauer hinschaust, dann siehst du, dass sich dein Bauch verändert hat und seine schöne straffe Form verschwunden ist. Oder dass deine Haare dünner geworden oder ausgefallen sind. Wieder begegnest du dem Götterboten.

Auch deine Kraft hat sich verändert. Vielleicht sind deine Interessen andere geworden. Deine Rolle in der Familie oder am Arbeitsplatz hat sich verwandelt. Möglicherweise sind die Kinder schon aus dem Haus oder du hast eine andere Position oder Stelle im Berufsleben. Du hast auf der körperlichen Ebene Abschied genommen. Vermutlich hast du nicht mehr alle Zähne im Mund und trägst Zahnersatz – du hast dich also von deinen eigenen Zähnen verabschieden müssen. Ebenso wie von verschiedenen körperlichen Fähigkeiten. Du kannst vielleicht nicht mehr so hoch springen oder nicht mehr so schnell laufen wie früher oder andere haben vielleicht eine schnellere Auffassungsgabe als du. Wenn du dir das bewusst machst, kommen vielleicht Traurigkeit und Wehmut auf: ein Gefühl von „nicht mehr" statt „noch nicht", wie früher vielleicht einmal. Nicht mehr – und in diesem Moment begegnest du dem Götterboten.

Hast du noch alle Organe? Oder hast du dich schon von einigen verabschieden müssen? Viele verlieren zuerst ihren Blinddarm, dann vielleicht irgendwann die Gallenblase. Manche müssen sich von ihrer Gebärmutter trennen, manche von ihrer Prostata, von ihrer Brust oder von anderen Körperteilen.

Vorbilder und Erwartungen

Bei jedem dieser Abschiede wirst du konfrontiert mit dem großen Abschied, der eines Tages auf dich warten wird. Möglicherweise kommen Wehmut und Bangigkeit hoch. Dann kann es sein, dass du dich resigniert in dein Schicksal ergibst und denkst: „Ich muss es eben ertragen, ich muss es hinnehmen, ich kann es ja nicht ändern."

Vielleicht kannst du in einer solchen Situation einmal versuchen, dich an deine Vorbilder zu erinnern. An ältere Menschen, die in deinem Leben eine prägende Rolle gespielt haben. Wir wissen aus der Psychologie, dass die Art und Weise, wie wir altern, unter anderem damit zu tun hat, welche Vorbilder wir hatten. Was uns frühere Generationen vorgelebt haben, hat einen entscheidenden Einfluss auf unsere eigene Art zu altern.

Wenn du Eltern, Großeltern oder Urgroßeltern hattest, die in einer depressiven, resignativen Haltung alt wurden, dann hat dies auch auf dich unmittelbare Auswirkungen. Und hattest du umgekehrt Großeltern, die wach, positiv und in Balance alt wurden, dann hat dies auch auf dich abgefärbt.

Wenn du also dem Alter gegenüber negativ eingestellt bist, so ist es gut möglich, dass du fast unbemerkt Vorbildern folgst, die dir diese Haltung vorgelebt haben. Eine Haltung, in der du dich hier und da hängen lässt, der Bequemlichkeit frönst und in einer eher resignativen Einstellung stecken bleibst.

Wahrscheinlich hast auch du diesen Zusammenhang schon intuitiv erkannt. Du kannst dich also an deine jeweiligen Vorbilder erinnern und dich dann besinnen: „Nein, ich möchte nicht in Resignation und Wehmut verfallen, ich möchte auf den Götterboten hören." Und dann beginnst du, etwas zu verändern.

Vielleicht kümmerst du dich erst einmal um eine andere Ernährung, vielleicht reduzierst du deinen abendlichen Wein- oder Bierkonsum, oder du beschließt, mit dem Rauchen aufzuhören. Du beginnst, Sport zu treiben, mit einer Sportart, die dir Freude bereitet. Es gibt heutzutage so viele Erkenntnisse und Publikationen darüber, wie wir wach und in guter körperlich-geistiger Verfassung alt werden können. Und es ist auch richtig, diese wissenschaftlichen Erkenntnisse zu Rate zu ziehen.

Aus kompetenter Quelle weiß ich, dass negative Erwartungen an das Alter häufig zu einer Verhaltensanpassung führen, die darauf ausgelegt ist, dass diese Erwartungen auch erfüllt werden. Ich glaube, das nennt man dann selbsterfüllende Prophezeiungen.

Vorstellungen vom Älterwerden

Es wäre an dieser Stelle also gut, dir einmal bewusst zu machen, welche Vorstellungen du in Bezug auf dein Älterwerden hast. Welche Erwartungen hast du an dein Altwerden, welche Bilder kommen hoch, wenn du einen alten Menschen siehst? Was verbindest du damit? Ist es die Vorstellung „alt und gebrechlich" oder „alt und unabhängig"? Denkst du eher an „alt und einsam" oder an „alt und zufrieden"? „Alt und wertlos, altes Eisen" oder „alt und weise"?

In der Götterboten-Gruppe, die es in unserem Zentrum in Berlin gibt, wurden die Teilnehmer nach den Erfahrungen mit dem eigenen Älterwerden befragt sowie nach den Erwartungen, die sie damit verbinden. Manche von ihnen sind schon in fortgeschrittenem Alter und haben somit Erfahrungen mit dem Älterwerden und dem Altsein. Tatsächlich wurden in dieser Gruppe die beiden folgenden Fragen gestellt: „Was freut mich am Älterwerden?" und „Was bedrückt mich daran?"

Einige Antworten der Teilnehmer lauteten: „Es ist mir heute nicht mehr so wichtig, was andere denken." Jemand sagte: „Ich habe mehr Verständnis." Aber andere äußerten auch: „Ich habe Angst, hilflos und von anderen abhängig zu sein, wenn ich noch älter werde." Oder: „Ich habe Angst vor dem Verfall des Körpers." Und: „Was dann, wenn der Körper immer weiter verfällt und ich mich nicht mehr in eine bestimmte Position für die Meditation setzen kann? Wenn der Geist sich nicht mehr sammeln kann, wie kann ich dann praktizieren? Ich habe Angst, meine Praxis nicht mehr ausüben zu können."

Manche der Teilnehmer drückten es so aus: „Ich habe mehr Freude und Dankbarkeit für jeden Tag. Ich muss nicht mehr immer recht haben." Jemand äußerte: „Die Einstellung zu meinen Eltern ändert sich, indem ich selbst älter werde." Jemand anderes meinte: „Die Masken fallen, ich werde authentischer." Oder: „Ich bin nicht mehr so belastbar. Wie soll ich denn meine alltäglichen Aufgaben erledigen, wenn das so weitergeht?"

In meiner Arztpraxis höre ich bei vielen älteren Menschen immer wieder zwei Fragen heraus, laut formuliert, manchmal auch eher stumm gestellt: „Wie wichtig ist es überhaupt, noch in diesen Körper zu investieren, wo doch der Verfall unaufhaltsam ist?" Und: „Wer bin ich eigentlich jetzt, wo der Körper nicht mehr der ist, der er war? Wer bin ich denn jetzt, da die Merkfähigkeit nachlässt? Wo ich mich immer häufiger dabei ertappe, dass Menschen mir mitteilen, dass ich etwas doch schon erzählt hätte."

Körperliche Gesundheit

Körperliche Gesundheit ist ein hohes Gut. Es ist wichtig, dafür Verantwortung zu übernehmen sowie die damit verbundene Entschlusskraft und Disziplin aufzubringen, sich gesund zu ernähren und für ein richtiges Verhältnis von Wachsein und Schlafen, von Ruhe und Bewegung zu sorgen. Um körperlich gesund zu bleiben, kann man alles zu Rate ziehen, was die Wissenschaft an Erkenntnissen bietet.

Zu meinem 60. Geburtstag habe ich zwei wunderbare Geschenke bekommen: Meine Sangha[1] hat mir eine Saunakabine geschenkt. Und das zweite Geschenk habe ich mir selbst gemacht: einen Crosstrainer. Beim Trainieren damit werden viele Muskelgruppen auf einmal aktiviert. Das ist zwar ein bisschen stupide, aber ich laufe und laufe, bis kein trockener Faden mehr an mir ist und gehe anschließend in die Saunakabine. Hinterher fühle ich mich sehr mit meinem Körper verbunden, und es ist wunderbar, dann zu meditieren. Alles ist weich und die Verbindung zum Körper ganz tief.

Der Körper ist so wertvoll, weil er das Mittel zur Einsicht ist. An verschiedenen Stellen hat der Buddha betont, welch großer Segen es ist, einen menschlichen Körper bekommen zu haben. Als junger Mensch hast du vielleicht gedacht, der Körper sei das Mittel zum Vergnügen. Und sicher hast du auch großes Vergnügen, viele Sinnesfreuden mit dem Körper erfahren. Du hast Sexualität erlebt und geglaubt, der Körper sei das Mittel zum Glück. Aber während du älter wurdest, konnte vielleicht das Verständnis heranwachsen, dass körperliches Vergnügen und Glück vorübergehen, und das eigentliche Potenzial des Körpers darin besteht, das Mittel zur Einsicht zu sein.

Der Körper ist so wertvoll, weil er das Mittel zur Einsicht ist.

Du musst deswegen nicht auf körperliche Attraktivität oder auf Leistung beim Sport verzichten, wenn dir dies wichtig ist. Du musst deswegen nicht auf die Schulung deiner körperlichen und geistigen Flexibilität verzichten. Diese Dinge zählen auch beim Älterwerden. Doch zu alldem, zu Flexibilität, zu körperlicher Schönheit und Beweglichkeit ist jetzt noch eines hinzugekommen: der Götterbote des Älterwerdens. Ihm kannst du die Frage stellen: „Was willst du mir zeigen? Was willst du mich lehren?“

[1] Bezeichnung für buddhistische Gemeinschaft.

Identifikation mit dem Körper

Was will der Götterbote dir zeigen? Der Götterbote möchte dich lehren, dass du viel mehr bist als ein Körper. Unsere größte und stärkste Identifikation ist die mit dem Körper. Du zeigst auf deinen Körper und sagst: „Das bin ich."

Unsere stärkste Identifikation ist die Identifikation mit dem Körper.

Das Wort Identifikation stammt von dem lateinischen „idem facere": „sich gleich machen mit". Du machst dich gleich mit dem Körper und damit begrenzt du dich natürlich sehr. Damit machst du dein Wohl und Wehe abhängig vom Wohl und Wehe deines Körpers.

Sicherlich, dieser Körper mit seinen Sinnestoren – Augen, Ohren, Nase, Zunge und Tastsinn – hat dir bisher viel ermöglicht. Du konntest andere Körper spüren, du konntest auf die Zärtlichkeit in der Stimme eines anderen Menschen lauschen, du konntest Blumen anschauen und riechen, du konntest ein Konzert hören, Angenehmes schmecken.

Das Nachlassen der Sinne

Mit dem Älterwerden ziehen sich langsam die Sinne zurück. Die Sinnestore öffnen sich langsamer und auch nicht mehr so weit. Als Erstes bemerkst du vielleicht, dass du eine Brille brauchst. Du kannst das Nächstliegende nicht mehr so klar sehen. In die Weite sehen, das geht noch, aber das Nächstliegende erreicht die Sinnestore nicht mehr so leicht. „Ich glaube, irgendwann brauche ich eine Brille", denkst du. Der Sehsinn zieht sich zurück.

Mit dem Älterwerden öffnen sich Sinnestore langsamer und nicht mehr so weit.

Eventuell kommt als Nächstes ein Hörgerät. Vielleicht gehst du auch gerne gut essen und merkst irgendwann, dass du die feinen Speisen in einem Nobelrestaurant gar nicht mehr so genau auseinanderhalten kannst. Der Geschmackssinn zieht sich zurück.

Dies alles kannst du als Verlust werten, und dann kommt wahrscheinlich Melancholie hoch sowie Traurigkeit. Oder du kannst dieses Erleben als eine Chance sehen – und dann kommt das Hinschauen. Das genauere Hinschauen, die Beschäftigung mit dem, was in dir passiert, wenn sich die Sinnestore allmählich schließen. Und du fängst an, dir Fragen zu stellen: „Ja, was ist das denn – dieser Körper? Was hat dieser Körper mit mir zu tun? Bin ich dieser Körper?"

Der Götterbote „Alter" will dir helfen, die Identifikation mit dem Körper zu lockern, denn Identifikationen sind immer begrenzend, eingrenzend und ausgrenzend. Der Götterbote will dich aus dieser Selbstbegrenzung befreien und zur Weite führen. Er will dich zu der Einsicht führen: „Ich bin nicht der Körper."

Der Götterbote will dich zu der Einsicht führen: „Ich bin nicht der Körper."

„Dies ist mein Körper", so lautet unser Sprachgebrauch. Sehr viel weiser dagegen ist die hebräische Sprache: „Dies ist ein Körper für mich", so heißt es dort – vorübergehend für mich.

Noch einmal: Es ist wichtig, sich gut um diesen Körper zu kümmern. Es ist wichtig, ihn solange wie möglich aktiv und gesund zu halten. Es ist von großer Bedeutung, eine dazu passende Lebensweise zu wählen. Doch genau so wichtig ist es, daraus keinen neuen Leistungsdruck erwachsen zu lassen.

Neues Altersleitbild – neuer Stress

Ich habe mich in der Vorbereitung auf dieses Thema mit vielen Publikationen zum Thema Alter beschäftigt. Und der Tenor, den ich oft herauslesen kann, ist, dass du richtig lebst, wenn du auch mit 85 noch auf den Tennisplatz oder zum Golfspielen gehen kannst. Wenn du mit 80 noch eine Weltreise unternimmst, am besten natürlich mit Rucksack. Unter Umständen sei dir auch ein Rollkoffer gestattet.

Hier wird ein bestimmtes Leitbild dargestellt, das wieder neuen Stress erzeugen kann. Ein neues Paradigma, das all die Menschen ausgrenzt, die diesem Leitbild nicht folgen können: weil sie vielleicht schon mit 60 keinen Rucksack mehr tragen, keinen Rollkoffer ziehen können. Weil sie aufgrund von körperlichen Gebrechen dieses Land oder diese Stadt nicht mehr verlassen können. Oder weil ihnen das Ausüben bestimmter Sportarten nicht mehr möglich ist.

Es ist gut, auf diesen Körper zu achten, aber mache bitte daraus keinen neuen Stress. Wenn gesundheitliche Einschränkungen es dir nicht mehr ermöglichen, zu joggen oder in ein Fitnessstudio zu gehen, wenn der Kreislauf es dir nicht mehr gestattet, eine Sauna zu besuchen, dann hast du nicht falsch gelebt. Stattdessen lebst du anders weiter – aber nicht schlechter. Stelle keine Bewertungs-Skala auf. Versuche kein neues Altersleitbild zu postulieren oder jene abzustempeln, die diesem Bild nicht entsprechen.

Es ist gut, auf diesen Körper zu achten, aber mache daraus keinen neuen Stress.

Früh mit dem Altwerden anfangen

Ich empfehle, dem Sprichwort zu folgen: „Wer alt werden will, muss früh damit anfangen." Und zwar je früher, desto besser. Warum denn nicht mit 20 damit anfangen? „Mit dem Altwerden anfangen" – Was heißt das? Es bedeutet, dass wir früh damit beginnen, uns den körperlichen Veränderungen als Folge des Älterwerdens zuzuwenden. Dass wir diese Veränderungen weder passiv erleiden noch ignorieren oder zwanghaft übertünchen. Dass wir diesen Prozess als eine Chance begreifen, auf den Götterboten zu hören.

„Wenn ihr auf dem Sterbebett anfangen wollt", hat Ayya Khema immer gesagt, „ist es zu spät." Früh anfangen, diesen Körper zu verstehen – aber wie? „Wie genau könnte ich das tun?", wirst du vielleicht fragen.

Um den Körper zu verstehen, ist es erst einmal nötig, sich die Veränderungen des Körpers bewusst zu machen und sich ihnen zu öffnen. Das bloße bewusste Eingestehen ist eine wichtige Praxis. Versuche einmal, nur beim bewussten Anerkennen der körperlichen Veränderungen zu bleiben, statt gleich automatisch mit Abwehr zu reagieren und dich damit von entsprechenden Gefühlen besetzen zu lassen.

Bewusstes Anerkennen bedeutet einen Wechsel von einer passiven zu einer aktiven Haltung.

Mit dem bewussten Anerkennen ist kein passives Hinnehmen gemeint. Ganz im Gegenteil: Bewusstes Anerkennen bedeutet einen Wechsel vom passiven Hinnehmen zu einer aktiven Haltung. Allein mit diesem Schritt, wenn du dir eingestehst: „So ist es. Dieser Körper verändert sich", änderst du deine Haltung. Und mit dem Wechsel vom passiven „Ich kann ja nichts ändern, ich muss es so hinnehmen" zum aktiven Anerkennen „So ist es" können sich innere Ressourcen öffnen.

Der Erfahrung Raum geben

Wie siehst du dein Älterwerden? Gibt es etwas, das dich daran stört? Und wenn dir etwas daran nicht gefällt, dann gehe nicht einfach darüber hinweg, sondern untersuche, was genau dich am Älterwerden stört. Und versuche einmal, dir das, was dich stört, bewusst einzugestehen: „Ja, mich stört der Bauch, die Veränderung meiner Haut, meiner Haare, Zähne, Nägel ..." Versuche, dieser Erfahrung und vor allem den damit verbundenen Gefühlen Raum zu geben. Versuche, die Gefühle und die Erfahrungen zu integrieren: „Ja, auch du gehörst dazu." Deine Verzagtheit gehört dazu. Das kleinlaute Verlassen des Bades und das Wegschauen gehören dazu: „Ja, auch du gehörst dazu." Gib einmal dem Kleinlauten „Ich kann ja eh nichts ändern" Raum. Indem du ihm Raum gibst, indem du das Gefühl spürst, das in diesem Satz mitschwingt, kannst du es integrieren.

Indem du nicht sofort reagierst, sondern innehältst und dir eingestehst: „Ja, manchmal ist das Älterwerden schwierig, manchmal sind die Veränderungen schmerzhaft", gibst du dieser Erfahrung Raum. Du gibst den damit verbundenen Gefühlen Raum, statt dich von ihnen vereinnahmen zu lassen oder dich gegen sie zu stemmen und zu verkrampfen.

Dies ist mein erster dringlicher Rat an dich. Hier kann deine Praxis beginnen: Gestehe dir die Veränderungen und die damit verbundenen Empfindungen ein. Und indem du sie dir eingestehst, praktizierst du schon. Eingestehen, integrieren, Raum geben. Das ist authentische Praxis. Du kannst sie auch Achtsamkeitspraxis nennen.

Alte Überzeugungen und neue Perspektiven

Es kann sein, dass dir dies schwerfällt. Vielleicht merkst du: „Das kann ich gar nicht, da sind immer schon die Gefühle, die mich sofort besetzen." Kommst du an diese Hürde, kann es sein, dass in diesem Moment eine der alten Überzeugungen in dir aktiviert wird, über die wir schon gesprochen haben. Überzeugungen wie „alt = gebrechlich", „alt = altes Eisen, nicht mehr zu gebrauchen", „alt = kein Platz mehr in dieser Gesellschaft" oder „Wenn ich alt bin, dann bin ich doch nichts mehr wert."

Wenn es dir schwerfällt, dir deine Gefühle einzugestehen, sie zu integrieren, dann kann es auch sein, dass dahinter eine Haltung steht von: „Der Tod ist doch einfach nur furchtbar." Ist das deine Überzeugung, dann möchte der Götterbote dir helfen, dir ein anderes Bild vom Tod zu vermitteln.

Erkenne: „Das Eingestehen fällt mir schwer", und versuche, die Überzeugung, die dahinter steht, zu erkennen und zu benennen. Vielleicht ist es die Überzeugung, keinen Geschlechtsverkehr mehr haben zu können, wenn du alt bist. Kein vollwertiger Mann, keine vollwertige Frau mehr sein zu können. Gestehe dir ein: „Ja, ich habe eine Überzeugung und die grenzt mich auf eine grausame Weise selbst ein." Damit bist du beim Praktizieren.

Werde dir bewusst, dass alle Überzeugungen Ausdruck einer Perspektive sind. Perspektiven sind immer begrenzend, nie vollkommenes Abbild der Wahrheit. Wenn du glaubst: „Alter, Krankheit, Tod sind furchtbar, nur Verlust", dann ist dies eine Überzeugung, die aus einer begrenzten Perspektive entstanden ist. Und jetzt erinnere dich, was das Dharma[2)] dich lehrt: dass du deine Perspektive verändern kannst. Du kannst deine Perspektive weiten, du kannst lernen, sie zu verändern, um dann in den verschiedensten Situationen des Lebens zu erkennen, welche Perspektiven dir jetzt noch möglich sind.

Du kannst deine Perspektive verändern.

Achtsamkeit auf den Körper beim Altern

Um die Götterboten zu erkennen und ihnen die Tür zu öffnen, ist aus buddhistischer Sicht die Achtsamkeit auf den Körper der erste Schritt. Ein annehmendes, bewusstes Sich-Eingestehen des Alterns. Wie in der Meditation auf den Atem kannst du dich ganz um Präsenz, Vertrautheit und Verständnis bemühen, um Vertrautheit mit deinem alternden Körper und um Verständnis für ihn. Versuche immer wieder, auf schematisches Denken, auf Kategorien und begrenzende Perspektiven zu verzichten. Versuche, eine einseitige Sichtweise zugunsten einer weiteren Wahrnehmung aufzugeben.

Der spirituelle Lehrer Ram Dass hat viel über diese Praxis geschrieben, nachdem er selbst einen Schlaganfall erlitten hatte. Er drückt sich so aus: „Das gelang mir nicht über Nacht. Ich musste mich sehr oft vor den Spiegel stellen. Ich musste mir sagen: ‚Das

[2)] „Dharma" (Sanskrit) oder „Dhamma" (Pali) bedeutet hier die Lehre des Buddha.

ist mein kahler Kopf, das ist mein Hängebauch, das ist meine welke Haut.' Ich musste jeden Teil meines Körpers anschauen, annehmen, in mir ein zärtliches Mitgefühl für ihn erwecken. Ich musste es tun, um zu sehen, wer in dieser alten Behausung lebt. Wie sollte ich je herausfinden, ob in dieser Wohnstätte jemand zu Hause war, solange ich ihr gegenüber Abneigung empfand?"

Versuche einmal selbst diese Übung. Sie kann dich viel freier machen. Im Dharma kennen wir eine Reihe formaler Übungen, die uns helfen, die Identifikation mit dem Körper zu lockern. Dazu gehört die Betrachtung der Körperteile oder – noch unpersönlicher – die Betrachtung der Elemente. Übungen, die uns in das direkte Erleben bringen sollen. Nicht nur zu denken, sondern zu erleben: „Dies ist ein vergänglicher Körper für mich – vorübergehend für mich." Und vielleicht auch: „Und wenn dieser Körper auseinanderfällt, gibt es einen neuen Körper für mich und einen weiteren und einen weiteren ..." So jedenfalls hat der Buddha gelehrt.

Betrachtung der Körperteile

Die Betrachtung der Körperteile ist eine traditionelle Meditationsanleitung, die direkt auf den Buddha zurückgeht. In der Betrachtung der Körperteile vergegenwärtigen wir uns die einzelnen Bestandteile und Organe unseres Körpers und stellen uns dabei die Fragen: „Was haben diese Organe mit mir zu tun? Bin ich diese Organe? Ist meine Persönlichkeit in diesen Organen zu finden?"

Als Arzt habe ich häufig Organe entfernt. Schon in der Ausbildung habe ich bei der Amputation eines Beines assistiert. Später habe ich viele Gebärmütter, Blinddärme, Eierstöcke und Brüste entfernt. Nach der Entfernung wurde der Körperteil in eine Schale gelegt und ich konnte sehen, wie er anfing zu verfallen. Er begann sofort, seine Farbe und seine Konsistenz zu verändern, und die Raumtemperatur bestimmte, wie schnell dieser Verfall vonstatten ging.

Wenn der Mensch dann wach wurde, unterhielt ich mich mit ihm oder ihr und berichtete von der Operation. War dieser Mensch jetzt weniger? War die Persönlichkeit anders geworden? Wohl kaum! Also was bedeutete die Amputation? (Bitte jetzt nicht falsch verstehen: Natürlich bedeutet so ein Eingriff viel, sehr viel an Gefühlen für den betroffen Menschen!)

Aber die Frage, die sich mir immer wieder nach solchen operativen Eingriffen stellte, war: „Wer ist Frau Sowieso, die ich gerade operiert habe, wer ist sie denn wirklich? Ich operiere den Körper von Frau Sowieso, aber operiere ich Frau Sowieso?"

Betrachtung der Elemente

Auch die Betrachtung der Elemente ist eine alte Meditations-Methode. In ihr gehen wir von einer etwas unpersönlicheren Ebene aus. Auf dieser Ebene besteht der Körper aus vier Elementen. (In der Vajrayana-Tradition sprechen wir von fünf Elementen: Hier kommt noch das Raumelement hinzu.)

- Alles Harte, Feste, Raue, Kompakte ist Erdelement. Aber auch das Gegenstück, also alles Weiche, Glatte, Leichte ist Erdelement.
- Alles Fließende ist Wasserelement. Das Kohäsive, die Flüssigkeit im Wassertropfen und das, was den Wassertropfen sozusagen zum Tropfen macht, ist Wasserelement.
- Alles Warme und Kalte, jede Temperatur ist Feuerelement.
- Jede Bewegung ist Windelement. Jede Bewegung in diesem Körper, im Kreislauf, in den Organen, alles ist Windelement. Auch die Aufrichtung des Körpers beim tiefen Einatmen gehört dazu.

Wir betrachten diese Elemente kontemplativ zum Beispiel bei der Vergegenwärtigung der Vergänglichkeit.

Unpersönlich betrachtet ist der Körper eine Kombination der vier Elemente, die bestimmte biochemische oder bioelektrische Eigenschaften aufweisen. Das sagen auch die Biologen oder die Physiker, je nachdem aus welcher Perspektive man auf diesen Körper schaut.

Und jedes dieser vier Elemente ist in jedem anderen enthalten. Keines steht für sich allein. Sie durchdringen und bedingen einander. Zum Beispiel ist im Erdelement auch Temperatur enthalten sowie Kohäsionskraft und Bewegung. So wie Wasser nicht ohne Nässe sein kann, kann es auch nicht ohne Substanz oder Temperatur oder Bewegung sein.

Die Nahrung, die man dem Körper zuführt, besteht wiederum aus den gleichen Elementen.

Im Tod lösen sich die Elemente dieses Körpers voneinander und gehen sofort wieder neue Verbindungen ein. Nichts geht verloren. Wenn ich Beerdigungszeremonien leite und der Sarg in die Erde gelassen wird, dann erinnere ich die Trauernden immer genau daran: Nichts geht verloren.

Die Physiker wissen es schon lange: Es ist unmöglich, dass etwas verloren geht. Du kannst alles auseinandernehmen bis zum kleinsten Teilchen, aber du kannst das kleinste Teilchen nicht zu nichts machen. Das ist unmöglich. Du kannst alles auflösen bis zur Energie, und auf dieser Ebene können sich Energien in andere Energien verwandeln. Aber es ist unmöglich, dass aus etwas nichts wird. Es ist unmöglich, dass die Elemente in einem Nichts, in einem dunklem Loch verschwinden und nicht wiederkehren. Sie lösen die Verbindungen auf und gehen sofort neue Verbindungen ein.

Nach innen schauen

Du hast viele Möglichkeiten, dem Götterboten Alter zuzuhören. In ersten Schritten kannst du das Nachlassen deiner Sinne nutzen, um nach innen zu schauen. Erlaube dir, nicht mehr alles wahrnehmen zu müssen, was von außen auf dich zukommt. Wenn der Hörsinn nachlässt und du manches im Gespräch nicht mehr mitbekommst, dann kannst du dich dafür entscheiden, nicht aus einer Perspektive des Mangels heraus zu reagieren. Stattdessen kannst du das Abklingen deines Hörsinns als Chance nutzen, mehr nach innen zu schauen und zum Beispiel diesen Körper genauer kennenzulernen.

Die Aufmerksamkeit nach innen zu lenken, kann dir neue Perspektiven eröffnen: Solange du dich nur nach außen hin, auf das Gröbste, orientierst, wird die Erscheinungsweise des Körpers die Seinsweise verdecken. Die Erscheinungsweise des Körpers, das sinnlich Wahrnehmende, die Form, das Raue, das Robuste verdeckt das Feine. Das subtile, schwer Nennbare, aber ungleich Nachhaltigere – das bist du. Die Erscheinungsweise verdeckt die Seinsweise.

Die Erscheinungsweise verdeckt die Seinsweise.

Der bekannte spirituelle Autor Eckhart Tolle meint: „Körper, Existenz ist der Vordergrund des Lebens, während das Sein den Hintergrund bildet." Existenz kommt aus dem Lateinischen: ex = heraus, sistere = stehen. Existere heißt also „Herausstehen". Das, was heraussteht, verdeckt den Grund, das alles verbindende Sein, den Urgrund.

Das Nachlassen der Sinne kannst du als Chance nutzen, dich von der Faszination der Existenzweise ein Stück weit zu lösen und dich mehr auf das Erleben der Seinsweise auszurichten.

Die Praxis des Wohlfühlortes

Außer der Betrachtung der Elemente und der Körperteile sind für mich Übungen zur Körpereinfühlung sehr nützlich, um in eine engere Verbindung zum Körper zu kommen und das Verständnis für ihn wachsen zu lassen. Zu diesen Übungen zählt die Praxis des Wohlfühlortes.

Die Übung des Wohlfühlortes war für mich ein großer Schritt in meiner spirituellen Praxis. Meine tibetischen Lehrerinnen bestärkten mich darin: „Der Geist braucht etwas, worin er sich verankern kann.“ Das ist das Zweite, was ich dir mitgeben möchte.

Der Geist braucht etwas, worin er sich verankern kann.

Wenn der Blitz dich in Gestalt einer Krankheit trifft, wenn dir wegen eines Altersgebrechens bestimmte Dinge verwehrt sind, wenn Gefühle von Verzagtheit, Angst und Unsicherheit aufkommen – wohl dem, der sich dann verankern kann. Hier fällt mir immer Nietzsche ein: „Die Krähen schrei'n und ziehen schwirren Flugs zur Stadt: Bald wird es schnei'n – Wohl dem, der jetzt noch – Heimat hat.“ [3)]

Eine Heimat, eine Verankerungsmöglichkeit, kann der feinstoffliche Körper bedeuten. Er altert nicht – jedenfalls nicht nach den Gesetzen des grobstofflichen Körpers. Ein erster Zugang zu subtileren Bereichen des Körpers kann die Praxis des Wohlfühlortes sein.

Hierfür suchst du einen Bereich in deinem Körper, in dem du dich am ehesten spüren kannst. Diese Stelle kann in der Brustmitte, im Bauch oder auch an anderen Körperstellen liegen. Indem du immer wieder deine Achtsamkeit zu diesem Fühlort bringst, werden dir hier auch feinere Empfindungen vertraut. Je subtilere Körpererfahrungen du machst, umso weniger ist dein Erleben auf den grobstofflichen Körper begrenzt. Desto weniger bist du von ihm und seinen schwächer werdenden Sinnen abhängig.

Mein Vater war ein kraftvoller, starker Mann mit sehr viel geistiger Energie. Abends im Bett hat er immer noch lange gelesen, das dritte Reich und der Krieg beschäftigten ihn sehr, er wollte verstehen, was diese Zeit mit den Menschen, mit ihm, gemacht hatte. Bis ins hohe Alter hinein verschlang er alles, was er an Literatur zu diesem Thema bekommen konnte.

---

3) Friedrich Nietzsche: Vereinsamt, 1884.

Und dann kam die zunehmende Versteifung des Körpers, dann kamen die Schmerzen, die Konzentrationsstörungen und schließlich die Demenz, die schleichend immer mehr zunahm, sodass das Lesen schließlich nicht mehr möglich war.

In meinem Erleben war er ein herzensguter Mann mit sehr viel Herzensenergie. Also führte ich ihn in diese Energie, ich führte ihn an seinen Wohlfühlort: „Was spürst du in deiner Brust?" „Wärme spüre ich. Und es ist gut." „Ja, bleib dabei. Erzähl mir mehr, erzähl mir, was du spürst." „Ja, das ist gut, es ist gut, es ist warm." Was in diesen Momenten für ihn spürbar wurde, war die Energie des Wohlfühlortes. Wahrscheinlich hätte er es so nicht ausgedrückt. Er gebrauchte keine spirituellen Begriffe, das war nicht seine Welt.

Wenn wir noch einmal auf den Satz „Altwerden ist nichts für Feiglinge" zurückkommen, dann verändere jetzt ein wenig die Sicht darauf. Bleibe ruhig bei dem Satz, aber verändere ihn bitte zu der Sicht, dass es Mut braucht, sich nach innen zu wenden. Dass es einen Mutigen, keinen Feigling braucht, der sich dem Altwerden zuwendet. Der sich dem zuwendet, was ihn erschüttert, verunsichert und in der Tiefe trifft.

Um diesem Mut Energie zu verleihen, ist die Verankerung auf einer subtileren Ebene notwendig. Und zu dieser feineren Ebene kann dich in einem ersten Schritt die Praxis des Wohlfühlortes führen.

Sehr viel tiefer noch als diese Praxis geht die Chakrenübung. Das Einspüren in den Wohlfühlort kann dir dafür eine gute Grundlage bieten. In der Chakrenmeditation, in der Öffnung der Chakren, liegt für dich eine weitere Möglichkeit, Verankerung zu finden, damit du unabhängiger wirst von den Veränderungen des grobstofflichen Körpers.

2. Die Chakren als Zugang zum feinstofflichen Körper

Die Chakren im Buddhismus

Solange du dich mit deinem Körper identifizierst, machst du dich von seinem Schicksal abhängig. Bitte unterscheide an dieser Stelle den grobstofflichen, dir bekannten Körper vom feinstofflichen Körper, der nur aus subtiler Energie besteht. Der feinstoffliche Körper durchzieht mit seinen Energiebahnen und -zentren (Chakren) den bekannten grobstofflichen Körper. Er hat eine geringere Dichte und unterliegt anderen Rhythmen und Gesetzen als der grobstoffliche Körper [1]. Die Abhängigkeit von diesem Körper kannst du reduzieren, indem du Zugang zu den subtileren Verkörperungen findest, die nicht dem Alterungsprozess, der Krankheit und dem körperlichen Zerfall unterworfen sind.

Dazu habe ich die Worte von dem tibetisch-buddhistischen Meditationslehrer Tarab Tulku im Ohr, der wiederholt gesagt hat: „Wenn wir nicht lernen, unseren Geist zu verfeinern und zu weiten, wenn wir nicht lernen, in feinere Verkörperungen zu kommen, dann ändert sich für uns nichts.“

„Wenn wir nicht lernen, unsern Geist zu verfeinern, ändert sich für uns nichts."

Es ist also von großer Bedeutung, Zugang zu feineren Verkörperungen zu finden. Eine für mich grundlegende Übung dazu

1) Siehe dazu auch die Beiträge von Paul Debes und Hellmuth Hecker in: „Der Buddha und seine Lehre“, herausgegeben von Raimund Beyerlein, Stammbach: Verlag Beyerlein und Steinschulte 2002.

ist die Praxis der Chakren. Diese Praxis ist uralt, viel älter als der Buddhismus und in der hinduistischen Tradition verwurzelt. Der Buddha selbst hat die Chakren nicht gelehrt und auch nichts über sie gesagt. Wir können heute über den Grund nur spekulieren: Vielleicht war diese Praxis damals so selbstverständlich, dass er es nicht für erforderlich hielt, darüber zu sprechen.

In späteren Zeiten haben buddhistische Meister aus der tibetischen Tradition diese Übung wieder aufgegriffen und gelehrt. Heutzutage werden die Chakren in den buddhistischen Klöstern des Himalaja genauso gelehrt wie in den Klöstern Chinas.

Die Praxis der Chakren kann uns den Zugang zu feineren Verkörperungen erschließen. Sie ist außerdem bedeutsam, weil sie uns darüber hinaus auch eine Verankerungsmöglichkeit bieten kann. Ich erlebe immer wieder, wie schnell Menschen in alte Muster verfallen und ins Schwimmen kommen, wenn sie in schwierige Situationen geraten.

Wie gut, wenn wir dann einen Ankerpunkt haben, an dem wir zur Ruhe kommen können, einen Ort, der uns sicheren Schutz bietet. Der Zugang zu den Energien der Chakren kann für uns zu diesem Ankerpunkt werden.

Chakren und Energie

Du kannst dir einmal bewusst machen, dass jede körperliche Form aus Energie besteht. Jede Materie kannst du letztlich als Energie wahrnehmen. Auf dieser Ebene ist die Solidität, das Feste der Materie nicht mehr vorhanden. Wenn du die Wahrnehmung deines Körpers immer weiter verfeinerst, erlebst du am Ende nur Energie. Auch Bewusstsein besteht letztlich aus Energie. So sind Materie und Bewusstsein über das gemeinsame Fundament der Energie miteinander verbunden. So sind Stofflichkeit, Form, Sein und Geist miteinander verbunden.

Materie und Bewusstsein sind über das gemeinsame Fundament der Energie miteinander verbunden.

Es gibt Bereiche im Körper, in denen sich die Energie konzentriert und leichter für uns wahrnehmbar ist. Diese Bereiche sind die schon genannten Chakren. „Chakra" bedeutet im Sanskrit „Rad, Kreis" und meint ein Rad sich drehender Energie. In der Yoga-Tradition Indiens gibt es sieben Chakren, in der tibetischen Tradition wird nur von drei oder vier gesprochen. Das heißt nicht, das es je nach Tradition eine unterschiedliche Anzahl von Chakren gibt – die tibetische hat nur einige von ihnen zusammengefasst.

Diese feinstofflichen Energiezentren sind unabhängig vom Alterungsprozess und Schicksal des grobstofflichen Körpers. „Wenn ich mich in mein Lieblingschakra einfühle", sagte mir einmal eine alte Dame, eine Yogalehrerin, „dann bin ich keine alte Frau mehr."

Als eine unserer Sangha-Freundinnen erleben musste, dass sich die Metastasen stark vermehrten, schlug ich ihr vor, mit den Chakren zu praktizieren. „Die Chakren können keine Metastasen bekommen", sagte ich ihr. Sie ließ sich über eine CD anleiten und erlebte mithilfe dieser Übung geradezu einen Durchbruch: Gehirn, Lunge, Knochen, Leber, überall saßen Metastasen. Und doch gab es einen Bereich in ihrem Körper, der über jede Metastasierung erhaben war. Einen Bereich, der niemals von zersetzenden und bedrohlichen Zellvorgängen befallen werden konnte.

Je mehr du mit dieser feineren Ebene verbunden bist, desto weniger kann dir die grobstoffliche Ebene etwas anhaben oder dein Erleben beeinflussen. Je mehr du mit dieser Ebene verbunden bist, umso bessere Bedingungen schaffst du dir, dich den Götterboten zu stellen und desto unbefangener kannst du ihnen gegenübertreten.

Je mehr du mit feineren Ebenen verbunden bist, desto weniger kann dir die grobstoffliche Ebene etwas anhaben.

In der Theravada-Tradition werden die Chakren im Allgemeinen nicht gelehrt, und so haben sie eine Zeit lang für mich keine Rolle gespielt. Aber oft erlebe ich, dass ich zu dem geführt werde, was ich zu üben und zu lehren habe. Und so habe ich irgendwann damit begonnen, mich auch mit den Chakren auseinanderzusetzen.

Ich habe also gelesen, studiert, Kurse besucht und natürlich auch geübt. Am Anfang war mir der Zugang zu den meisten Chakren nicht möglich. Am ehesten spürbar war noch die Herzchakra-Gegend für mich. Dieser Bereich ist mit Metta[2)] verbunden, und mit Metta war ich bereits vertraut. Aber die anderen Chakren blieben mir erst einmal verschlossen. Durch ständiges Üben, immer wieder neue Zuwendung und geduldiges Hinspüren öffnete sich schließlich mein Zugang zu den Chakren.

Chakren und Naturwissenschaft

Lene Handberg, die Tarab Tulkus Werk weiterführt, berichtete vor Kurzem von neurophysiologischen Untersuchungen im Bereich der Chakren. Diese wiesen nach, dass es im Bereich der Chakren eine erhöhte Synapsenaktivität gibt. Synapsen sind Verbindungen der Nervenzellen und anhand der Anzahl und der Energie in den Synapsen kann man messen, wie aktiv ein bestimmtes Nervenareal ist. Bei Bewusstseinsprozessen kommt es nicht nur auf die Anzahl der beteiligten Nervenzellen an. Wichtig ist auch die Anzahl der nervlichen Verschaltungen und deren Aktivität.

Eine ganze Zeit lang wurde von wissenschaftlicher Seite die Existenz der Chakren verneint. In der Tat haben sie auf anatomischer Ebene keine Entsprechung. Und so bedeutete es einen Umdenkprozess, als man nachweisen konnte, dass Chakren zwar anatomisch nicht nachweisbar, wohl aber funktionell messbar sind.

Somit haben die Chakren, die schon seit zwei- bis dreitausend Jahren bekannt sind, nun auch das Gütesiegel der heutigen Naturwissenschaft bekommen.

---

2) „Metta“ (Pali) steht für selbstlose Liebe.

Üben mit den Chakren

Im Folgenden werde ich die einzelnen Chakren ein wenig beschreiben. Es ist gar nicht so wichtig, dass du übermäßig viel über sie weißt. Denn solange du die Chakren nicht differenziert spüren kannst, nutzt dir auch differenziertes Wissen nichts. Um ein Chakra selbst zu spüren, braucht es ein sehr geschultes Bewusstsein. Da die Energie der Chakren jedoch in ihre Umgebung ausstrahlt, reicht es, wenn die jeweiligen Bereiche, in denen sie lokalisiert sind, für dich spürbar werden. Deshalb verwende ich im Folgenden auch häufiger den Begriff „Chakra-Gegend".

Wenn du mit den Chakren praktizieren willst, dann ist zu Anfang vor allem die Bereitschaft wichtig, dich für das Spüren zu interessieren und dich darauf einzulassen.

Für jeden Einzelnen werden – je nach Veranlagung – vermutlich unterschiedliche Chakra-Gegenden zuerst spürbar.

Das Wurzelchakra

Ob wir über sieben, drei oder vier Chakren sprechen, wir beginnen immer mit dem basalen Chakra, dem Wurzelchakra. Das Wurzelchakra liegt zwischen Darmausgang und Genitalien, also in dem Bereich, der Damm genannt wird. Im Grunde genommen sitzt du direkt auf diesem Chakra.

Wenn es für dich noch nicht spürbar ist, dann versuche in deiner Vorstellung einmal die Sitzbeinhöcker zusammenzubringen und den Schließmuskel etwas nach oben zu ziehen. Der Damm faltet sich dann leicht ein und möglicherweise wird damit diese Gegend für dich leichter spürbar.

Die unteren Chakren werden auch den Elementen zugeordnet. Das Wurzelchakra hat eine Verbindung zur Erde, somit auch zum Element Erde. Über das Wurzelchakra bist du mit der Kraft der Erde verbunden. Dieses Chakra steht für Urvertrauen, Stabilität und Lebenswillen. Manche Vertreter des Yoga sagen, deine ganze physische Existenz baue auf dem Wurzelchakra auf. Dein körperliches Überleben ist mit dem Wurzelchakra verbunden.

Gleichzeitig wirkt sich das Wurzelchakra auch auf alle anderen Chakren aus. Indem du mit dem Wurzelchakra praktizierst und es öffnest, kommt die Energie, die du damit ins Fließen bringst, auch allen anderen Chakren zugute. Sie alle werden ebenfalls durch diese Energie belebt. Eine Blockade des Wurzelchakras hingegen bedeutet Energieverlust. Wenn du nicht wirklich geerdet, nicht mit der Erde verbunden bist, können Angst, Existenzangst und Misstrauen entstehen.

Um den Zugang zum Wurzelchakra zu öffnen, kannst du damit beginnen, dass du eine Hand möglichst tief auf deinen Unterbauch legst. Spüre die Berührung der Hand und die Bewegung des Atems. Lass Atem und Hand dir als Anker für deine Aufmerksamkeit dienen. Gehe erst ganz allmählich mit deinem Gewahrsein zum Wurzelchakra und gib dir Zeit, dich einzuspüren.

Wenn du einen Zugang gefunden hast, dann brauchst du das bewusste Spüren von Atem und Hand nicht mehr. Es könnte sogar als störend empfunden werden, wenn sich die Aufmerksamkeit zwischen Hand und Chakra aufteilen muss. Wenn du also einen Zugang zum Chakra hast, dann lass die Hand liegen, aber bleibe mit der Aufmerksamkeit in der Tiefe, im Energiezentrum.

Das Sakralchakra

Oberhalb des Wurzelchakras liegt das Sakralchakra. „Sacrum" ist die lateinische Bezeichnung für das Kreuzbein. Dieses Chakra liegt also etwas oberhalb der Geschlechtsorgane, vor dem Kreuzbein. Es hat eine Verbindung zum Wasserelement.

Das Sakralchakra steht für Sinnlichkeit, Lebensfreude und Kreativität. Eine gute Verbindung zum Sakralchakra bildet eine günstige Grundlage, um Lebensfreude zu entfalten. Umgekehrt wird eine Blockade des Sakralchakras mit übertriebener Zurückgezogenheit, Lebensflucht, manchmal auch mit Süchten in Verbindung gebracht.

Das Nabelchakra

Als Nächstes auf dem Weg nach oben kommt das Nabelchakra. Es liegt oberhalb des Nabels, im Bereich des Sonnengeflechtes. Das Nabelchakra steht für Selbstvertrauen, Balance und Lebenskraft. Das ihm zugeordnete Element ist das Feuerelement, das für Energie und Kraft steht.

In der tibetischen Tradition wird das Nabelchakra oft mit rotem Licht in Verbindung gebracht. In der Yoga-Tradition gibt es andere Lichtdarstellungen, und so wird das Nabelchakra hier eher mit der Farbe Gelb in Verbindung gebracht. Daraus ergeben sich manchmal Konfusionen und es gibt oft Fragen: „Wie soll ich damit umgehen, wenn diese beiden Darstellungen sich widersprechen?"

Versuche, kein Problem daraus zu machen, und vertraue deinem Erleben, wenn du in einem Chakra etwas anderes empfindest oder eine andere Farbe wahrnimmst, als sie dir möglicherweise vorgesagt wurde.

Vermutlich wirst du eine ganze Zeit lang überhaupt keine Farbempfindung in den Chakren spüren. Solange du diese nicht spürst, kannst du zu Hilfe nehmen, was die Meister dir anbieten. Und da wiederum kannst du dich auf die tibetischen Meister berufen und rotes Licht als Farbe für das Nabelchakra assoziieren. Rot wie ein Sonnenuntergang, das ist die Farbe des Nabelchakras.

Eine Blockade dieses Chakras wirkt sich als Unsicherheit und Freudlosigkeit aus, manchmal auch als Gefühlskälte. Menschen, die gar nicht an ihre Gefühle herankommen, Menschen, die erstarren, wenn sie umarmt werden, solchen Menschen würde ich behutsam empfehlen, sich für die Energie der Nabelchakra-Gegend zu interessieren.

Die drei unteren Chakren

Wenn du gelernt hast, dich mit dem unteren Teil deines Körpers, genauer gesagt, mit den drei unteren Chakren, besser zu verbinden, dann kannst du die Aufmerksamkeit auch gerne auf alle drei gleichzeitig richten. Vor allem die beiden unteren, Sakral- und Wurzelchakra, kannst du zusammen spüren. So wird es in der tibetischen Tradition praktiziert.

Mittel- und Unterbauch, die unteren Chakren, werden mit weiblicher Energie verbunden, sie gehören den empfangenden, weiblichen Aspekten unseres Daseins an. Wenn du dich in diesem Bereich fühlend gründest, dich mit diesen Aspekten verbindest und in den weiten Raum einfühlst, dann gibst du dir damit selbst Raum.

Wenn du dich fühlend gründest, gibst du dir selbst Raum.

Dich auf diese Weise fühlend zu gründen führt dazu, dass sich dein Denken verändert, was eine direkte Auswirkung auf die oberen Energiezentren hat.

Das Herzchakra

Das nächste Chakra, das Herzchakra, ist ganz besonders wichtig. Es liegt in der Mitte des Brustkorbs neben dem physischen Herzen und steht für Liebe und Mitgefühl. Sein Element ist das Windelement. Folgen wir der tibetischen Tradition, so ist seine Farbe blau, in der Yoga-Tradition ist es grün und manchmal auch rosa.

Immer wieder habe ich in das Herzchakra hineingespürt, und für mich war seine Farbe kein Grün. Eine Zeit lang habe ich Rot wahrgenommen, nicht das zarte Rot der Morgenröte, sondern ein tiefes Rot des Mitgefühls. Ein Rot, das für mich mit Metta und Karuna[3] verbunden ist. Und mittlerweile spüre ich dahinter eine Weite, das tiefe Blau des unendlichen Himmels.

Um einen Zugang zum Herzchakra zu finden, kann es dir vielleicht helfen, die Farbe Blau zu visualisieren. Es kann auch hilfreich sein, wenn du dich auf den Klang der Silbe „Hum" ausrichtest. Nach der tibetischen Tradition ist das „Hum" mit dem Herzchakra verbunden, und für mich wird diese Verbindung manchmal sehr deutlich spürbar.

Die Herzchakra-Gegend ist Sitz der universellen Liebe und ihrer Energie. Wenn du Zärtlichkeit oder Betroffenheit spürst, wenn dich etwas tief berührt, dann führst du die Hand ganz automatisch zu deinem Herzen, nicht an eine andere Körperstelle.

Blockaden im Herzchakra haben mit Lieblosigkeit, Einsamkeit und manchmal auch mit Verbitterung zu tun. Menschen, die verbittert, einsam, resigniert und ohne Hoffnung sind, leben ohne wirkliche Verbindung nach außen und innen. Wie gut wäre es, könnten auch sie einmal die Hand auf die Brustmitte legen und anfangen, ihr Herz zu erspüren.

In der Herzchakra-Energie wurden wir geboren, sagt uns die tibetische Tradition. Nach der Geburt teilte sich diese Energie. Ein Teil floss nach oben in die männlichen Chakren, ein anderer Teil nach unten, zu den weiblichen Chakren. In unserer Gesellschaft geben wir meist sehr viel Energie in die oberen Zentren, während wir die unteren vernachlässigen. Es wäre sicherlich segensreich, könnten wir die Energie zwischen den beiden Polen gleichmäßig zum Fließen bringen.

Wenn wir abends meditieren, dann hätten wir die Möglichkeit, vom oberen zum unteren Pol umzuschalten und die Energie wieder ins Fließen zu bringen. Leider gelingt uns das häufig nur

---

[3] „Karuna" und „Metta" gehören zu den „göttlichen Verweilungsstätten", Zuständen, die uns mit dem Heilsamen in Verbindung bringen. Dabei steht „Karuna" für Mitgefühl.

unvollkommen. Als Folge davon schlafen wir nachts schlecht, liegen wach, sind von Gedanken besetzt und kommen nicht zur Ruhe. Ich selbst habe es mir zur Angewohnheit gemacht, mich nachts vor dem Einschlafen immer mit der Herzchakra-Gegend in Verbindung zu bringen.

Wenn du dich auf die Herzchakra-Gegend ausrichtest, dann kannst du dir bewusst machen, dass du dich damit auf die Grundenergie des Universums, auf die universelle Kraft der Liebe einstimmst. Die Verbundenheit mit diesem Chakra kann dich auf tiefe Weise tragen. Die Energie des Herzchakras ist Metta-Energie. Wenn du mit Metta-Energie verbunden bist, hast du weniger Angst. Die Angst ist verringert, weil du dich als vollkommen verbunden erlebst und die Angst keinen Boden mehr in dir findet.

Wenn du mit Metta-Energie verbunden bist, hast du weniger Angst.

Zugang zum Herzchakra

Richtest du die Aufmerksamkeit auf die Herzchakra-Gegend, spürst du möglicherweise erst einmal gar nichts. Es kann auch sein, dass du statt Wärme und Liebe eher Druck, Verkrampfung und Härte empfindest. Ist das der Fall, dann gehe bitte nicht mit Gewalt vor. Verhärtungen haben oft mit alten Verletzungen zu tun, mit psychischen Wunden, die nicht richtig abgeheilt sind und deren Narben sich wie eine Schale um die Herzchakra-Gegend gelegt haben.

Wunden wollen im Allgemeinen nicht aufgerissen werden, denn sonst fangen sie wieder an zu bluten. Stattdessen brauchen sie Zartheit, einen heilenden Balsam, der Verkrustungen aufweichen kann. Also gehe besonders behutsam mit dir um, wenn du mit alten Verletzungen zu tun hast, die sich in der Herzchakra-Gegend bemerkbar machen.

Wenn du in der Herzchakra-Gegend anstelle von Liebe vielleicht sogar ganz andere Gefühle wie Wut oder Angst spürst, dann lenke die Aufmerksamkeit auf eine Gegend, in der du dich leichter spüren kannst. Das könnte beispielsweise die rechte Brustseite sein. Manchen Menschen ist es möglich, hier so etwas wie Weite, Raum und Leichtigkeit zu spüren. Vielleicht ist es für dich auch hilfreich, erst einmal in die Nabelchakra-Gegend zurückzugehen und dich dort zu gründen, um schließlich Kraft, Energie und Selbstbewusstsein nach oben ausstrahlen zu lassen. Möglicherweise braucht es auch ein vorsichtiges, behutsames Hineinatmen in die Herzchakra-Gegend.

Auch die innige Verbindung zu einem anderen Menschen kann für einen Zugang zum Herzchakra hilfreich sein. Der erste Mensch, der für mich durch und durch Herzchakra-Energie verkörperte, war meine Großmutter. Immer wenn ich sie besuchte und sie mich sah, dann strahlte sie, wie ein Mensch nur strahlen kann. Sie bestand aus purer Herzchakra-Energie. Ich brauche heute nur die Augen zu schließen und sehe das Strahlen meiner Großmutter. Ich sehe sie vor mir und spüre sie im Herzchakra. Ich fühle, wie sich Wärme ausbreitet, und dann spüre ich tiefer in diese Wärme hinein: „Ja, da ist es gut, das ist mein wirkliches Zuhause." Dieses Empfinden wird immer subtiler und feiner, bis schließlich Metta spürbar wird. Das ist die Herzchakra-Energie.

Zugang zur Herzchakra-Energie kannst du auf verschiedenste Art und Weise finden. Du kannst traditionelle Hilfsmittel wie die Zufluchtnahme[4)], das Rezitieren von Mantren und natürlich die Metta-Meditation zu Hilfe nehmen. Wenn du Wurzeln in der christlichen Tradition hast, kann das Beten eine kraftvolle Praxis sein. Auch äußere Symbole wie Altäre, Blumen und Statuen können förderlich sein. Wenn ich mich vor dem Buddha verbeuge, spüre ich eine Verbindung zum Herzchakra.

---

4) In der Zufluchtnahme bekräftigen wir unsere Absicht, ein Schüler des Buddha zu werden und das Dharma zu praktizieren.

Avalokiteshvara, der Bodhisattva[5] des universellen Mitgefühls, ist für mich eine Verkörperung der Herzchakra-Energie, genauso wie Tara (tibetische Göttin der Liebe und des Mitgefühls). Tara ist der weibliche Aspekt von Avalokiteshvara, die der Überlieferung nach aus einer seiner Tränen entstanden ist.

Eine Tara steht auf meinem Schreibtisch und inspiriert mich, wenn ich Dharma-Unterweisungen vorbereite. Den Zugang zu Tara habe ich im Buddha-Haus (siehe Seite 255) gefunden. Als ich dort eine Statue von ihr stehen sah, war es für mich wie ein magisches Berührtwerden, eine direkte Berührung durch Herzchakra-Energie. Die Statuen, die ich zu Hause habe, inspirieren mich unglaublich und verbinden mich mit der Herzchakra-Energie.

Auch Haustiere können ein Zugang sein. Manche Menschen kommen leicht mit der Herzchakra-Energie in Berührung, wenn sie mit ihrem Hund oder ihrer Katze verbunden sind. Ihr Haustier ist für sie dann das Mittel, um in feinere Verkörperungen zu kommen. Bedrückend wird es nur dann, wenn sich die Hinwendung auf das Haustier beschränkt und sich etwas in ihnen verschließt, sobald sie mit anderen Menschen in Kontakt gehen.

Auch Musik kann einen Zugang zur Herzchakra-Energie schaffen. Ich erzähle gerne von einem für mich eindrucksvollen Erleben in der Philharmonie. Es gab ein wunderbares Konzert. Gustav Mahler, gespielt von den Berliner Philharmonikern. Vor Beginn unterhielt ich mich mit einem jungen Mann, einem Franzosen, der mit dem Nachtzug aus seiner Heimatstadt Paris gekommen war. Er hatte den Tag in Berlin verbracht und sich die Stadt angesehen. Aber deswegen war er nicht gekommen, sondern einzig

---

[5] Im Mahayana-Buddhismus werden Bodhisattvas (Sanskrit, wörtlich: „Erleuchtungswesen") als Wesen angesehen, die nach höchster Vollkommenheit streben, mit der Absicht, allen lebenden Wesen auf bestmögliche Weise zu dienen und so lange wiedergeboren zu werden, bis alle Wesen erleuchtet sind.

wegen des Konzertes. Er sei ein großer Fan von Gustav Mahler und den Berliner Philharmonikern, erzählte er mir. Und dann begann das Konzert. Die Meister spielten meisterhafte Musik. Ich schaute zu diesem jungen Mann neben mir und sah, wie er tränenüberströmt dasaß, durch und durch hingegeben. Es war, als würde er strahlen, als wäre er eine Verkörperung der Herzchakra-Energie.

Herzchakra-Energie ist nicht etwas, das du machst, sondern das, was du bist.

Auch andere Künste können ein wunderbarer Zugang sein. Alles, was ich dir genannt habe, sind natürlich nur mögliche Hilfsmittel, den Zugang zu finden. Letztlich ist Herzchakra-Energie nicht etwas, das du machst oder manipulativ erzeugen musst. Herzchakra-Energie ist das, was du bist.

Das Kehlchakra

Wenn man weiter nach oben geht, folgt in der Halsmitte das Kehlchakra. Es steht für Kommunikation, Inspiration und mentale Kraft. Auch der Gerechtigkeitssinn steht mit ihm in Verbindung. Das Kehlchakra sorgt für Ausgleich zwischen Gefühl und Intellekt, für Gleichgewicht zwischen Fühlen und Denken. Es arbeitet gewissermaßen dem Herzchakra zu.

Die Farbe des Kehlchakras ist hellblau und seine Silbe ist das „Ah".

Eine Blockade in dieser Gegend macht sich im Allgemeinen bemerkbar in Schwierigkeiten, sich auszudrücken. Sie kann auch zu der Angst führen, sich in die Welt hineinzustellen und seine Meinung zu sagen oder sich für Gerechtigkeit einzusetzen.

Das Stirnchakra

Das Stirnchakra schließlich liegt zwischen den Augenbrauen, in der Mitte der Stirn. Es steht in Verbindung mit Erkenntnis und außersinnlicher Wahrnehmung. Dem Stirnchakra werden das

Überschreiten des Alltagsbewusstseins, die Erkenntnis höherer Welten und auch übersinnliche Erfahrungen zugeordnet.

Die Silbe des Stirnchakras ist das „Om".

Jetzt haben wir auch alle drei Silben genannt, die den oberen Chakren zugeordnet werden: „Om, Ah, Hum". Diese Klangfolge entspricht einem Mantra, das wir im tibetischen Buddhismus immer wieder hören und dessen Schriftzeichen wir auf vielen Thangkas[6)] finden: „Om, Ah, Hum", dieses Mantra verbindet Herz-, Kehl- und Stirnchakra.

In der tibetischen Tradition ist die Farbe des Stirnchakras weiß. Wenn du visuell begabt bist, kannst du einen Energiewirbel weißen Lichts als Zugang zu diesem Chakra visualisieren.

Blockaden des Stirnchakras können zu Konzentrationsschwierigkeiten, Zerstreutheit und Unruhe führen. Dann bist du von rastlosen Gedanken besetzt, die immer wieder kommen und sich im Kreis drehen. Du kommst nicht zur Ruhe und kannst nichts wirklich zu Ende denken.

Vor Kurzem hatte ich zum ersten Mal Ansätze von Burn-out. Es begann mit Schwindel und nächtlichem Wachsein. Nach Mitternacht kam ich von der Arbeit, legte mich schlafen und um vier Uhr war die Nacht bereits zu Ende.

Ich hatte es mir zur Gewohnheit gemacht, mich vor dem Einschlafen mit der Herzchakra-Gegend zu verbinden und dort zu bleiben, bis der Schlaf kam. Dann tauchte ich in eine andere Bewusstseinsdimension ein. Dies war auch jetzt noch eine Zeit lang möglich, aber dann kam eine andere Kraft, eine Erschöpfungskraft, die sich meiner bemächtigte und mir morgens gegen vier den Schlaf raubte. Ich konnte geradezu spüren, wie ich in den oberen Bereichen blockiert war, wie die Energie hier festsaß, als wäre etwas eingerastet. Die Gedanken drehten sich im Kreis:

---

6) Ein Thangka ist ein Rollbild des tibetischen Buddhismus, das der Meditation dient und in Tempeln oder über Hausaltären aufgehängt wird.

„Wie soll ich das alles nur schaffen, die Termine sind viel zu eng gelegt! Wenn da noch etwas schief geht, dann werde ich scheitern." Mir fielen Termine ein, die ich möglicherweise vergessen haben könnte, an Schlaf war nicht zu denken.

Du kennst so etwas vielleicht.

Dann erinnerte ich mich an den inneren Lehrer und fragte mich: „Was würdest du jetzt einem deiner Schüler raten, wenn er dir von einem solchen Zustand berichtete?" Die Antwort war einfach: „Ich würde ihm raten, Tiefenatmung[7] und Chakren-Meditation zu praktizieren." Also habe ich mich selbst belehrt und Tiefenatmung praktiziert. Im Liegen habe ich wiederholt tief eingeatmet, bis hin zum Wurzelchakra. Allmählich lockerte sich das Gefangensein in Gedankenketten. Stück für Stück habe ich dann aufsteigend die Aufmerksamkeit zu den Chakren gelenkt. Als ich in der Herzchakra-Gegend ankam, spürte ich, wie es dort ganz warm und weich wurde. Ich schlief wieder ein, bis dann eine Stunde später der Wecker zur Morgenmeditation rief.

So könntest du praktizieren, wenn du merkst, dass die Umschaltung zwischen oberen und unteren Chakren nicht funktioniert. Aber auch hier ist es vorangegangenes Üben notwendig. Wenn du dich erst in dieser Situation an die Chakren erinnerst und anfängst zu praktizieren, wird es nicht funktionieren. Dann wirst du durch die Übung eher noch unruhiger und unsicherer.

Wenn du in einer Sackgasse feststeckst und vorher keinen Zu-

---

7) Bei der Tiefenatmung atmen wir bewusst so tief wie möglich ein, in der Vorstellung bis in den Unterbauch. Wir halten einige Momente die Luft an und spüren dabei die Energie im Unterbauch. Anschließend atmen wir vollkommen aus, um erneut beim tiefen Einatmen Luft und Aufmerksamkeit in den Unterbauch zu lenken. Wir achten gleichzeitig darauf, dass der Oberkörper, vor allem im Schulterbereich, entspannt bleibt. In der Folge dieser regelmäßig wiederholten Atemübung wird der Kopf freier und offener, du wirst dich leichter fühlen, und deine Grundstimmung wird sich ändern.

gang geübt hast, dann gleichst du wiederum jenem Menschen der in einer Lehrrede des Buddha sagt: „Ich war nachlässig, ich habe es versäumt, auf die Götterboten zu hören." Mitten im Burn-out, in der Sackgasse mit dem Üben zu beginnen, ist im Allgemeinen nicht möglich. Denn dann fehlen dir die Mittel, die dir sonst unter eher ausgeglichenen Umständen zur Verfügung stehen.

Das Kronenchakra

Das höchste im Körper gelegene Energiezentrum ist das Kronenchakra. Es liegt an der Kopfspitze, dort, wo in deinen ersten Lebensjahren die große Fontanelle war. Dieses Chakra wird keinem Element zugeordnet und seine Silbe ist ebenfalls das „Om".

Auf bildhaften Darstellungen sieht man hier manchmal einen tausendblättrigen Lotos. Die Zahl Tausend steht für Vollkommenheit. Vom Kronenchakra ausgehend bist du mit der Vollkommenheit des Universums verbunden. Wenn du dich auf dieses Chakra ausrichtest, richtest du dich also auf Vollkommenheit aus. Als buddhistisch Praktizierender bezeichnest du dies vielleicht als Ausrichtung auf Erleuchtung, universelle Weisheit oder Buddha-Natur. Wenn du christlich orientiert bist, nennst du es vielleicht Ausrichtung auf Gott oder Gottes-Erfahrung. Vielleicht bedeutet es für dich kosmische Vereinigung, Leere oder Heilsein. All dies sind nur Worte, konzeptionelle Gedanken, die letztlich nicht wirklich geeignet sind, das Eigentliche zu beschreiben.

Nach der tibetischen Tradition ist die Farbe des Kronenchakras Gold, goldenes Licht. Um einen Zugang zu diesem Chakra zu finden, kannst Du dir eine goldene Lichtkugel oder einen goldenen Lichtwirbel oberhalb des Kopfes vorstellen. Wenn dir das Visualisieren schwerfällt, dann richte deine Aufmerksamkeit auf den Raum unmittelbar über der Kopfspitze. Versuche zu spüren, wo der Kopf aufhört und der Raum oberhalb des Kopfes anfängt.

Blockaden des Kronenchakras führen zu Unzufriedenheit,

Unerfülltheit und damit oft zu einem verbissenen Anhaften an der materiellen Welt. Wenn du ein unerfülltes Leben führst, wenn du ständig neue Dinge brauchst, um die innere Bedürftigkeit zu füllen, dann kann ein Zugang zum Kronenchakra hilfreich sein. Aber bitte beginne mit dem Üben nicht direkt beim Kronenchakra, sondern erschließe dir zuerst einen Zugang zu den unteren Energie-Bereichen.

Chakrenübung im Alltag

Jetzt sind alle sieben Chakren einmal benannt worden. Um sie zu üben, kannst du dich anfangs in einer formalen Meditation anleiten lassen, zum Beispiel über eine CD. Neben der Praxis auf dem Meditationskissen ist es jedoch nützlich, wenn du dich auch im Alltag um die Chakren kümmerst. In den Erklärungen zu den einzelnen Energiezentren findest du Beispiele, wie du dir in deinem täglichen Leben einen Zugang schaffen kannst. Dabei kann es sinnvoll sein, nur mit einzelnen Chakren oder Chakrengruppen zu praktizieren. Die tibetische Tradition empfiehlt sich zuerst um die beiden unteren Chakren zu kümmern, dann um Herz- und Kronenchakra. Andere Lehrer raten, sich im Alltag möglichst oft mit Stirn-, Nabel- und Herzchakra zu verbinden.

Diese Empfehlung habe ich mir zu Eigen gemacht und in meinen Berufsalltag integriert. Die Anleitung für die Praxis mit den drei letztgenannten Chakren lautet: „Verbinde dich zuerst mit der Nabelchakra-Gegend. Öffne damit den Zugang zu deiner Lebenskraft, denn die brauchst du im anstrengenden Berufsalltag. Verbinde dich dann mit der Stirnchakra-Gegend, um dein Denken über das Kleinliche hinaus auf das Große auszurichten. Und schließlich verbinde dich mit der Herzchakra-Gegend, mit blauem Licht, mit Liebe. Versuche im Laufe des Tages immer wieder zur Herzchakra-Gegend zurückzukommen." Mit dieser Praxis erlebe ich eine ganz andere Energie in meinem Berufsalltag.

Manchmal geht mir die Verbindung verloren, aber dann habe ich ja noch die Möglichkeit, mich für einen Moment zurückzuziehen und den Zugang wieder zu öffnen.

Es kann auch hilfreich sein, kleine Rituale in den Alltag zu integrieren, die unterstützend wirken. Wenn ich morgens in die Arztpraxis komme, dann sind meist die Arzthelferinnen schon da und es kommen sofort die ersten Fragen: „Gut, dass du da bist, kannst du hier mal unterschreiben, kannst du da mal anrufen, Frau XY steht da vorne, kannst du sie bitte mal ansprechen …" Dann ist die Versuchung groß, sofort zu reagieren. Aber das muss noch warten, bis ich mein Ritual praktiziert habe. Ich gehe in meinen Raum, schließe die Tür und zünde die Kerzen an. Auch in diesem Raum stehen eine Tara, ein Avalokiteshvara (siehe Seite 56) und ein Buddha und für sie alle wird eine Kerze angezündet. Dann zünde ich noch ein Räucherstäbchen an und räuchere den Raum aus. Ich spüre, das tut gut, und die Frauen, die kommen, sagen: „Hier riecht es aber gut, was haben Sie gemacht?" So beginnt mein Arbeitstag.

Mittlerweile habe ich viel von der tibetischen Tradition übernommen, das musst du natürlich nicht tun. Finde die Form der Praxis, die zu dir und zu deinem Alltag passt. Wichtig ist nur, dass du praktizierst. Was du für dich tust, tust du nie nur für dich. Immer praktizierst du auch für alle anderen. Jeder Moment authentischer Praxis ist für dich und für das ganze Universum. Denn nichts, aber auch gar nichts, was du an Gutem, Heilsamem, erzeugst, ist nur für dich allein. Es hat ungeahnte, unüberschaubare Auswirkungen bis in den letzten Winkel des Universums. Dies ist vielleicht schwer zu begreifen, aber wenn du in der Herzchakra-Gegend bist, kannst du es, wenn du ganz still bist, manchmal ahnen.

Was du für dich tust, tust du nie nur für dich.

3. Alter und Identifikation mit dem Körper

Abhängigkeit vom Körper

Wir haben bisher Übungen kennengelernt, mit deren Hilfe wir die Abhängigkeit vom grobstofflichen Körper verkleinern können. Dazu gehören die Praxis des Wohlfühlortes und ganz besonders auch die der Chakren. Die Abhängigkeit vom Körper zu reduzieren heißt, die Identifikation mit ihm zu verringern. Damit folgen wir dem Götterboten Alter, der uns zu dem Verständnis und der Einsicht führen möchte, dass wir nicht dieser Körper sind.

Wir haben versucht, den Grundstein für eine Einstellung zu legen, die uns nicht mehr sagen lässt: „Dies ist mein Körper", sondern: „Dies ist ein Körper für mich." Wenn wir einmal soweit kämen, das nicht nur zu denken, sondern auch zu erleben und mit Einsicht zu füllen, dann wäre dies ein Riesenschritt für uns. Solange wir uns auf den Körper begrenzen, sind wir abhängig von seinem Schicksal. In der Folge sind Unsicherheit und Angst unsere ständigen Begleiter.

Solange wir uns auf den Körper begrenzen, sind wir abhängig von seinem Schicksal.

Der Körper wird älter und gebrechlich und irgendwann wird er sterben. Wenn wir glauben, dass Zufriedenheit und Erfüllung nur über den Körper zu finden sind, dann bedeuten altersbedingte körperliche Einschränkungen, dass wir keine Zufriedenheit oder Erfüllung mehr erleben können. Aus dieser Perspektive heraus ist das Älterwerden immer auch mit mehr Unzufriedenheit und weniger Erfülltheit verbunden.

Der Götterbote Alter möchte uns genau das Gegenteil lehren. Er möchte uns lehren, dass diese Perspektive, obwohl in unserer Gesellschaft weit verbreitet, zu einseitig ist.

Nachlassen der Kraft

Ein weiterer Aspekt des Älterwerdens ist die Erfahrung, dass unsere Kraft und unsere Energie nachlassen. Das merken wir im Allgemeinen am deutlichsten daran, dass wir für alles, was wir tun, länger brauchen. Wenn wir uns angestrengt haben, brauchen wir längere Regenerationszeiten. Unser Kurzzeitgedächtnis lässt allmählich nach und oft können wir Dinge, die uns früher leicht möglich waren, nicht mehr tun.

Im Rahmen meiner ärztlichen Tätigkeit bin ich seit mehr als 20 Jahren auch nachts als Notarzt unterwegs. Doch mit dem Älterwerden wird dieser Dienst immer beschwerlicher. Während mir früher Nachtdienste wenig ausmachten, reicht jetzt meine Kraft kaum noch bis 24 Uhr. Einsätze darüber hinaus empfinde ich geradezu als quälend.

Die Erfahrung zu machen, dass sich unsere Kraftressourcen schneller erschöpfen, dass wir mehr Zeit für die Regeneration brauchen und in vielen Dingen langsamer werden, führt bei einigen Menschen zu Frustration und depressiver Verstimmung. Da ist sie wieder: die Erfahrung des „nicht mehr". Etwas ist nicht mehr und an seine Stelle ist nichts anderes gerückt. Dann bleibt nur noch der Abschied. Abschied von unserer Kraft, vielleicht auch von unserer sexuellen Kraft, von vielen Möglichkeiten im Beziehungsleben.

Manche Menschen versuchen, dies zu kompensieren, indem sie sich mit Medikamenten aufputschen oder sich noch mehr anstrengen und antreiben. Das ist ein Muster, zu dem ich auch tendiere. Vor einiger Zeit leitete ich ein Retreat und überprüfte vorher noch meine Notarzttasche, die ich mitnehmen wollte. Ich stellte fest, dass etliche Koffeintabletten darin waren. Nicht für die Patienten – sondern für mich. Ich brauchte sie, um mich anzutreiben. Wenn um zwei Uhr morgens die Kraft verbraucht war, dann mussten ein oder zwei Koffeintabletten herhalten, damit ich meine Pflicht bis zum Morgen erfüllen konnte. Kein gutes Vorbild. Diese Zeiten sind jetzt schon lange vorbei, das Verfallsdatum der Tabletten war längst überschritten, ich habe sie nicht alle verbraucht.

Manche versuchen sich anzutreiben, während andere ins Gegenteil verfallen, in Nachlässigkeit und Resignation. Sie tragen nur noch einen verbeulten Trainingsanzug, und das Wochenende verbringen sie vielleicht mit ein paar Flaschen Bier vor dem Fernseher. Darin sehe ich eine Form des Aufgebens. Da gibst du dich und die vielen Möglichkeiten, die du noch hättest, auf.

Neben Antreiben und Aufgeben gibt es jedoch noch eine dritte Möglichkeit, die ich schon erwähnt habe. Diese Möglichkeit besteht darin, sich einzugestehen, dass etwas anders geworden ist. In diesem Eingeständnis ist keine Bewertung enthalten. Das Nachlassen der Kräfte muss nicht zwangsläufig negativ bewertet werden. Es muss nicht als Rückschritt oder Verlust betrachtet werden. Eine Veränderung ist erst einmal wertneutral, und möglicherweise wird sie zu einem Sprungbrett für etwas Neues.

Eine Veränderung kann zu einem Sprungbrett für etwas Neues werden.

Räume schaffen

Ram Dass berichtet von einer Bekannten, die ihr ganzes Leben lang als Energiebündel bekannt war. Sie hatte immer viel zu tun, ihr Terminkalender war immer voll. Dann erzählte sie auf einmal: „Ich begreife nicht, was mit mir vorgeht. Ich möchte die ganze Zeit nur noch herumliegen, dabei gibt es so viele Dinge, die ich unbedingt erledigen muss.“ Das ist eine Erfahrung, die viele ältere Menschen machen. Ram Dass fragte sie dann: „Was musst du denn alles erledigen?“ „Ach, so viele Dinge“, antwortete sie. Da gab Ram Dass ihr zu bedenken: „Es könnte sein, dass eines der Dinge, die du erledigen musst, darin besteht herumzuliegen. Du könntest deine Liste noch einmal anschauen und zu den wichtigen Dingen, die du zu tun hast, Herumliegen hinzufügen. Überlege dir, wie du diese Liste nach Prioritäten ordnen willst und an welcher Stelle Herumliegen stehen könnte. Möglicherweise ziemlich weit oben. Dann könntest du eine Zeit lang herumliegen und darüber nachdenken, welche Aufgaben du jetzt noch zu erledigen hast.“

Das ist jetzt natürlich nicht als Aufruf zu Faulheit oder Trägheit zu verstehen. Es geht vielmehr darum, dir Räume zu schaffen, die nicht strukturiert sind. Räume, in denen du nichts zu tun brauchst, in denen du nicht dem gewohnten Tempo und alten Strukturen folgen musst.

Schaffe dir Räume, die nicht strukturiert sind.

Diese Anleitung habe ich mir zu Eigen gemacht. In meinem vollen Zeitplan gibt es täglich Momente unterschiedlicher Länge, in denen ich zwar nicht herumliege, aber herumsitze. Das kann am Morgen oder während des Tages sein, in der Regel aber ist es am Abend, vielleicht vor der Vorbereitung für einen Vortrag. Ich sitze für mich allein in meinem Sessel und schaue in die Bäume, in den Himmel. Vielleicht schaue ich den Vögeln zu, die in die Stadt zurückkehren, oder den Wolken, die am Himmel vorbeiziehen.

Sorgen und Ängste

Doch auch wenn du dich bemühst, jede Erfahrung des Älterwerdens als Hilfe für deine Entwicklung zu nutzen, ist die Kraft einiger Ängste und Sorgen nicht zu unterschätzen.

Eine große Sorge vieler älterer Menschen in unserer Zeit ist die Angst vor Einsamkeit. Sie könnte auch dich befallen, selbst wenn du schon viele Jahre praktizierst. Auch wenn du einiges vom Dharma verstanden hast, wird es Zeiten geben, in denen du dich einsam fühlst, als ziemlich bedeutungsloses Pünktchen im All, als winziges Rädchen im großen Getriebe. Einsamkeit ist immer mit dem Erleben von Getrenntheit verbunden, und Getrenntheit ist ein Synonym für Dukkha. Einsamkeit ist ein Synonym für Dukkha. Auch als älterer Mensch hast du natürlich ein Bedürfnis nach Zugehörigkeit, wünschst du dir menschliche Wärme.

Einsamkeit ist ein Synonym für Dukkha.

Gleichzeitig erlebst du dich jedoch oft ausgeschlossen, fremd in einer Umgebung, die ständig etwas schneller ist als du. Vielleicht auch so kompliziert, dass du in bestimmten Situationen nicht alle Zusammenhänge auf einmal erfassen kannst.

So verspüren viele alte Menschen eine tiefe Unsicherheit angesichts der immer schneller werdenden Welt. Eine Erfahrung, die Menschen besonders in unseren großen Städten immer wieder machen müssen. Als mein Vater uns zum letzten Mal in Berlin besuchte, sagte er beim Abschied: „Diese Stadt ist mir zu fremd und zu schnell. Und auch, wie du dein Leben führst, mit welcher Geschwindigkeit du es lebst, das ist mir fremd. Ich komme da nicht mehr mit."

Nicht mehr mitzukommen führt dazu, dass man sich ausgegrenzt fühlt. Auch jetzt schon, mit 60 Jahren, erlebe ich Situationen wie diese: An einer Autobahnraststätte tanke ich mein Auto voll und gehe zur Kasse. Dort hat sich bereits eine Schlange gebildet, denn nur eine Kasse ist besetzt. Als ich an die Reihe komme, warten hinter mir bereits wieder andere. Der Kassierer ist jung und schnell, im Gegensatz zu mir. Er nennt mir den Preis, und weil mein Portemonnaie voller Kleingeld ist, möchte ich damit bezahlen. Ich finde das Kleingeld nicht so schnell und suche es zusammen. Währenddessen schaue ich auf und sehe, wie der Kassierer den hinter mir stehenden, ebenfalls jüngeren Mann anschaut und mit den Augen rollt. Damit bin ich gemeint, dieser langsame Alte, der hier den Verkehr aufhält. In diesem Augenblick erlebe ich Ausgegrenztheit. Ein junger Mensch vor mir, junge Menschen hinter mir, ich bin der Älteste, mein Tempo passt nicht, ein schnelleres Tempo ist gewünscht.

Seit 23 Jahren bin ich als Arzt in eigener Praxis tätig und viele Patientinnen begleiten mich schon seit über 20 Jahren. Am 1. April 1989 haben wir begonnen, und mittlerweile markiere ich die Karten der Patientinnen, die mir über so lange Zeit, über verschiedene Lebensphasen hinweg, treu geblieben sind. Manche, die mit 40 zu mir kamen, sind jetzt über 60. Jüngere, die kamen, um sich auf ihre Schwangerschaft vorzubereiten oder zur Verhütung beraten zu lassen, kommen jetzt wegen Beschwerden in den Wechseljahren. Hin und wieder frage ich sie in einem Gespräch, wie sie mit dem Älterwerden umgehen oder was der Gedanke daran in ihnen auslöst. Als Antwort werden regelmäßig Angst vor Vereinsamung und vor Hilflosigkeit und Abhängigkeit genannt.

Unsicherheit, Einsamkeit und Angst vor Abhängigkeit in Verbindung mit dem Erleben von Ausgegrenztheit sind wiederkehrende Gefühle vieler älterer Menschen.

Vor einiger Zeit gab ich einen Wochenendkurs in Stuttgart und nahm abends den letzten Flug zurück. In Stuttgart kann man nicht mehr am Schalter einchecken, sondern muss dies elektronisch erledigen. Dafür benötigt man eine Reservierungskarte, die ich bereits hatte, und man schickte mich damit zum Einchecken: „Das geht bei uns elektronisch, an dem Terminal da vorne, das können Sie selbst.“ Ich stehe davor, aber ich kann es nicht selbst. Ich merke, ich komme mit den Anleitungen nicht zurecht. Dann kommt eine junge Frau in Uniform, deren Aufgabe es offenbar ist, Menschen wie mir das Einchecken zu erleichtern. Mit einem freundlichen Lächeln nimmt sie mich mental ein wenig an die Hand und sagt: „So, jetzt checken wir mal zusammen ein.“

Das habe ich Hunderte von Malen in Altenheimen gehört,

wenn ich als Arzt gerufen wurde: „So Opa, jetzt gehen wir mal zusammen zum Klo." Hier heißt es häufig auch noch „mein Schatz": „So mein Schatz, haben wir heute schon Pipi gemacht?" All das wurde in mir wach, als sie sagte „So, jetzt checken wir mal zusammen ein." Nicht ich checke ein, sondern sie checkt für mich ein. Es ist ihre Aufgabe, mir zu helfen. Was mich dabei besonders traf, war das Gefühl, von oben herab behandelt zu werden.

In solchen Situationen wird die Ausgrenzung spürbar, und es werden Angstgedanken angestoßen wie: „Wie ist es, wenn das noch schlimmer wird? Wie ist es, wenn ich auf Flugplätzen oder auf Bahnhöfen überhaupt nicht mehr klarkomme? Wie ist das, wenn ich mit dem Autofahren, mit den neuen Regeln, mit dem immer komplizierter werdenden Computersystem nicht mehr klarkomme?" Dann bin ich darauf angewiesen, dass mich jemand an die Hand nimmt und mir, dem alten Herrn – oder eben dem Opa – hilft.

Der Blick zurück

Ausgegrenztsein, Vereinzelung, Dukkha: Wenn ältere Menschen das erleben, lenken viele gerne den Blick in die Vergangenheit. Sie blicken zurück auf ihre Biografie und versuchen, sich an dem festzuhalten, was sie doch einmal konnten. Sie fangen an zu erzählen und herauszustellen, was sie in ihrem Leben geleistet haben, was ihnen einmal möglich war.

Manche Menschen blicken dabei auch auf das zurück, was in ihrem Leben schiefgegangen ist oder was sie einstecken mussten. Sie erzählen immer häufiger von früher, betonen gerne, was ihnen das Leben schuldig geblieben ist. Aber auch, was sie selbst falsch eingeschätzt haben, was sie vermeintlich falsch gemacht haben, wird immer wieder hervorgebracht. In diesen Aspekten der Biografie dreht sich dann alles um Schuldgefühle.

Nicht wenige ältere Menschen plagen sich mit Schuldgefühlen

und bleiben damit auf die Vergangenheit fixiert. Auf das, was das Leben ihnen schuldig geblieben ist, und auf das, was sie selbst falsch gemacht haben. All diese Fixierungen führen zu einem begrenzenden Selbstbild, das immer mehr isoliert, immer weiter in die Einsamkeit treibt. Die Folge ist weiterer Rückzug, und die Menschen haben noch mehr das Gefühl, ungeliebt und verlassen zu sein. Dann hast du den Eindruck, es gibt überhaupt niemanden mehr auf dieser Welt, an den du dich wenden kannst. Solange du auf diese Perspektive fixierst bist, übersiehst du viele Möglichkeiten, viele Angebote, die es in jeder größeren Stadt und wahrscheinlich auch in vielen kleineren gibt. Du übersiehst Menschen, die offenherzig darauf warten, dass du dich an sie wendest: junge, ältere oder auch gleichaltrige Menschen, die dir etwas zu geben haben oder etwas mit dir teilen wollen.

Viele ältere Menschen plagen sich mit Schuldgefühlen und bleiben damit auf die Vergangenheit fixiert.

Hinterfragen der Identität

Aus der Psychologie wissen wir, dass Menschen etwa alle 20 Jahre ihre Identität überprüfen. Das geschieht gegen Ende der Pubertät zum ersten Mal, hier meist noch wenig bewusst.

Mit 35 bis 40 findet die zweite Prüfung statt. Dann werden oft Fragen gestellt wie: „Was habe ich erreicht? Andere haben ihren Beruf und sind erfolgreich – was habe ich? Andere haben eine Familie gegründet, Kinder gezeugt, wie ist das bei mir? Andere haben es zu einem bescheidenen oder deutlichen Wohlstand gebracht, bewohnen ein eigenes Haus oder eine eigene Wohnung, was habe ich erreicht?“

Etwa mit 55 bis 60 kommt die nächste Überprüfung: Habe ich richtig gelebt? Zu dem Zeitpunkt neigt sich im Allgemeinen die berufliche Laufbahn dem Ende zu. Vielleicht stehst du kurz vor der Schwelle zur Pensionierung. Was du bis jetzt nicht erreicht hast, wirst du vermutlich in der beruflichen Hierarchie nicht mehr erreichen. „Habe ich richtig gelebt? Was habe ich geschafft? War das richtig? Habe ich meine Prioritäten richtig gesetzt?"

Wenn du diese Überprüfungen in einer Haltung vollziehst, die von Selbstzweifeln geprägt ist, dann kann dein Selbstbild nachhaltig erschüttert werden. Es geht nicht darum, dass du dich nicht hinterfragen sollst: Wahrheitsergründung ist ein wichtiger Aspekt im Dharma und dazu gehört ein ergründendes Hinterfragen, aber keines, das dich wieder in die Kleinheit, in die Begrenzung treibt. Im Selbstzweifel steckt der Blick auf das Negative, im konstruktiven Zweifel ist der Blick auf das Positive enthalten.

Im Selbstzweifel steckt der Blick auf das Negative, im konstruktiven Zweifel der Blick auf das Positive.

„Warum habe ich keinen Beruf erlernt, warum habe ich nicht mehr aus mir gemacht?", wäre eine Fragestellung, die vermutlich Beklommenheit zur Folge haben wird. „Warum habe ich mit Frauen kein Glück oder warum habe ich mit Männern kein Glück? Warum bin ich in meinen Beziehungen immer wieder gescheitert? Warum sind die Kinder so selten da, warum besuchen sie mich nicht mehr, warum habe ich mich damals nicht mehr um sie gekümmert, warum war der Beruf wichtiger als die Zeit mit meinen Kindern?"

Jeder selbstzweifelnde Gedanke bekommt schnell eine Eigendynamik. Wenn du dann nicht sehr achtsam bist, kann dich diese Dynamik schnell in Gefühle von Einsamkeit treiben und dazu führen, dass du dich unzulänglich und ungeliebt fühlst.

Die Perspektive wechseln

Jeder Gedanke und jeder innere Zustand, der aus ihm folgt, ist Ausdruck einer Perspektive. Das ist ein wichtiger Aspekt. Da jeder Gedanke begrenzt ist, ist auch jede Perspektive begrenzt und bildet nicht die ganze Wahrheit ab. Zu den Kennzeichen eines spirituellen Menschen gehört es, sich daran zu erinnern und sich zu vergegenwärtigen, dass er zu jeder Zeit die Möglichkeit hat, die Perspektive zu wechseln und zu erweitern.

Jeder Gedanke und jede Perspektive ist begrenzt und bildet nicht die ganze Wahrheit.

Deswegen hören wir immer wieder die Buddhalehre, deswegen investieren wir so viel in Meditation und Kontemplation. Damit wir uns in Situationen, in denen wir in eine Sackgasse geraten sind, erinnern können: „Ich kann aus dieser Sackgasse herauskommen. Ich kann eine andere Straße nehmen, die nicht in eine Sackgasse mündet, sondern in einen Zuwachs an Zufriedenheit und Weite."

Wenn du gelernt hast, auf diese Weise deine Perspektive zu ändern, dann hast du immer einen Erste-Hilfe-Koffer zur Hand. Dort findest du Notfalltropfen, die du sofort schlucken kannst, wenn du sie brauchst. Diese Notfalltropfen heißen: „Dreh einfach den Gedanken um." Wenn der Gedanke „Ich bin nichts mehr wert" aufkommt, dann dreh ihn um zu: „Ich wünsche mir Wertschätzung." Der Gedanke „Ich bin nichts mehr wert" ist niederdrückend und hoffnungslos. Mit dem Gedanken „Ich wünsche mir mehr Wertschätzung" bist du mit einem Bedürfnis verbunden. In einem nächsten Schritt kannst du dann schauen, woher du diese Wertschätzung bekommen kannst. Wenn nicht von außen, dann kannst du sie dir ja vielleicht selbst schenken.

Wenn ein Gedanke kommt wie: „Die Menschen heutzutage sind lieblos und kalt", dann dreh ihn um: „Ich wünsche mir mehr Einfühlung und menschliche Wärme." Dazu kannst du stehen, denn das wünscht sich jeder Mensch, ob es ein Baby ist, ein 20-jähriger Kassierer oder ein 90-Jähriger in einem Heim, einer Wohnung oder einem Hospiz.

Oder wenn du denkst: „Die Menschen nehmen mich nicht mehr wahr", dann drehe auch diesen Gedanken um: „Ich wünsche mir dazuzugehören." Dazugehören ist ein Urbedürfnis von uns allen und sollte nicht bewertet werden. Solange wir leben, haben wir ein Bedürfnis nach Zugehörigkeit. Der Grund für dieses Bedürfnis liegt in der Erfahrung, dass Trennung Dukkha ist. Wenn unsere höchste Sehnsucht die nach Einheit ist, dann ist die kleine Schwester dieser Sehnsucht der Wunsch nach Zugehörigkeit.

Sich um andere kümmern

Bei der Anleitung „Drehe den Gedanken um“ geht es nicht darum, dir ein bestimmtes Denken zu verbieten, sondern darum, ein Gewahrsein für deine Gedanken zu entwickeln. Aus diesem Gewahrsein heraus kannst du dann leichter erkennen: „Wenn ich diesem Gedanken weiter folge, dann werde ich mich wohl in eine enge Perspektive begeben. Und in der Folge werde ich Bedrückung und Bedrängnis erleben.“

Solltest du dich doch einmal in eine einengende Perspektive hineinmanövriert haben, ist es wichtig, nicht argumentativ darin zu verharren. Das würde die Situation nur verschlimmern. Versuche dann, dich darauf zu besinnen, dass es immer, in jeder Situation, einen Ausweg gibt.

In jeder Situation gibt es einen Ausweg.

Ein Ausweg aus der Einsamkeit könnte sein, sich um einen anderen Menschen zu kümmern. Wenn beispielsweise Enkel da sind, könntest du dich ihrer annehmen. Natürlich nur, wenn das auch gewünscht wird. Frage im Zweifelsfall einfach nach, ob Hilfe gebraucht wird, und wenn ja, welche Art von Hilfe. Es ist wichtig abzuwägen, was du mit deinem Hilfsangebot beabsichtigst und was du in anderen auslöst mit dem, was du tust.

Manchmal kann es eine große Hilfe sein, einfach jemandem zuzuhören. Vielleicht auch aus der Entfernung. Einfühlsam zuhören, sich auf einen anderen Menschen einlassen – und sei es nur am Telefon – kann ein wunderbares Geschenk sein und Verbindung schaffen.

Manche ältere Menschen lesen Kindern vor. Vor einiger Zeit ist ein Mitglied unserer Sangha gestorben. In der letzten Phase vor dem Tod habe ich den Mann nach seiner Kraftquelle gefragt, und für ihn bestand sie darin, dass er Lesepatenschaften in Schulen übernommen hatte. Er konnte gut vorlesen und hatte eine sehr angenehme Stimme. Er berichtete: „Mir geht das Herz auf, wenn ich in die Schule komme. Die Kinder umringen mich und freuen sich darauf, dass ich ihnen jetzt eine Stunde lang vorlese." Und wahrscheinlich waren auch die Eltern froh, dass ihre Kinder in der Schule gut versorgt waren.

Eine Patientin, 85 Jahre alt, die jedes Jahr zur Vorsorge kommt, war vor Kurzem wieder da. Eigentlich kommt sie schon lange nicht mehr wegen der Vorsorge. Irgendwann sagte sie: „Ach, wollen wir das mit der Vorsorge nicht lassen?" Und ich fragte: „Ja, aber was machen wir denn dann?" „Ach, wissen Sie, ich mache einen Knicks" – sie war Schauspielerin gewesen – „und dann erzählen wir uns ein bisschen aus unserem Leben." „Gut, einverstanden", sagte ich, „das können wir tun, solange wir uns hier treffen." Und so war sie wieder einmal in meiner Praxis, machte ihren Knicks und erzählte, dass sie seit einiger Zeit in einem Altenheim vorliest. Als Schauspielerin hatte sie natürlich auch eine Sprechschulung, ihre Stimme war immer noch angenehm mit einer guten Sprachmelodie. Sie konnte noch gut lesen, wenn auch mit Brille, und sie bereitete sich sehr gut vor. Sie hatte eine Sammlung von Readers Digest Heften aus den 60er- und 70er-Jahren bekommen und stöberte darin nach Geschichten, die sie im Altenheim vorlesen konnte. Und sie erzählte, dass die alten Menschen dort wie die Kinder auf ihren Stuhlkanten sitzen, an ihren Lippen hängen und wissen wollen, wie die Geschichte weitergeht. „Dies ist ein Moment", sagte sie, „da fühle ich mich verbunden, mit mir und mit den Menschen, die mir zuhören."

Auf diese Weise mit den Veränderungen des Alters umzugehen, bedeutet, den Götterboten richtig verstanden zu haben.

Rückzug und Nähe

Wir tun gut daran, eine Balance zwischen dem Verschenken der eigenen Fähigkeiten einerseits und Rückzug und Vorbereitung auf die Weiterreise andererseits anzustreben. Diese Balance muss immer wieder neu gefunden werden, indem wir untersuchen: Was brauchen wir gerade, was brauchen die anderen? Was lösen bestimmte Menschen oder Situationen in uns aus?

In den Stunden des Rückzugs geht es darum, uns durch die Schichten unserer Identifikationen, durch unser übliches Körpererleben hindurch, tiefer in subtilere Energien hineinzuspüren. Einige Übungen dafür haben wir schon kennengelernt. Vielleicht haben wir auch schon eine Ahnung davon bekommen, wie es sein kann, zur Ruhe zu kommen und sich in subtilere Räume hinein zu entspannen.

Ich habe dazu ein Bild vor Augen: Die Mauern der Identität beginnen zu bröckeln und Risse tun sich in ihnen auf. Manche Menschen schauen dann erschrocken weg und versuchen, diese Risse schnell wieder mit Aktivitäten zu kitten. Andere hingegen bringen den Mut auf, durch die Risse hindurch in tiefer liegende Räume zu schauen. Räume, die zwar schon seit langem existieren, aber bisher unter den Schichten von Verhärtung, Verletzung und Identifikation verborgen waren.

Wenn du dir tiefere Schichten in dir selbst erschließt, brauchst du weniger Bestätigung von außen. Du erlebst Verbundenheit mit dir, und je mehr Verbundenheit du spürst, desto mehr Unterstützung aus dir selbst heraus erfährst du und desto unabhängiger wirst du von anderen. Du bist dankbar für die Unterstützung, die du von ihnen erfährst, bist aber nicht mehr unbedingt darauf angewiesen, um zufrieden zu sein.

Etwas Ähnliches haben wir uns schon bewusst gemacht, als wir die Chakren behandelten.

Auch dieses Erschließen ist natürlich nicht über Nacht möglich, sondern erfordert beharrliches, geduldiges Üben. Der Götterbote richtet sich nicht nur an ältere Menschen, sondern an Menschen jeden Lebensalters. Er rät uns allen, frühzeitig damit zu beginnen, uns immer wieder uns selbst zuzuwenden, das Bewusstsein zu vertiefen und uns beharrlich zu weiten.

Einsamkeit und Alleinsein

Es ist wichtig, immer wieder da anzusetzen, wo du gerade stehst. Auch wenn du beharrlich übst, kann es zuweilen Phasen von Einsamkeit und Verlassenheit geben. Gerade Menschen, die schon lange praktizieren, sind dann oft erschrocken. Auch jetzt gilt es, dich erst einmal der Situation zu stellen, sie zu erkennen und anzuerkennen: „Ja, ich fühle mich einsam." Es gilt, dich für die aktuelle Situation und dein inneres Erleben zu öffnen und zu interessieren.

Gestehe dir die Einsamkeit ein. Erkenne mögliche Tendenzen, die Einsamkeit übertünchen zu wollen. Gestehe dir die Verlockung ein, die vielleicht von der Vorstellung ausgeht, dich mit einem Bier vor den Fernseher zu setzen, um die Einsamkeit nicht mehr zu spüren. Mache dir klar, dass du auch in dieser Situation die Wahl hast. Du kannst der Verlockung folgen und dich vor den Fernseher setzen – und das kann manchmal durchaus das Richtige sein. Oder du kannst dich dafür entscheiden, deine Einsamkeit zu beobachten, mit ihr zu sein und vertrauter mit ihr zu werden. Indem du die Einsamkeit gewissermaßen in dein Herz nimmst, kannst du erleben, wie sie sich auf diese Weise in Alleinsein verwandelt.

Der Psychoanalytiker Rudolf Horge sagt: „Einsamkeit heißt, außer sich sein. Alleinsein heißt, bei sich sein." Je mehr du lernst, im Alleinsein vertraut mit dir zu werden, desto weniger wirst du einsam sein. Gerade im Alter können diese Momente des Alleinseins die Einsamkeit auflösen.

Eine hilfreiche Übung ist das Tagebuchschreiben – solange es noch geht, solange die Hand und die Augen noch mitmachen. Du könntest Tagebuch schreiben, um das Erlebte aus dir herauszuholen, es gewissermaßen vor dich hin zu setzen und damit Entlastung zu erleben.

Vielleicht hast du dich schon einmal in der Pubertät, als du Liebeskummer hattest, einem Tagebuch anvertraut. Auch damals hast du es getan, weil du intuitiv gespürt hast, dass das Schreiben erleichtert. Du konntest deinen Eltern nicht dein Herz ausschütten. Vielleicht hattest du auch keine Gelegenheit, es einer Freundin oder einem Freund zu erzählen. Du warst in tiefem Liebesschmerz und dann hast du in dein Tagebuch geschrieben, den Schmerz aus dir herausgelassen und vor dich hingesetzt. Deinem Tagebuch konntest du dich anvertrauen und es hätte dich sehr verletzt, wenn ein anderer es gelesen hätte.

Auch als älterer Mensch kannst du dieses Hilfsmittel nutzen, um mit schwierigen Situationen, dem Prozess des Alterns oder auch der Einsamkeit vertrauter zu werden. Du setzt etwas aus dir heraus, indem du es aufschreibst. Es sitzt dann vor dir und du kannst es dir mit etwas Abstand anschauen.

„Alleinsein öffnet die Tür zum All-Eins-Sein".

Indem du dein Alleinsein zu einer Übung machst, indem du Alleinsein immer weiter verfeinerst, kannst du erahnen, was mit dem Satz gemeint ist: „Alleinsein öffnet die Tür zum All-Eins-Sein."

Erschütterung der Identität

Wendepunkte in deinem Leben, an denen deine Identität erschüttert wird, können schon in jüngeren Jahren auftreten, zum Beispiel durch die Erfahrung einer schweren Krankheit oder gesundheitlicher Einschränkungen. Dadurch können Gefühle von Einsamkeit oder Hilflosigkeit aufkommen.

Manche Menschen erleben schon sehr früh Einbußen ihrer

physischen Beweglichkeit, können unter Umständen gar nicht mehr oder nur noch mit Hilfe laufen. Vielleicht weil sie an MS erkranken, einen Unfall oder Schlaganfall erleiden und plötzlich im Rollstuhl sitzen müssen.

Zu den Wendepunkten, an denen deine Identität ins Wanken gerät, kann auch der Moment gehören, da die Kinder aus dem Haus gehen. Mütter sprechen vom „Leeren-Nest-Syndrom". Eine Verwandte erlebt es gerade, vier Kinder hat sie auf die Welt gebracht und großgezogen. Eine Tochter wohnt noch bei ihr, aber es ist absehbar, dass auch sie bald das Haus verlassen wird. „Was mache ich dann mit der großen Wohnung?", fragt die Mutter. „Hier bin ich eingezogen, als ich 24 Jahre alt war, eine junge Frau, und jetzt geht einer nach dem anderen aus dem Haus. Bald sitzen nur noch wir beide da. Die Wohnung ist doch viel zu groß für uns."

Deine Identität kann auch erschüttert werden, wenn du aus einer Wohnung ausziehst, in der du vielleicht einen großen Teil deines Lebens verbracht hast, in der du älter geworden bist und in der wichtige Erlebnisse stattgefunden haben. Es ist ein Wendepunkt, wenn du diese Wohnung dann irgendwann verlässt, um in eine kleinere Wohnung, ein Altenheim oder ein Hospiz zu ziehen.

Vor Kurzem hat eine Bekannte ihre Wohnung aufgegeben, um in ein Hospiz zu gehen. Nachdem sie einige Zeit dort verbracht hatte, äußerte sie, sie habe erst jetzt begriffen, dass sie im Hospiz sei. Sie habe es ganz deutlich begriffen, als der Bestatter zu ihr kam. Der Besuch wurde von ihr gewünscht. Dieser Bestatter, den ich als sehr einfühlsamen Menschen kenne, redete mit ihr unter anderem über die Trauerfeier. Plötzlich spürte unsere Bekannte: „Da wird über mich geredet, über die Zeit, wenn ich nicht mehr da sein werde. Er wird noch da sein, aber ich nicht mehr. Und er wird dann über mich verfügen." Eine heftige Wut kam in ihr auf, eine Wut auf das Leben, auf die anderen. „Ich werde gehen, aber die anderen hier, die Pfleger, der Bestatter, werden noch da sein, wenn ich gestorben bin, und sie werden dann etwas mit meinem toten Körper machen." In diesem Moment war ihre Identität zutiefst erschüttert.

Deine Identität wird erschüttert, wenn dich dein Lebensgefährte oder deine Lebensgefährtin verlässt. Noch stärker wird sie erschüttert, wenn er oder sie vor dir stirbt.

Auch der Eintritt in den Ruhestand kann deine Identität ins Wanken bringen. Du gibst deinen Beruf auf. Vielleicht gibst du damit deine Einflussmöglichkeiten und scheinbar auch dein Ansehen auf. Häufig begleitet diesen Moment ein Erleben von Nutzlosigkeit.

Ich erinnere mich an den Vortrag eines Professors, der sich sehr mit Altersforschung beschäftigt hatte. Er erzählte uns, dass er eigentlich über all dies Bescheid gewusst und selbst viele Vorträge zu dem Thema gehalten hatte. Dann kam der Tag, an dem er in den Ruhestand ging. In seiner Klinik war er Ordinarius gewesen. Es gab ein großes Fest, die üblichen Ansprachen und Blumensträuße. Auf den Tag danach hatte er sich gefreut: „Endlich ausschlafen!", und er schlief aus. Nach ein paar Tagen, nachdem er ausgeschlafen war, kam die Depression, die Angst: „Wofür bin ich jetzt noch nutze, braucht man mich überhaupt noch?"

Wahrgenommen werden

Menschen haben in jedem Lebensalter das Bedürfnis, wahrgenommen zu werden, dazuzugehören. Wahrgenommen werden bestätigt den Selbstwert. Auch dies ist ein tiefes Bedürfnis von uns allen. Manche Menschen füllen nach dem Ruhestand den frei werdenden Raum mit Aktivitäten. Viele meiner ärztlichen Kollegen, die in den Ruhestand gegangen sind, engagieren sich in Hilfsorganisationen oder Vereinen.

So sinnvoll es auch sein kann, einen Teil des frei werdenden

Raumes solchen Aktivitäten zu widmen, so ist es meines Erachtens noch wichtiger, einen weiteren Teil zur Einkehr zu nutzen: zur Einkehr zu sich selbst und zur Kontemplation. Dabei könnten wir auch der Frage nachgehen, ob hinter unseren neuen Aktivitäten nicht die Angst steht, unser Ansehen und damit vielleicht auch uns selbst zu verlieren.

Eine Gesellschaft, in der das Tun viel mehr zählt als das Sein, in der Aktivität groß und Stille klein geschrieben werden, eine solche Gesellschaft nährt die Angst. Wenn du deiner Angst nicht nachgibst, sondern dich ihr stellst, dann können sich dir beim Älterwerden Räume öffnen. Räume der Klarheit, in denen du dich mit dem verbindest, was du immer schon warst und was nie verloren geht.

4. Neue Perspektiven im Alter

Veränderte Bedürfnisse

Wir haben mit der Beobachtung abgeschlossen, dass eines unserer grundlegenden Bedürfnisse darin besteht, wahrgenommen zu werden – in jedem Lebensalter. Andere Bedürfnisse hingegen ändern sich mit dem Älterwerden und dem damit verbundenen Nachlassen der Energie. Veränderte Bedürfnisse in dieser Lebensphase gehen Hand in Hand mit einem veränderten Selbstbild. Um diesen Wandel bewusst zu erleben und seiner Bedeutung für uns gewahr zu werden, braucht es Zeiten der Zurückgezogenheit.

Sicherlich wäre es wünschenswert, aktiv zu bleiben, solange die körperlichen Kräfte es zulassen. Wir haben davon gehört, wie erfüllend es sein kann, Aufgaben zu übernehmen, unsere Fähigkeiten zu verschenken und mit anderen in Kontakt zu treten.

Es geht darum, immer wieder eine Balance zwischen Aktivität und Einkehr zu finden.

Aber gleichzeitig ist es wichtig, dass wir uns einen Raum für Rückzug schaffen. Es geht darum, dass wir immer wieder aufs Neue eine Balance zwischen Aktivität und Einkehr finden. Zwischen dem Öffnen nach Außen und den Zeiten des Rückzugs, in denen wir unser mit dem Älterwerden verändertes Selbstbild und unsere verwandelten Bedürfnisse ergründen können.

Untaugliche Strategien

Angesichts der Veränderungen beim Älterwerden flüchten sich manche Menschen ins Jammern. Jammern ist jedoch eine untaugliche Strategie, um Zuwendung für die eigenen Bedürfnisse zu erbitten. Wir kennen vermutlich Menschen, die diese Strategie wählen, und haben erfahren, wie sehr sie uns im Laufe der Zeit damit auf die Nerven gehen. Im Allgemeinen erreichen sie genau das Gegenteil dessen, was sie eigentlich wollen: Sie wünschen sich Zuwendung und Aufmerksamkeit für ihre veränderten Bedürfnisse, erreichen mit dem Jammern aber eher, dass andere sich abwenden.

Wählen wir Jammern als Strategie, werden wir einsamer, obwohl wir uns doch eigentlich nach Verbundenheit und nach Einfühlung sehnen.

Andere wiederum flüchten sich ins Beschuldigen: „Die ganze Welt ist böse, alle Menschen sind ignorant, und heute ist alles schlechter als früher. Die Kinder kommen nicht, die Pfleger sind grob oder haben keine Zeit. Die Ärzte verschreiben nur noch Sachen, die nicht helfen, oder sie verschreiben heutzutage gar nichts mehr" und so weiter.

Aus dem Beschuldigen heraus können dann zum Teil absonderliche Verhaltensweisen entstehen. Eine Bekannte von mir geht auf die 90 zu und ist finanziell gut abgesichert. Aus ihrer Perspektive heraus ist alles viel schlechter geworden. Alles ist viel zu teuer, und sie isst ihr Brot ohne Butter, weil sie meint, sie habe nicht das Geld dafür. Ihr Bankkonto wächst und wächst, weil sie die Rente gar nicht aufbrauchen kann. Auf die Frage: „Wozu machst du das? Du siehst doch, dass das Bankkonto immer voller wird?", kommt dann: „Ja, das brauche ich für das Alter."

Ältere Menschen in unserer Gesellschaft

In jedem Notdienst werden wir auch in Altenheime gerufen. Eine Bewohnerin fragte mich bei einem Besuch: „Warum ist dieser nutzlose Körper noch am Leben? Wäre nicht der Tod eine Erlösung?" Ich empfand dies als sehr bedrückend, besonders als ich eine gleichlautende Aussage von einem Pfleger hörte.

Ram Dass beschrieb einmal eine ähnliche Situation: „Es zerreißt einem das Herz, eine solche Frage von alten Menschen zu hören, die in den meisten Kulturen der Welt der Stolz und die Freude der Gesellschaft wären." Hier bei uns werden sie wie Ausgestoßene behandelt. In früheren Zeiten – in manchen Kulturen ist das heute noch so – galten die Alten als weise Ratgeber, als die Stimme der Erfahrung, auf die man hörte.

So beobachte ich beispielsweise in Berlin-Kreuzberg immer wieder, wie in der islamischen Kultur mit den Älteren der Familie umgegangen wird. Wie respektvoll Kinder ihre Mütter oder Großmütter behandeln, wenn sie sie in die Frauenarztpraxis begleiten, vielleicht zum Übersetzen oder um beim An- und Ausziehen zu helfen.

„Wenn ein alter Mensch stirbt, dann ist es, als ob eine ganze Bibliothek brennt", lautet ein afrikanisches Sprichwort. Vielleicht würden wir heute sagen: „Wir brauchen keine Bibliotheken mehr, es steht doch alles im Internet." Vielleicht steht da viel Wissen, aber steht da auch Weisheit? Wenn ein alter Mensch stirbt, dann ist es, als ob eine ganze Bibliothek an Weisheit und Erfahrung stirbt.

„Wenn ein alter Mensch stirbt, dann ist es, als ob eine ganze Bibliothek brennt."

Heutzutage hat sich dieses Verhältnis scheinbar umgedreht. Während in früheren Zeiten die Jungen auf die Alten gehört haben, glauben heute vielfach die Jungen, sie müssten die Alten beraten.

„Meine Enkelin hat gesagt, ich müsse das so machen. Ich müsse das auswendig lernen, aber ich kann das gar nicht mehr. Ich kann mir das gar nicht mehr merken", erzählte mir jemand. „Ich versuche es schon andauernd; ich sitze und lese jeden Abend und löse Kreuzworträtsel, damit mein Merkgedächtnis, mein Intellekt wach bleibt, damit ich ihr etwas zu bieten habe, wenn sie mich wieder besuchen kommt."

Wenn ein älterer Mensch in Hilflosigkeit und Unsicherheit verfangen ist, dann lässt er sich durch eine solche Haltung immer weiter verunsichern. Dann verliert er den Blick für das, was er kann und weiß, für das, was er selbst geben könnte.

Wie können wir denn als ältere Menschen Weisheit in die Welt tragen? Wie können wir zu einer Bibliothek voller Weisheit werden?

Ich meine, indem wir sie verkörpern. Auf die Götterboten zu hören ist ein direkter Weg dahin. Wenn wir uns den altersbedingten Veränderungen und Krankheiten bewusst stellen, ihnen zuhören, um ihr Wesen und ihre Natur zu verstehen, wachsen in uns Weisheit und Güte an.

Geben und Empfangen

Ich habe euch von den Situationen erzählt, in die ich an der Tankstelle und am Flughafen geraten bin. Solche Situationen erlebe ich inzwischen häufiger, und sie sind mir auch immer etwas peinlich. Mit dieser Peinlichkeit werden wir im Alter zunehmend konfrontiert. In diesen Momenten müssen wir bereit sein, Hilfe anzunehmen, ohne dass uns das dann wiederum peinlich wird. Das haben wir oft nicht gelernt.

Die meisten von uns haben gelernt zu helfen – mehr oder weniger. Wir wissen, wie wichtig es ist, Hilfe zu geben, und haben wahrscheinlich auch schon öfter erlebt, wie erfüllend das sein kann. Wir haben auch gehört, dass Helfen eine Möglichkeit ist, mit anderen und uns selbst in Verbindung zu treten.

Aber wir haben oft nicht gelernt, selbst Hilfe anzunehmen.

Der Götterbote Alter möchte uns auf diesen Teil in uns, den wir vernachlässigt haben, aufmerksam machen. Er will uns lehren, auch diese Schale der Waage zu füllen, denn zum Geben gehört natürlich auch das Empfangen.

Was wäre denn, wenn alle nur geben und keiner empfangen würde? Dann könnte nämlich niemand mehr geben. Denn zum Geben gehört auch immer ein Empfangen. Indem wir Hilfe annehmen, geben wir anderen die Möglichkeit, Hilfe zu geben. Wenn wir Hilfe empfangen, dann reduzieren wir damit auch ein Stück weit unser Ego, das sich in der Vorstellung ausdrückt: „Ich muss das alleine schaffen."

Indem wir Hilfe annehmen, geben wir anderen die Möglichkeit, Hilfe zu geben.

„Helfen kann erfüllend sein", das hast du schon oft gehört. Wenn du also Hilfe annimmst, dann gibst du einem anderen Menschen damit die Möglichkeit, zu helfen und so Erfüllung zu erleben. Du gibst etwas, wenn du empfängst, und du empfängst etwas, wenn du gibst. Dies ist das Gesetz von Ursache und Wirkung. Nichts steht alleine für sich, es gibt immer Auswirkungen in beide Richtungen.

Du gibst etwas, wenn du empfängst, und du empfängst etwas, wenn du gibst.

Auf diesem Gesetz beruht auch Dana. Dana gehört zu den wichtigsten buddhistischen Praktiken und heißt Gebefreudigkeit. Wenn du Geben auf eine nicht selbstbezogene Weise praktizierst, dann wirst du Freude am Geben erleben, vielleicht auch Freude beim Unterstützen anderer, einer sozialen Einrichtung oder spirituellen Gemeinschaft.

Du kannst auch die Freude erleben, die aus der Erfüllung entsteht. Erfüllung hat damit zu tun, dass du in diesem Moment aus der Ichbezogenheit in die Dubezogenheit gehst. Das wird immer als verbindend und damit erfüllend erlebt. Und zwar in dem Maß, in dem es von Herzen kommt. Immer wenn du Hilfe annimmst oder Hilfe gibst, kann Verbundenheit entstehen.

Hilfe annehmen

Krankenhäuser sind Orte, in denen von Berufs wegen Hilfe geleistet wird. Aber gerade hier kommt heutzutage selten Verbundenheit zwischen Helfer und zu Helfendem zustande. Vor allem deswegen, weil die Krankenpflegerinnen und -pfleger unter einem enormen Zeitdruck stehen. Ständig werden die Zeittakte verkürzt. Immer schneller ist der Durchgang der Kranken auf den Stationen.

Ähnliches gilt für die Pflege zu Hause. Heutzutage wird nach einem vorgegebenen Zeittakt gepflegt, der sehr eng ist. Da ist es dann schwierig, auch noch das Herz mit einzubringen. Schwierig, aber nicht unmöglich.

Mein Vater wurde in seinen letzten Jahren zu Hause gepflegt. Irgendwann hatte er Pflegestufe drei, das heißt, zwei- bis dreimal am Tag kamen Pflegerinnen zu ihm nach Hause. Ich war immer wieder erstaunt, mit welcher Herzlichkeit er versorgt wurde und wie er in der Folge auch lernen konnte, die Pflege anzunehmen.

„Na, Papa“, habe ich ihn manchmal scherzhaft gefragt: „Wie ist es denn so, von jungen Frauen umsorgt zu werden?“ „Och“, erwiderte er, „ganz schön.“ In seiner Stimme lag so eine Harmlosigkeit und Direktheit, eine Verbundenheit. Wenn ich die Pflegerinnen fragte, ob es leicht oder schwierig für sie sei, ihn zu versorgen, dann bekam ich als Antwort: „Er ist ohne Widerstand und macht gut mit. Es ist leicht, angenehm.“

Hilfe annehmen schafft Verbundenheit. Wenn du lernst, Hilfe in einer Haltung von Leichtigkeit anzunehmen, kannst du damit auch dem Helfer selbst ein wenig seine Angst nehmen. Auch der Pfleger wird älter und irgendwann Ähnliches durchmachen wie du. Er weiß, wie es ist, wenn Windeln gewechselt werden, und er weiß, irgendwann wird er derjenige sein, der die Windel trägt. Vielleicht hat er

Hilfe annehmen schafft Verbundenheit.

die Erfahrung gemacht, dass es in seinem Beruf auch Kollegen gibt, die besser einen anderen Beruf gewählt hätten. Er hat seine eigenen Ängste in Bezug auf das Altwerden.

Du kannst ihm zeigen: Hilfe annehmen ist auch in einer würdevollen Haltung möglich. Du kannst dir die Windeln mit einer gewissen Art von Leichtigkeit wechseln lassen. Es geht, ohne Widerstand zu leisten.

In diesem Moment bist du ein Vorbild für die nächste oder übernächste Generation. Wir haben gelesen, dass die Art und Weise, wie wir älter werden und das Alter sehen, etwas damit zu tun hat, was die vorhergehenden Generationen uns vorgelebt haben. In diesem Moment übernimmst du Verantwortung und gibst durch dein Beispiel etwas weiter. Du gibst weiter, dass Altwerden in Würde und Annehmen von Hilfe zugleich möglich sind.

Würde im Alter

Mit Würde im Alter verbinde ich Erinnerungen an Urlaube in Italien. Ich denke an ein kleines Dorf, das durch seine alten Olivenbäume bekannt war. Diese zum Teil 1000 Jahre alten Bäume hatten einen riesigen Durchmesser und darum herum waren Bänke aufgestellt. Auf diesen Bänken saßen die alten Männer des Dorfes. So kannte ich es noch von früher aus meiner Kindheit, aus unserem Dorf. Nachmittags saßen da die alten Männer, später setzten sich auch die alten Frauen dazu.

Dann waren sie alle dort versammelt, schwarz gekleidet, und strahlten Selbstbewusstsein und Würde aus. Von den Kindern, die dort herumspielten, wäre keines auf die Idee gekommen, einen der Alten respektlos anzusprechen. So etwas wäre undenkbar gewesen, weil die Energie, die von diesen Menschen ausging, auf ihre Umgebung ausstrahlte. Auf die Menschen, die um sie herumgingen, um die alten Bäume zu bestaunen, und auf die Kinder, die auf dem nahe gelegenen Spielplatz spielten.

Du hast in jedem Lebensalter, auch mit 90 noch, einen Einfluss auf die Außenwelt.

Zwei Meditationsobjekte im Alltag

Der Buddha hat uns geraten, zwei Meditationsobjekte mit in den Alltag hineinzunehmen: ein ständiges und ein wechselndes. Das ständige Meditationsobjekt könnte Bewusstheit sein. So könnten wir jeden Tag mit dem Wunsch beginnen: „Mögen heute Bewusstheit und Herzensgüte in mir wachsen."

Das wechselnde Meditationsobjekt könnte eine Frage sein: Wie kann ich unter den jetzigen Bedingungen Würde verkörpern? Wie kann ich Würde verkörpern, wenn mir die Windeln gewechselt werden? Wenn ich beim Arzt warten muss? Wie kann ich in einem Kaufhaus Würde verkörpern? Wenn die Bahn zu spät kommt? Ist es würdevoll, zu schimpfen, herumzustampfen, jemanden zu beschuldigen? Ist das mein Bild von Würde? Wie kann ich in dieser schnelllebigen Stadt Würde verkörpern?

„Wie kann ich Würde verkörpern, wenn ich mich auf den Straßen bewege?", ist ein sehr taugliches Meditationsobjekt. Es erinnert uns daran, was uns in dieser typischen Alltagssituation möglich ist oder auch nicht. Dieses Erinnern brauchen wir als einen entscheidenden Impuls, um nicht wieder in alte, untaugliche Muster zu verfallen.

Eine Frage, die in der Gewaltfreien Kommunikation [1] gerne gestellt wird, lautet: „Was könnte in diesem Moment mein Leben bereichern?" Auch das ist ein mögliches Meditationsobjekt. Wir könnten uns in Alltagssituationen immer wieder diese Frage stellen. Eine mögliche Antwort darauf lautet: Würde, denn Würde bereichert immer. Nicht nur den, der sie ausstrahlt. Sie bereichert

---

1) Marshall Rosenberg: Gewaltfreie Kommunikation. Eine Sprache des Lebens, Paderborn: Junfermannsche Verlagsbuchhandlung 2001.

alle, die in diesem Moment die Offenheit haben, die Energie von Würde zu bemerken und die eigenen Samen von Würde damit in Resonanz gehen zu lassen.

Der „heilige Raum"

Um deine innere Balance nicht zu verlieren, ist es sehr hilfreich, wenn du beizeiten gelernt hast, die inneren Räume zu entdecken, über die wir schon gesprochen haben. Innere Räume, aus denen die Quelle deiner Würde und deiner Kraft entspringt, in die du dich zurückziehen kannst und die für die Außenwelt nicht antastbar sind. In manchen Kulturen werden diese inneren Bereiche auch als „heiliger Raum" bezeichnet.

Heute haben viele Menschen keinen „heiligen Raum", keinen Schutzraum, in sich. Also brauchen sie einen äußeren Schutzraum, zum Beispiel ihr Haus oder ihre Wohnung. Damit diesen Raum niemand stört, leben sie allein und lassen auch niemanden herein. Der äußere Schutzraum kann dir jedoch irgendwann genommen werden und wenn du dann keinen inneren hast, kommst du in Not.

Neue Perspektiven

Wenn du dich aufgrund veränderter Bedingungen nicht mehr so vielen körperlichen Herausforderungen und Aufgaben stellen kannst, dann liegt vielleicht eine Chance darin, dir geistige Herausforderungen zu suchen. Eine Herausforderung könnte sein, deine veränderte Identität weder im Tun noch im Haben zu suchen.

Tun und Haben sind die Quellen, aus denen sich unsere Identität speist.

Im Allgemeinen sind Tun und Haben die Quellen, aus denen sich unsere Identität speist: etwas besitzen, einen Platz im sozialen Gefüge einnehmen, bestimmte Dinge tun, Leistung erbringen, Ziele erreichen. Immer dann, wenn wir uns mit etwas, das wir tun oder haben, identifizieren, engen wir uns ein. So kreieren wir aus der Summe dieser Gleichsetzungen unsere eigene begrenzte Identität.

Solltest du eines Tages auf Hilfe angewiesen sein, weil du nur noch wenig selbst tun kannst, dann versuche bitte nicht, eine neue Identität daraus erwachsen zu lassen: „Ich, die Bedürftige, Schmerzgeplagte, die nichts mehr alleine erledigen kann." Das wäre dann eine sehr kleine, beengte Identität.

Stattdessen könnte im Älterwerden die Herausforderung für dich darin liegen, die Quellen deiner Identität zu überprüfen. Solange du diese im Tun und Haben suchst, begrenzt du dich. Jedes Haben, jedes Tun ist begrenzt und wenn du deine Identität im Begrenzten suchst, engst du dich selbst ein. Aus Begrenztheit erwächst Bedürftigkeit und aus Bedürftigkeit Angst. Aus Angst wiederum entsteht Festhalten an deiner Identität – ein Teufelskreis, den es zu durchbrechen gilt.

Auch hier ist der Schlüssel das Erinnern. Du kannst den Teufelskreis durchbrechen, indem du ihn erst einmal erkennst und dich dann daran erinnerst: „Nein, so muss es nicht sein, es gibt für mich auch andere Möglichkeiten."

Damit dieser Schlüssel für dich zu jeder Zeit verfügbar ist, ist es nötig, davon zu hören oder zu lesen und dann selbst beharrlich und geduldig zu üben, zum Beispiel mit Hilfe der beiden Meditationsobjekte im Alltag. In jeder Situation gibt es eine Wahl. Diese kann sich in der Möglichkeit zeigen, die Perspektive, die Sicht auf die Situation und auf die Umstände deines Lebens zu wechseln.

Es braucht bisweilen Zeit, diese Chance zu sehen. Manchmal gehst du an einer Wand entlang, die schier endlos und undurchdringlich scheint. Dann sind sehr viel Geduld, Beharrlichkeit und Übung nötig, um den Riss in ihr zu erkennen: „Da geht es durch. Durch diesen Riss scheint das Licht."

Geistige Leistungsfähigkeit

Schon vor vielen Jahren hat ein Philosoph einmal festgestellt, dass die großen Leistungen der Menschen häufig erst im hohen Lebensalter gelingen. Ungeachtet der Leistungsfähigkeit einzelner Organe oder Körperteile sind viele der großen Leistungen der Menschheit von älteren Menschen erbracht worden. Wenn du gerne liest, dann kannst du das feststellen: Die kristalline Weisheit ist bei den meisten Dichtern in den Spätwerken zu finden.

Ich habe immer sehr gerne Hermann Hesse gelesen und kenne alle seine Bücher. Für mich wurden seine Schriften immer deutlicher und eindrucksvoller, je älter der Dichter wurde. Sein letztes Buch, „Das Glasperlenspiel", seine letzten Traktate und Schriften sind für mich seine klarsten Werke. Sie leuchten geradezu.

Die Leistungsfähigkeit deines Gehirns kann also möglicherweise noch lange erhalten bleiben, auch wenn die des Körpers bereits nachgelassen hat. Und es ist gut, wenn du dein Gehirn wachhältst, wenn du versuchst, seine Plastizität zu nutzen, solange es eben möglich ist.

Doch der Götterbote ist nicht auf die Leistungsfähigkeit deines Gehirn ausgerichtet. Denn möglicherweise kommt beim Älterwerden eine andere Kraft und nimmt dir mit der Demenz zunehmend diese Plastizität. „Eine Demenz wird irgendwann jeden erfassen", sagen einige Altersforscher, „nur erleben es die meisten nicht." Sie vermuten, dass nach heutigen Erkenntnissen im Alter von etwa 120 jedes Gehirn dement ist. Wer erlebt das schon?

Unser Potenzial geht nicht verloren

Selbst wenn du keine 120 Jahre alt wirst, kann dich eine Demenz treffen, vielleicht schon in sehr viel jüngeren Jahren. Die Angst, das Gedächtnis und damit die eigene Geschichte und Identität zu verlieren, sich in völlige Abhängigkeit begeben zu müssen, gehört zu den großen Sorgen, wenn es um das Älterwerden geht.

Doch auch in der Demenz geht unser Potenzial nicht verloren. Es ist bis zum Schluss möglich, weiterzulernen. Der Himmel geht nie verloren, auch wenn die Wolken ihn verdecken. Unser Bewusstsein, unser bewusstes Potenzial geht in der Demenz nicht verloren. Es kann sich nur nicht mehr auf die gewohnte Weise ausdrücken. Das Gehirn verkalkt, nicht das Bewusstsein.

Auch in der Demenz geht unser Potenzial nicht verloren.

Was kümmert es den Himmel, wenn er von Wolken verhangen ist? Er bleibt bestehen, bis ihn irgendwann keine Wolken mehr verdecken und die Sonne wieder ungehindert auf die Erde scheint.

Der Götterbote will uns tiefer führen, er will uns zu einem grundlegenden Verständnis führen. Mit geistigen Leistungen im Alter meint er nicht das, was der Philosoph meinte. Es geht ihm nicht so sehr darum, dass wir noch ein wunderbares Alterswerk schaffen, sondern dass wir Einsicht in unsere Schwierigkeiten entfalten, Einsicht in das Wesen von Schwierigkeiten.

Schulung des Bewusstseins

Der Götterbote möchte uns zur Einsicht in Wesen und Ursache unserer Schwierigkeiten führen. Er will uns zeigen, wie im Kontakt mit dieser Welt immer wieder Gefühle entstehen, solange unsere Sinnestore noch funktionieren. Immer, wenn wir auf uns und auf die Welt schauen, sind damit Gefühle verbunden. Aus Gefühlen entstehen Begehren oder Abneigung, Haben-Wollen oder Nicht-haben-Wollen. Daraus wiederum erwächst Anhaften und aus der Energie des Anhaftens werden bestimmte Zustände geschaffen.

Weil diese bedingt sind, werden sie sich fortwährend verändern und natürlich auch altern. Jeder Zustand altert und stirbt. Wir haben schon viele Zustände erlebt: angenehme und unangenehme, müde und wache, beglückende und bedrückende. Jeder Zustand ist aufgrund von bestimmten Bedingungen erschienen. Dann ist er gealtert, schließlich vergangen, und neue Zustände sind erschienen.

Der Götterbote lädt uns ein, uns auf alle Zustände, die wir erleben, bewusst einzulassen. Indem wir sie und ihre Bedingtheit ergründen, schulen wir unser Bewusstsein. Indem wir uns auf Bewusstseinsschulung einlassen, können wir zunehmend unsere wechselnden Bewusstseinszustände annehmen und verstehen. Momente des Verstehens sind mit Freude und Erleichterung verbunden. Die Energie der Freude ermöglicht dann weitere Einsichten.

Jetzt haben wir uns gerade in etwas größeren Sprüngen noch einmal die weltlich und die überweltlich bedingte Entstehungskette bewusst gemacht. Denn genau dorthin will uns der Götterbote führen.

In der weltlich bedingten Entstehungskette will er uns zeigen, was die Welt uns bieten kann. Den Weg heraus zeigt er uns dann mit der überweltlich bedingten Entstehungskette. Diese beginnt mit Alter, Krankheit, Tod und dem damit verbundenen Dukkha. Der Götterbote macht uns darauf aufmerksam, dass wir nicht immer wieder wie ein Hamster in einem Rad rennen müssen. Er zeigt uns, dass es einen Weg heraus gibt, den wir entschlossen und mit Leichtigkeit gehen können.

Für mich ist nichts wichtiger als eine aufrichtige Sehnsucht nach Wahrheit und Herzensfrieden, um diesen Weg zu gehen.

Mit Geduld und Beharrlichkeit können wir unsere Identifikationen ausfindig machen und allmählich lockern. Das geht nicht über Nacht, aber wenn wir immer wieder die Entschlusskraft aufbringen und der Stimme unserer Sehnsucht folgen, dann werden wir an unserem letzten Tag ganz sicher sagen können: „Dieses Leben war wert, gelebt zu werden, mit all seinen Schwierigkeiten und mit allem, was an Freude in ihm war."

Teil II

Der zweite Götterbote – Krankheit

5. Erste Erlebnisse mit dem Götterboten Krankheit

Krankheit gehört zum Leben

Der zweite Götterbote – Krankheit – verbindet sich manchmal mit dem Götterboten Alter, aber gelegentlich erscheint er schon in einem frühen oder sogar sehr frühen Lebensalter.

In jedem Lebensalter gibt es Phasen, in denen du gesund bist. Auch als alter Mensch wirst du Zeiten erleben, in denen du dich in deiner Kraft fühlst, in denen du mit den Zipperlein, die vielleicht nicht mehr zu vermeiden sind, gut leben kannst.

In den jungen Jahren deines Lebens wirst du diese Zeiten, in denen du in deiner Kraft bist, vermutlich häufiger erleben als beim Älterwerden. Zeiten, in denen du mit Fug und Recht sagen kannst: „Ja, ich bin gesund." Ab und an werden kleine Unpässlichkeiten auftauchen, wie es sie in jedem Lebensalter gibt: Du verdirbst dir den Magen oder leidest an einem grippalen Infekt. Du verstauchst dir den Fuß oder quetschst dir den Finger. Und manchmal gibt es schwerere Störungen in diesem komplexen körperlichen Gebilde. Störungen, die nachhaltige Veränderungen mit sich bringen können.

Krankheiten und Schmerzen gehören zum Leben.

Damit erzähle ich dir nichts Neues. Wir alle wissen, dass Krankheiten, Verletzungen und Unfälle sowie auch Schmerzen zum Leben gehören. Wir wissen um den Wert von Gesundheit. Zu jedem Geburtstag wünschen wir uns

Gesundheit, klopfen uns auf die Schulter: „Gesundheit für dich! Gesundes neues Lebensjahr!" „Danke. Ja, Gesundheit ist doch das Wichtigste." Zu Silvester wünschen wir uns gegenseitig ein gesundes neues Jahr, knallen vielleicht ein bisschen in die Luft, trinken einen Schampus dazu und vergessen die guten Wünsche dann wieder.

Wir vergessen wieder, dass Gesundheit ein wertvolles Gut ist und keine Selbstverständlichkeit. Wir vergessen, dass wir für unsere Gesundheit auch etwas tun können. Und selbst wenn wir etwas tun, dann vergessen wir gerne, dass trotz aller Bemühungen und aller guten Wünschen Krankheit manchmal nicht aufzuhalten ist. Es ist eine Illusion zu glauben, dass wir mit gesunder Lebensweise, einer ausgeglichenen Psyche und intensiver spiritueller Praxis Krankheiten immer abwenden könnten.

Auch eine gesunde Lebensweise kann Krankheiten nicht immer abwenden.

Drei Fragen an dich

Als Einstieg in die Beschäftigung mit dem zweiten Götterboten möchte ich dir drei Fragen stellen. Die erste lautet: „Wie bereitest du dich auf Krankheit vor? Wie bereitest du dich auf das vor, was sich nicht ändern lässt?"

Die zweite Frage könntest du vielleicht in einer stillen Stunde kontemplativ betrachten: „Was glaubst du, was dir im Falle einer schweren Krankheit wichtig sein wird? Und was könnte dann schwierig werden?" Wenn du selbst gerade schwer erkrankt bist, dann ersetze „könnte" mit der Gegenwartsform: „Was ist mir jetzt wichtig, und was ist jetzt schwierig für mich?"

Als dritte Frage schließt sich an: „Was oder wer könnte dich bei Krankheit unterstützen?" Wer diesen Götterboten gerade hört, kann sich direkt fragen: „Was oder wer könnte mich jetzt unterstützen? Was könnte unter den gegenwärtigen Bedingungen mein Leben bereichern?"

In ähnlicher Form wurden diese Fragen auch den Teilnehmern der Götterbotengruppe in unserem Zentrum gestellt. Von den mannigfaltigen Antworten gebe ich hier nur einige wieder. Auf die Frage, was dann wichtig sein würde, wurde geantwortet: „Freunde werden wichtig sein." „Vertrauen in ärztliche Kompetenz wird mir dann wichtig sein." „Ich muss auf die Ärzte, die mich behandeln, vertrauen können." „Familie wird vermutlich wichtig sein." „Spiritueller Beistand könnte wichtig sein."

Auf die Frage, was schwierig werden könnte, kamen folgende Antworten: „Widerstand könnte schwierig werden." „Zu starke Schmerzen könnten schwierig werden." „Wenn sich die Sinnestore verschließen, wenn ich nicht mehr praktizieren kann, wenn all das, was jetzt noch geht, nicht mehr möglich ist, das könnte schwierig werden." „Wenn ich merke, dass mir der Boden unter den Füßen wegbricht – vielleicht gehe ich dann eher mit weniger Widerstand."

Die Frage nach der Unterstützung wurde etwa so beantwortet wie die erste Frage: „Freunde und Familie könnten mich unterstützen." „Kommunikation mit anderen Übenden und spirituelle Praxis wären eine wichtige Hilfe für mich."

Wenn du dich krank fühlst, wirst du vermutlich zum Arzt oder zu einem anderen Heilkundigen gehen, der dich erst einmal untersuchen wird. Wenn ich als Arzt Menschen untersuche und Befunde erhebe, dann sind diese im Allgemeinen nicht sofort klar und eindeutig. Vielleicht muss ich noch Blut abnehmen, eine Röntgenuntersuchung veranlassen oder auch eine Gewebeprobe entnehmen. Bis die Ergebnisse da sind, schicke ich die Patientin zunächst nach Hause.

Diese Wartezeit bis zum Eintreffen des Befunds ist die erste große Herausforderung. Was würdest du tun, wenn dein Arzt dich fragt: „Oh, war der Knoten schon immer da? Der fühlt sich aber hart an." Wenn er dich weiter untersucht und schließlich sagt: „So, jetzt gehen Sie nach Hause und kommen in einer

Woche wieder." Wer ist da, wenn du dann nach Hause gehst? Wem erzählst du zuerst davon? Was wird derjenige tun und was möchtest du, dass er tut?

Es ist im Allgemeinen gut, wenn wir uns auf etwas vorbereiten, das wahrscheinlich auf uns zukommen wird, in welcher Form auch immer. Wenn wir vorbereitet sind, brauchen wir weniger Angst zu haben. Wenn wir uns auf eine Prüfung vorbereitet haben, dann ist vielleicht immer noch ein bisschen Angst da. Doch wir sind ja gut vorbereitet, und das trägt uns.

Es ist gut, uns auf etwas vorzubereiten, das auf uns zukommen wird.

Wenn wir hingegen die Gegebenheiten ignorieren und denken, Krankheiten treffen uns erst irgendwann in weiter Ferne oder nur die anderen, nicht uns, dann sind wir nicht vorbereitet. Wenn wir Unvermeidliches verdrängen, dann werden wir sehr wahrscheinlich irgendwann unsanft aus unserem Gesundheitsrausch gerissen – neben Lebens- und Jugendrausch einer der drei Räusche, über die wir schon gelesen haben.

Die Erschütterung der Ordnung

Aus der Erfahrung in meiner Arztpraxis ist Krebs die Krankheit, vor der die meisten Menschen Angst haben, die sie am ehesten erschüttert. Wenn mir Patienten sagen: „Ich darf nicht krank werden, ich habe so eine Angst davor", dann frage ich nicht selten: „Vor welchen Krankheiten haben Sie am meisten Angst?" Und dann werden überwiegend bestimmte Erkrankungen genannt: nämlich Krebs, Demenz und einige neurologische Krankheiten, die vollkommene Hilflosigkeit und Abhängigkeit nach sich ziehen können.

Wenn dein Arzt die Diagnose Krebs stellt, dann wird dies für dich eine große Erschütterung bedeuten, und mit der Erschütterung gerät auch die Ordnung deines Alltags durcheinander. Vielleicht hast du früher gesagt: „Zum Meditieren habe ich keine Zeit, ich habe so viel zu tun", oder: „Ich habe keine Zeit, mich um meinen Partner oder um meine Kinder zu kümmern, weil ich so viel zu tun habe", oder auch: „Ich kann nicht zur Krebsvorsorge gehen, mein Zeitplan ist so voll." Und plötzlich wird mit dieser Diagnose all das, was du dir an Rechtfertigungen zurechtgelegt hast, mit einem Mal vom Tisch gefegt. Deine ganze Ordnung ist durcheinandergeraten. „Entsteht Wogung, vergeht Ordnung", sagt das Tao Te King, die heilige Schrift des Daoismus.

„Entsteht Wogung, vergeht Ordnung."

In den ersten Jahren nach Eröffnung der Praxis habe ich sehr viel gearbeitet. Ich hatte mehrere 100.000 DM Schulden. So hoch verschuldet zu sein, war neu für mich. Dann erlitt ich plötzlich einen Schlaganfall. Vorher hatte ich immer einen vollen Plan gehabt, war viele Nächte als Notarzt unterwegs. Der Schlaganfall traf mich an einem Montag, und am Dienstag sagte ich zu dem Chefarzt, der mich im Krankenhaus betreute: „Also, am Samstag fahre ich wieder Notdienst." „Aha", meinte er, „dann erklären Sie doch mal, wie Sie das machen wollen. Eben haben Sie mir erzählt, dass Sie Ihr Brötchen nicht schmieren konnten, dass Sie auf die Nase gefallen sind, weil Sie die Halbseitenlähmung vergessen haben. Und am Samstag wollen Sie in den Notdienst?" „Ja, ich werde das schaffen."

Ich habe es natürlich nicht geschafft und bin keinen Notdienst gefahren. Es war dann auch vollkommen unwichtig. Genauso unwichtig wie die Frage, wer das neue Ultraschallgerät bezahlen sollte, das eine Woche vorher geliefert worden war und annähernd 100.000 DM gekostet hatte. Irgendjemand würde es bezahlen können und wenn nicht, dann würde die Firma das Gerät zurücknehmen.

Schockreaktion

Deine Ordnung und deine Prioritäten geraten durcheinander, wenn du krank wirst. Ist die Diagnose sehr schlimm, dann kann es sein, dass du erst einmal in einen Schockzustand gerätst. In einem Schock spürst du erst einmal gar nichts, du spürst keine Gefühle oder wechselnde Gefühle in schneller Reihenfolge.

Vor einiger Zeit hatte ich einer jungen Frau eine Krebsdiagnose zu eröffnen. Sie war schwanger und stand kurz vor der Geburt. Zum Gesprächstermin brachte sie ihren Mann und ihr Kind mit. Meine Mitarbeiterinnen beschäftigten sich liebevoll mit dem Kind, während wir zu dritt eine Stunde lang in meinem Arztzimmer saßen. Während dieser Stunde sprach ich über den Befund und versuchte dabei, meine ganze Empathie aufzubringen, um die Diagnose klar, unmissverständlich, aber dennoch mitfühlend und mit größtmöglicher Schonung zu vermitteln. Und obwohl ich versucht habe, so empathisch wie möglich zu sein, merkte ich doch, dass beide nach dem Gespräch in eine Art Schockzustand gerieten. Ich fragte meine Mitarbeiterinnen anschließend, wie das Paar auf sie gewirkt habe: „Wir haben ihnen nichts angemerkt, gar nichts. Sie sind mit ihrem Kind genauso umgegangen wie zu Beginn, als sie kamen. Es war ihnen nichts anzumerken, weder ihr noch ihm.“ Das ist der Schock.

Im Schock spüren wir unsere Gefühle im Allgemeinen erst einmal gar nicht, eine sehr häufige Reaktion von Menschen bei Unfällen oder bei der Diagnose einer Krebs- oder einer anderen lebensverändernden Erkrankung. Wir reagieren wie mechanisch und andere denken vielleicht sogar von uns, wir seien selbstbeherrscht oder würden sehr souverän mit der Situation umgehen. Das ist aber nicht der Fall: Wir spüren nur zu diesem Zeitpunkt unsere Gefühle noch nicht.

Im Schock spüren wir meist keine Gefühle.

Aber diese Phase geht vorbei. Nach der Erstarrung kommen die Gefühle. Starke Gefühle, die manchmal sehr schnell wechseln, von Angst hin zu Zuversicht und wieder zurück. Die Menschen weinen völlig verzweifelt. Auf einmal kommt Hoffnung auf, weil sie sich vielleicht an jemanden erinnern, der so eine Krankheit auch einmal überstanden hat. Daraus erfahren sie Bestärkung, nur um kurz darauf wieder in Angst und Wehklagen zu verfallen.

Carla

Ich möchte euch im Folgenden zwei Frauen vorstellen, die wir ein Stück weit begleiten werden. Die erste – wir nennen sie Carla – war Mitte dreißig, als sie in meine Praxis kam. Ihr erstes Kind war etwa ein Jahr alt. Als sie es abgestillt hatte und ich ihre Brust untersuchte, stellte ich einen Knoten fest. Sie war sich ganz sicher, dass dieser Knoten gutartig war, vermutlich eine Zyste oder zurückgebliebene Milch, die sich abgekapselt hatte.

Die Diagnose Krebs traf sie völlig unvorbereitet. Ihre Reaktion war wie oben beschrieben: rein mechanisch, als hätte ich gerade etwas völlig Belangloses mit ihr besprochen. Sie fragte mich, welches die nächsten Schritte seien, welche Termine auszumachen, welche Formulare auszufüllen wären. Es gab dann noch mehrere Anrufe am Nachmittag und am Abend, aber jedes Mal wollte sie nur Organisatorisches wissen. Ich hatte mich vergewissert, dass in der Nacht ihr Partner bei ihr sein würde.

Am nächsten Tag kam sie völlig verweint in meine Praxis. Jetzt war sie in Verbindung mit ihren Gefühlen: hilflos, verzweifelt, die Angst war ihr sichtbar ins Gesicht geschrieben. Die Fragen, die sie hatte, lauteten: „Warum ich und warum jetzt?"

Warum- und Wozu-Fragen

Warum-Fragen werden in einer solchen Situation sehr häufig gestellt. Diese Fragen sind immer subtil rückwärtsgerichtet. Und häufig sind sie auch subtil anklagend. Ich glaube, dass in diesem Moment Wozu-Fragen hilfreicher sind. Wenn Gefühle spürbar werden und Hilflosigkeit zutage tritt, dann frage ich die Patientin im Allge-

Warum-Fragen sind immer rückwärtsgerichtet und häufig anklagend.

meinen behutsam, ob sie wissen möchte, was der Buddha zu ihrer Krankheit sagen würde. Wenn dies gewünscht wird, erzähle ich, dass der Buddha von Krankheiten wie dieser als Götterboten gesprochen hat. Und wenn wir über die Götterboten sprechen, dann sind wir auch bei den Wozu-Fragen.

Hinter den Warum-Fragen steckt häufig Hilflosigkeit. Du erlebst dich hilflos, weil du dich bedroht fühlst und die Bedrohung nicht einschätzen kannst. Du weißt noch nicht, was auf dich zukommt. Wegen dieser Ungewissheit erkennst du auch nicht, wie du dich verhalten sollst, was jetzt die richtigen Mittel sein könnten. Du siehst also keine Möglichkeiten, mit der Bedrohung umzugehen. Dann vereinnahmt dich schnell die Situation, vereinnahmen dich die Gefühle. Du kannst an nichts anderes mehr denken. Gedanken an deine Krankheit und an das, was geschehen könnte, besetzen dich völlig. Manche Menschen bleiben hier stecken und kommen nicht mehr heraus.

Jetzt es ist sehr wichtig, dir bewusst zu machen, dass auch Hilflosigkeit Energie enthält, die jedoch abgekapselt ist. Unweises Umgehen mit Zuständen von Hilflosigkeit führt dazu, dass die damit verbundene Energie sich immer weiter abkapselt und du aus der Hilflosigkeit nicht mehr herauskommst.

Weises Umgehen mit der Hilflosigkeit kann dazu führen, dass die Abkapselung, die Schicht um die Energie herum, sich auflöst und die Energie wieder spürbar wird. Manche Menschen sagen dann nach einiger Zeit: „Mein Leben hat sich zum Positiven verändert." Etwa 50 Prozent bringen dies nach lebensbedrohlichen Krankheiten, Schicksalsschlägen oder schweren Unfällen zum Ausdruck. Sie fühlen sich gestärkt, weil sie bewusster geworden sind. Bewusstheit stärkt.

Bewusstheit stärkt.

Der Psychologe Professor Dr. Tedeschi sagt: „Niemand, der Schreckliches durchgemacht hat, behauptet, es sei toll gewesen. Und während der Krise hat auch niemand einen Gedanken daran verschwendet, dass man durch eine solche Erfahrung wachsen könnte. Jeder hat versucht zu überleben. Aber im Rückblick haben diese Menschen mehr gewonnen, als sie jemals erwartet hätten."

Eine Nahtoderfahrung

Kürzlich kam eine Patientin in meine Praxis; sie ist um die vierzig und ich kenne sie schon eine ganze Zeit lang. Sie wirkte verändert auf mich, stiller und heiterer als in meiner Erinnerung. Ich fragte sie, wie es ihr ergangen sei. Seit dem letzten Mal, dass wir uns gesehen hatten, war über ein Jahr vergangen. Und sie erzählte, wie sie eines Tages hier in Kreuzberg Fahrrad fuhr und aus heiterem Himmel eine Gehirnblutung hatte. Wenn man eine Gehirnblutung erleidet, dann fällt man wie vom Blitz getroffen um, wie ein Baum, der gefällt wird. Es ist nicht wie bei einer Ohnmacht, wenn der Kreislauf schwächer wird und die Menschen im Allgemeinen niedersinken.

Sie knallte mit dem Kopf auf die Bordsteinkante und ein Auto überfuhr sie. Während der Reanimation trat sie aus ihrem Körper aus und sah, wie die Menschen sich um diesen Körper kümmerten. Ein Erleben, von dem mir Menschen schon häufiger erzählt haben.

Sie hatte ein typisches Nahtoderlebnis: Es wurde immer lichter um sie herum. Berichte von Menschen in solch einer Situation stimmen darin überein, dass, wenn die Reanimation aus medizinischer Sicht greift, es eine Art Sog zurück in den Körper gibt. Einen Sog wie in einen Trichter, in den die Menschen oft gar nicht wieder hinein wollen. Alles wird wieder dichter und dunkler – vorher war es heller und leichter, wie schwerelos.

Auch sie kehrte also in den Körper zurück. Als ihre normale Wahrnehmung wieder einsetzte, sah sie als Erstes ihren Sohn. Er stand in der Intensivstation an ihrem Bett und war für sie riesig groß. Kurz nach dem Zurückkommen in den Körper ist die Wahrnehmung noch etwas verändert.

Sie hatte neurologische Ausfälle und musste zur Reha. Mittlerweile sind alle Ausfälle wieder zurückgebildet, wie das bei jungen Menschen manchmal gut möglich ist. So saß sie heiter vor mir und erzählte mir mit Humor, aber auch mit Innigkeit, ihre Geschichte. „Und was ist geblieben?" fragte ich. „Geblieben ist ein deutlicher Zuwachs an Zufriedenheit", erwiderte sie. „Ich nehme viele Dinge nicht mehr so ernst, bin nicht mehr so leicht aus der Balance zu bringen und die Angst vor dem Tod habe ich vollkommen verloren."

Innehalten

Der bekannte Benediktinermönch und Autor Anselm Grün, drückt es so aus: „In der Krise geht es letztlich darum, dass alles ausgeschieden wird, was nicht meinem wahren Wesen entspricht. Alles Sekundäre, alles, was ich habe, besitze, mein Erfolg, mein Ruf, wird eventuell ausgeschieden, zerbrochen, damit das Eigentliche zum Vorschein kommt."

Was will der Götterbote dir also sagen, wohin will er dich führen? Wie will er dich führen, damit das Eigentliche zum Vorschein kommen kann? In schwierigen Situationen, die dich überfordern und in denen du dich hilflos fühlst, bei schwerer Krankheit und nach Unfällen oder Verlusten: Immer besteht der erste Schritt darin, innezuhalten.

Halte in schwierigen Situationen zunächst inne.

Hier folgt noch ein wunderbarer Satz aus dem Tao Te King: „Wer innehält, erhält innen Halt." Innehalten ist der erste wichtige Schritt, der leider so häufig vergessen wird. Innehalten, um zu spüren, was diese schwierige Situation in dir auslöst, wie du dich fühlst. Innehalten, um bewusst Kontakt zu deinen Gefühlen aufzunehmen, dir alles eingestehen zu dürfen, aber nichts begreifen zu müssen. Du darfst alles denken, du darfst anklagen, du darfst Fluchtgedanken haben. Du darfst alle Gefühle zeigen, du darfst weinen, du darfst dir den Tod herbeiwünschen, du darfst

Gedanken an Suizid haben. Alles darf sein in diesem Moment. Du darfst allem Raum geben. Du musst nichts verstehen. Nur erleben und ertragen. Erleben und allmählich mit Würde ertragen. Und wenn du es mit Würde erträgst, dann wird aus dem Ertragen langsam ein Tragen, ein erster Schritt aus der Passivität zurück in deine Kraft.

Maria

Maria ist die zweite Frau, die wir hier ein Stück weit begleiten wollen. Als Maria zum ersten Mal meine Praxis aufsuchte, war sie Mitte 40. Ich kann mich noch gut an den Tag erinnern, obwohl er schon Jahre zurückliegt. Mir fielen ihre wachen Augen und ihre Gestalt auf, sie war attraktiv und sehr präsent. Im Rahmen der Sozial-Anamnese fragte ich auch nach ihrem Beruf. Sie sei Ärztin, erzählte sie, aber ihre Liebe gelte dem Ballett, dem Tanz, da finde sie ihre Kraft, da könne sie auftanken.

Maria war überzeugt, gesund zu sein. Sie war nur zur Krebsvorsorge gekommen, weil ihre Freundinnen sie gedrängt hatten. Sie war schier fassungslos, als ich ihr auf dem Ultraschallmonitor einen riesengroßen Tumor in ihrem Unterbauch zeigte. Dieser Tumor stellte sich sehr bald als Krebs in einem fortgeschrittenen Stadium heraus.

Wie so viele Menschen in dieser Situation erlebte Maria zuerst Hilflosigkeit. Sehr schnell kam aber auch die Bereitschaft auf zu kämpfen. „Ich werde diese Krankheit besiegen“, beschloss sie, „Ich werde alles dafür tun.“ Gleichzeitig erlebte sie aber auch etwas in sich, das ganz deutlich „Nein“ sagte. Nein zu den Umständen, nein zu der Operation. Einerseits beschloss sie zu kämpfen, anderseits sagte ein Teil von ihr nein zu diesen Veränderungen, die plötzlich ihr ganzes Leben durcheinanderwirbelten.

In den Widerstand gehen

Nein ist die Sprache des Widerstands. Widerstand blockiert, er verschließt nach innen und raubt Kraft. Widerstand ist der Kraftfresser schlechthin. Kraft, die du gerade in dieser Situation so dringend brauchst, wird verschleudert. Immer, wenn du in Widerstand gehst, erzeugst du Trennung. Du erzeugst Trennung zwischen dem Leben, wie es sein sollte, und dem, wie es ist, zwischen Innen- und Außenwelt. Mit dieser Trennung gehen Gefühle von Angst, Spannung, Hilflosigkeit einher und verstärken so das Unheil.

Widerstand ist ein Kraftfresser.

Widerstand kann sich auf verschiedene Weise ausdrücken: in Beklagen, Jammern oder Anklagen, in Gereiztheit und Niedergeschlagenheit, in Wut oder Groll. Je mehr du im Widerstand bist, desto bedrohlicher erlebst du die Außenwelt, umso mehr spürst du, dass du die Umstände nicht kontrollieren kannst. In ruhigeren Zeiten hast du vielleicht geglaubt, du könntest vieles kontrollieren. Situationen, in denen du die Kontrolle verloren hast oder verlieren könntest, waren dir nicht angenehm. Möglicherweise hat dies für dich auch schon zu Schwierigkeiten geführt, zum Beispiel in deinen Beziehungen oder in deiner Sexualität.

Aber jetzt ist etwas in dein Leben getreten, das ungleich größer ist. Etwas, das wie ein Ungeheuer bedrohlich vor dir steht und das du nicht kontrollieren kannst. Also gehst du in den Widerstand in der Hoffnung, damit wieder die Kontrolle zu erlangen. Vielleicht gehst du ins Beklagen, ins Anschuldigen oder stellst wieder und wieder die „Warum-Fragen". Alles Versuche, die Situation unter Kontrolle zu bekommen – und letztlich alles untaugliche Strategien. Denn nichts, was du versuchst, funktioniert, und damit verstärkst du wiederum die Angst. Das Unheil, das Ungeheuer vor dir wird immer größer, je mehr Widerstand du leistest.

Das Ungeheuer vor dir wird immer größer, je mehr Widerstand du leistest.

Möglicherweise versuchst du in dieser Situation, in Geschäftigkeit zu flüchten. Manche Menschen machen sich sehr schnell daran, sich über die Krankheit zu informieren. Oft kommen sie beim nächsten Arztbesuch mit einem Stapel Ausgedrucktem aus dem Internet. Freundinnen, Familie und Bekannte werden aktiviert. Jeder weiß von einem Wunderheiler, von einer neuen oder alten Methode, mit der schon Krankheiten besiegt wurden. Adressen und Telefonnummern werden gesammelt. Diese Geschäftigkeit erinnert mich auf tragische Weise an das Bild eines Ertrinkenden, der verzweifelt versucht, sich an Treibgut festzuklammern und nach allem greift, was an ihm vorbeizieht, in der Hoffnung, dass es ihm Halt gibt.

Schuldzuweisungen

Auch Carla – die Patientin mit dem Knoten in der Brust und dem kleinen Kind zu Hause – besorgte sich viele Informationen aus dem Internet. Diese waren teilweise widersprüchlich, vor allem aber waren sie in ihrer Fülle und Differenziertheit unüberschaubar – kein Laie kann heute mehr das Wissen um die einzelnen Krebsarten wirklich überschauen. So wurde ihre Angst durch diese Strategie nicht verringert, sondern nahm eher zu.

Im nächsten Schritt versuchte sie, einen Schuldigen zu finden: „Das liegt an meiner Beziehung." Die Beziehung zu ihrem Partner war seit Jahren nicht besonders glücklich, sie hatten ihr Kind gezeugt in der Hoffnung, sich wieder näherzukommen. Es schien auch alles besser zu gehen, sie hatten ein gutes Jahr hinter sich. Und dennoch spürte Carla eine tiefsitzende Unzufriedenheit in sich. Es fehlten ihr essenzielle Dinge, wie zum Beispiel Zärtlichkeit. Also glaubte sie, die Beziehung sei schuld an ihrer Krankheit.

Manche glauben, die Eltern seien schuld. Nicht wenige glauben, sie selbst seien schuld. Es muss ein Schuldiger her – auch hinter dieser Haltung stehen wieder Hilflosigkeit und Angst.

Die Suche nach einem Schuldigen ist ein weiterer untauglicher Versuch, die Kontrolle zurückzuerlangen. Im Allgemeinen werden dadurch nur noch mehr Schwierigkeiten geschaffen.

Die Suche nach einem Schuldigen ist ein untauglicher Versuch, die Kontrolle zurück zu erlangen.

Manchmal kommen Menschen zu mir und beschuldigen mich: „Sie hätten diesen Knoten vorher ertasten müssen! Warum haben Sie mich nicht früher einbestellt! Warum haben sie diese oder jene Untersuchung nicht früher veranlasst! Sie sind schuld!" In einem solchen Moment werden Verbindungen zerstört, die möglicherweise hätten hilfreich sein können. Denn wenn ich denke, dass du schuld an meinem Unheil bist, dann ist natürlich auch das Vertrauen zwischen uns zerbrochen.

Maria mit ihrem Unterbauchtumor brauchte keinen Schuldigen. Sie ließ sich operieren und unterzog sich anschließend der Chemotherapie. Sie ging sehr tapfer mit allen Einschränkungen um, mit dem Ausfallen der Haare, der Veränderung der Haut, dem Nachlassen der Kraft. „Und die Angst", fragte ich sie einmal. „Wie ist es mit der Angst?" „Tagsüber spüre ich keine. Aber manchmal nachts, wenn alles dunkel ist und das Haus ganz still, wenn mein Mann neben mir schläft und ich wach liege, dann kommt bisweilen die Angst."

Wenn die Angst kommt

Diese Stunde etwa zwischen zwei und drei Uhr in der Nacht – wenn der Abend längst vergangen und der Morgen noch nicht angebrochen ist – bezeichnen wir im Allgemeinen als die Geisterstunde. Damit meinen wir die bösen Geister und mit ihnen die Angst. In manchen christlichen Klöstern beginnen die Nonnen oder die Mönche morgens um zwei Uhr mit dem Gebet, um sich mit ihren Kraftquellen zu verbinden und den bösen Geistern das Terrain zu entziehen.

Wenn der Schock überstanden ist, erleben die meisten Erkrankten Phasen von Unsicherheit und Angst, die einige Wochen andauern können. Für andere sind es Momente, in denen die Angst sich ihrer bemächtigt. Um in dieser Situation dem Götterboten zu folgen, ist es wichtig, keine vorschnellen Strategien zu verfolgen, um die Angst loszuwerden.

Das ist die in unserer Zeit übliche Haltung: „Ich will die Angst so schnell wie möglich loswerden." Wenn du heute in Bibliotheken oder Buchhandlungen gehst, dann findest du Regale voller Bücher über Angst, die dir alle einreden wollen, dass es DIE Strategie gibt, um die Angst loszuwerden. Wenn dich jedoch erst einmal die Angst vereinnahmt hat, dann funktionieren diese Strategien im Allgemeinen nicht. Und das wiederum verstärkt nur noch die Angst.

Wie schon im Kapitel über das Alter besprochen, wäre es auch an dieser Stelle hilfreicher, sich die Angst erst einmal einzugestehen. Das ist keine neue Strategie zur Veränderung der Situation, sondern die einfache Hinwendung zu dem, was gerade ist. Du kannst dich deiner inneren Situation zuwenden, ihr Raum geben, dir die Angst eingestehen, die Angst im Körper spüren. Wo macht sie sich bemerkbar? Wie macht sie sich bemerkbar? Spürst du Übelkeit, Verkrampfung, einen trockenen Hals, einen trockenen Mund, angespannte Schultern, Durchfall, Schmerzen im Rücken, schnellen Atem, feuchte Hände? Hier gilt es, bereit zu sein, die Angst anzunehmen und sein zu lassen. Sie darf da sein. Du kannst ihr erklären: „Ich hätte mir eigentlich etwas anderes gewünscht, aber da du jetzt schon einmal da bist, darfst du auch bleiben."

Indem du die Bereitschaft aufbringst, dir die Angst einzugestehen und sie sein zu lassen, kannst du in einem nächsten Schritt erkunden, was die Angst nährt. Welche Gedanken nähren die Angst? Meist sind es Was-ist-wenn-Gedanken. Das Erforschen dieser Gedanken wird langsam dazu führen, dass ein Verständnis dafür, was Angst eigentlich ist, in dir aufkeimt. Und damit wird ein Stück weit Ablösung aus der Angst möglich – aus „meiner"

Angst wird Angst. Das ist zwar schnell gesagt, aber nicht so schnell erlebt.

Dies ist ein wesentlicher Schritt: Aus „meiner“ Angst wird Angst. Angst als eine Erscheinung, die verstärkt wird, wenn du Erfahrungen aus der Vergangenheit in die Gegenwart einfließen lässt. Oder auch, wenn du dir in der Gegenwart die Zukunft ausmalst und dir vorstellst, wie sich deine Erkrankung auf deine Zukunft auswirken könnte. Dass alles zusammenbrechen könnte. Dass deine Partnerin oder dein Partner dich verlassen könnte, weil deine Attraktivität verloren geht, deine sexuellen Möglichkeiten eingeschränkt werden, dass dein finanzielles Gebäude in sich zusammenfällt und so weiter.

An dieser Stelle ist es hilfreich, dich Mantra-ähnlich an die buddhistische Anleitung zu erinnern:

> „Dehne die Vergangenheit nicht aus,
> lade die Zukunft nicht ein,
> verändere die dir innewohnende Weisheit nicht,
> habe keine Angst vor den Erscheinungen
> – mehr ist nicht zu tun.“

Umgang mit Angst-Gedanken

Im Allgemeinen haben wir Angst vor etwas Zukünftigem. Wenn du in guten Zeiten in der Meditation geübt hast, deinen Geist zu schulen, dann wird dir deine Übung in diesem Moment zugute kommen. Wenn du in der Meditation gelernt hast, deinen Geist zu kräftigen, dann wird er sich nicht ständig von Gedanken besetzen lassen. In einem ungeschulten Geist können sich immer wieder Gedanken deiner bemächtigen. Dann treiben dich die Gedanken immer weiter in die Angst hinein, eventuell bis hin zur Panik. Hast du aber gelernt, deinen Geist zu stärken, dann hast du sehr wohl weiter Gedanken, aber die Gedanken haben nicht dich.

Ein starker Geist hat Gedanken, aber die Gedanken haben nicht ihn.

Damit hast du einen sehr wichtigen Schritt vollzogen, dich von den Gedankeninhalten zu lösen, um dann irgendwann auch zu erkennen, was Gedanken eigentlich sind.

Vielleicht ist es dir jetzt noch nicht möglich, dich auf diese Weise von den Angst-Gedanken zu lösen, aus „meinen" Gedanken einfach Gedanken und aus „meiner" Angst einfach Angst werden zu lassen. Möglicherweise fällt es dir noch schwer, die geistigen Erscheinungen gewissermaßen zu entpersönlichen und auf diese Weise die Gedankenschleifen zu beenden. Es ist jedoch immer möglich, die Achtsamkeit bewusst auf den Atem zu lenken.

Der Atem wird jetzt vermutlich rau sein, möglicherweise ist er flach, unangenehm oder stockend. Dann erkenne dies, bleibe aber dennoch mit der Aufmerksamkeit beim Atem. Denn immer – auch jetzt in diesem Moment – gilt: Wenn du mit dem Atem vertrauter wirst, wird er sich beruhigen. Wenn sich der Atem beruhigt, wird sich der Körper entspannen. In einem entspannten Körper hat die Angst weniger Angriffsfläche. Ein verspannter Körper nährt die Angst. Alles, was hilfreich ist, um den Körper zu entspannen, entzieht der Angst in einem ersten Schritt die Grundlage.

Trost und Einfühlung

In Situationen von Hilflosigkeit und Angst kann es sehr unterstützend sein, wenn jemand da ist, der dich tröstet. Möglicherweise musst du selbst den Kontakt zu einer Sangha-Freundin oder zu einem Freund aus deinem persönlichen Umfeld herstellen.

Und umgekehrt gilt: Wenn du in einer stabilen Situation bist und einen Menschen triffst, der von Angst besetzt ist und sich hilflos fühlt, dann kannst du ihm deinerseits Trost schenken. Trösten – das Wort kommt aus dem Lateinischen und heißt „consolari". Übersetzt lautet es etwa: „mit dem sein, der allein ist" oder auch: „mit dem sein, der einsam ist". Einsam in seiner Not, mit seinem Schmerz und seiner Hilflosigkeit. Tröstend kannst du mit ihm sein, mit Einfühlung da sein und dableiben.

Einfühlen bedeutet vielleicht, erst einmal auf Worte zu verzichten. Möglicherweise sind eher Gesten angebracht, Gesten, die das Herz erreichen und von Herzen kommen. Du kannst diesen Menschen in den Arm nehmen, falls ihm dies im Moment möglich ist. Stelle immer erst eine fühlende Verbindung her und handle nie mechanisch. Das wird nicht funktionieren, sondern eher Befremden auslösen. Bitte fühle dich selbst erst einmal in die Herzchakra-Gegend ein. Wenn du mit dem Herzchakra in Kontakt bist, bist du in Verbindung mit Metta. Trifft Metta auf Dukkha, wird es zu Mitgefühl. Und aus diesem Mitgefühl heraus nimmst du die Person in den Arm. Oder du verwendest andere Gesten, vielleicht auch Worte.

Am wichtigsten erscheint mir, sich einzufühlen und dann geschehen zu lassen, was geschieht. Auszuhalten, dass jemand in deinem Arm ruht und verzweifelt ist. Ertragen, was geschieht. Dazu braucht es schon eine gewisse innere Kraft für den Tröstenden.

Es braucht innere Kraft, um zu ertragen, was geschieht.

Im Allgemeinen verfallen wir angesichts von Hilflosigkeit und Angst schnell in den Tun-Modus. Situationen, in denen jemand verzweifelt ist und vielleicht weint, können für uns selbst sehr schwierig werden, geradezu ein bisschen unheimlich. Da wird möglicherweise etwas sehr Verletzbares in unserem Inneren angetippt. Das ist unangenehm und schwer zu ertragen. Um dem zu entgehen, verfallen wir dann ins Machen, ins Tun und überfordern den Trostsuchenden vielleicht vorschnell mit unseren Ratschlägen und Strategien. Diese Vorschläge haben auch irgendwann ihren Platz, aber noch nicht in diesem Moment. Zunächst geht es um die Bereitschaft, zu ertragen, mitzutragen. Das Schwere, Bedrückende, vielleicht aus deiner Sicht völlig Ungerechte mitzutragen. Das bedeutet zwar immer noch Leiden, aber ein Leiden, das kein weiteres Leiden nach sich zieht – wie es jemand einmal sehr treffend ausgedrückt hat. Denn gehst du in den Widerstand, dann wird das Leiden noch mehr vergrößert.

Wenn ein Mensch Einfühlung entwickelt, mit sich selbst oder mit anderen, dann kann sich etwas in ihm öffnen und sei es nur ein Spalt – auch kleine Veränderungen haben große Wirkung. Dann kann er allmählich bereit werden, den Götterboten zu empfangen und ihm zu lauschen. Solange er vollkommen in der Angst gefangen ist, kann er den Götterboten nicht hören. Du kannst ihm davon erzählen, aber er wird nicht verstehen, was du ihm wirklich sagen willst.

Einfühlung verbindet und öffnet.

In solchen Situationen ist es ebenfalls nicht hilfreich, zu früh zu analysieren oder zu interpretieren, etwa in Form von: „Das kommt da und da her …" Auch zu frühe Sinnzuschreibungen wie: „Das ist doch eine Chance für dich …" könnten die Unruhe im Trostsuchenden eher verstärken. Denn er hört die Worte zwar, aber der Sinn erreicht ihn nicht. Und das kann weitere Unruhe oder ein Gefühl von Lähmung erzeugen. Würde jemand in einer schweren Situation ohne Einfühlung so auf dich einreden, dann fühltest du dich wohl auch schnell wie gelähmt.

Kraftquellen

Wenn du selbst von Krankheit betroffen und in der Meditation geübt bist, dann versuche dem Geist vorzugeben, was er denken soll. Überlässt du dich den Gedanken, dann wirst du vermutlich immer wieder von äußeren Ereignissen gesteuert oder auch von inneren Impulsen und Strukturen, die gerade angetippt werden.

Carla – die Patientin mit dem Knoten in der Brust – nahm sich vor, in den Momenten der Angst an ihre kleine Tochter zu denken. Maria beschloss, sich an einen Platz in der Natur zu erinnern, den sie gerne aufsuchte, und an diesen Platz zu denken.

Es ist ein großer Segen für dich, wenn du in diesen Momenten Zugang zu einer Kraftquelle hast. Kraftquellen haben wir schon kurz im Zusammenhang mit dem ersten Götterboten behandelt, und auch jetzt können sie wieder wesentlich zur Unterstützung beitragen. Wenn du also Zugang zu einer Kraftquelle hast und unruhige Gedanken aufkommen, wenn du nicht mehr weiterweißt und dich hilflos fühlst, dann versuche, die Gedanken bewusst zu deiner Kraftquelle zu lenken.

Hast du eine Kraftquelle? Gehst du täglich in Kontakt mit ihr? Kannst du so mühelos mit deiner Kraftquelle in Kontakt treten, dass du sie wie die Bremse in deinem Auto oder an deinem Fahrrad jederzeit sofort findest? Hast du diesen Zugang zu deiner Kraftquelle? Wenn nein, warum nicht?

Wenn du spürst, dass du keine Kraftquelle hast, dann wäre hier und jetzt die Gelegenheit, mit der Suche nach ihr zu beginnen. Kraftquelle kann alles für dich sein, was dir hilft, dich zu öffnen, dich mit deiner Stärke zu verbinden und dich zu balancieren. All das, was dir Hoffnung und Trost vermittelt, kann Kraftquelle sein. Alles, was dich wieder ins Vertrauen bringt. Vertrauen ist die Anfangsbedingung für Einsicht und eine sehr wichtige Qualität auf dem spirituellen Weg. Ein Platz in der Natur könnte Kraftquelle für dich sein, auch Menschen könnten es sein, mit denen du nur Gutes verbindest. Deine spirituelle Lehrerin oder Lehrer könnte Kraftquelle sein – auch wenn sie schon verstorben sind.

Alles, was dich wieder ins Vertrauen bringt, kann Kraftquelle für dich sein.

Im Allgemeinen sind all die Wesenheiten, die nicht unseren menschlichen Bedingungen unterliegen, besonders gut als Kraftquelle geeignet, also überweltliche Wesenheiten oder göttliche Energien. Wenn ein Platz in der Natur deine Kraftquelle ist, so kannst du diesen Platz visualisieren, da du ihn nicht betreten kannst, wenn du auf der Intensivstation liegst. Möglicherweise fällt dir jedoch auf der Intensivstation das Visualisieren viel schwerer als im Alltag.

Für christlich orientierte Menschen könnten solche überweltlichen Wesenheiten zum Beispiel Jesus, Maria, einer der Engel oder Gottesgeist sein. Oder auch die Heiligen – aus buddhistischer Sicht würden wir sie vielleicht Bodhisattvas nennen. Für buddhistisch orientierte Menschen könnte die Kraftquelle der Buddha, genauer gesagt das Wesen des Buddha, oder das Dharma sein.

Trittst du in Verbindung mit der Kraftquelle, löst du dich in diesem Moment vom Konzeptdenken, von deinen gedanklichen Vorstellungen. Diese sind damit natürlich nicht verschwunden, aber du löst dich aus dem Besetztsein von ihnen und öffnest dich für eine tiefere Erlebensebene.

Zufluchtnahme als Kraftquelle

Damit die Kraftquelle für dich zu jeder Zeit verfügbar wird, ist es nötig, dir immer wieder den Zugang zu ihr zu bahnen. Das ist einer der Gründe, weshalb wir in Retreats und auch in unserem Zentrum jeden Morgen die Zufluchtnahme rezitieren und damit Zuflucht zu den drei Juwelen nehmen: zu Buddha, Dharma und Sangha.

Bei der Zuflucht zum Buddha nehmen wir nicht Zuflucht zu einer Person, sondern zu den zeitlosen Eigenschaften, die in der Person des Buddha vollkommen zur Entfaltung gekommen sind, zu einer Kraft, die begrifflich nicht beschrieben werden kann.

Du könntest sie am ehesten noch mit vollkommener Klarheit, klarem Licht und vollkommener Liebe umschreiben. Zuflucht zum Buddha hat mit Demut und Verbindung zu tun. Du gibst dich dem Buddha hin. Du gibst deine Ichbezogenheit hin. „Wenn du Angst hast", empfiehlt der Dalai Lama, „lege deinen Kopf in Buddhas Schoß." Eine Geste großer Hingabe und Demut.

Zuflucht zum Dharma bedeutet, sich zeitlosen, absoluten Wahrheiten hinzugeben, nicht den relativen Wahrheiten und Gesetzen unserer Welt, die sich kultur- und zeitabhängig verändern. Was für die Menschen vor 500 Jahren in ihrem alltäglichen Miteinander gegolten hat, ist für uns heute zum Teil nicht mehr zu gebrauchen. Und was für die Menschen in Japan von Bedeutung ist, ist für uns nicht in dem gleichen Umfang zu verwenden wie für sie. Das sind relative, weltliche Wahrheiten und Gesetze. Indem du dich für das Dharma öffnest, erhältst du Zugang zur überweltlichen Wahrheit. Überweltlich bedeutet auch: nicht vergänglich. Der Buddha hat gelehrt: „Wer das Dharma sieht, sieht mich, und wer mich sieht, sieht das Dharma."

Wenn du Zuflucht zur Sangha nimmst, dann richtest du dich auf die Bodhisattvas aus, vielleicht auf solche, die für dich persönlich wichtig sind, wie Avalokiteshvara, Tara oder Kuan-yin [1]. Oder du wendest dich den Devas, den Himmelswesen, zu. Sie alle sind Teil einer unsichtbaren Familie, der auch du angehörst, jetzt noch in menschlicher Gestalt. Diese unsichtbare Familie begleitet dich, wo auch immer du dich hinbegibst, ob auf den OP-Tisch, an den Tropf auf der onkologischen Station, durch den die Chemotherapie läuft, ob in die Reha oder auf die Intensivstation. Die sichtbare Familie kommt eventuell zu Besuch, aber vielleicht auch nicht. Die unsichtbare Familie begleitet dich immer – das bedeutet für mich Zuflucht zur Sangha.

Kraftquelle Natur

Die Natur kann in dem Maße für dich zur Kraftquelle werden, in dem du dich in der Natur befindest, nicht neben ihr. Wenn du spazieren gehst, vielleicht sogar in einer wunderbaren Landschaft, dann versuche, dich mit der Natur zu verbinden. Öffne dazu alle Sinneskanäle: Rieche, höre, schmecke, schaue in die Höhe, spüre die Luft auf deiner Haut. Blicke auf die Berge, das Wasser oder die Bäume, spüre das Licht der Sonne und die Energie, die die Landschaft ausstrahlt. Spüre das Feste der Erde, der Steine, spüre die Pflanzen. Gehe mit offenen Sinnen durch die Natur

[1] Kuan-yin ist die chinesische Göttin der Liebe und des Mitgefühls.

und spüre, wie Verbindung geschieht. Als würdest du in einem Haus alle Fenster und Türen aufmachen und die Abgeschlossenheit des Hauses ein Stückchen weit öffnen, zugunsten größerer Transparenz und Verbindung mit der Umgebung.

Die Kraftquelle Natur kann sich dann entfalten, wenn das Verstandesbewusstsein, die Dominanz des Denkens, zurücktritt. Wieder ist es das Zurücktreten aus der Ichbezogenheit, das dir den Zugang zur Kraftquelle öffnet. Wenn du mit Konzeptgedanken durch eine Landschaft gehst, kann sich dir das Gold der Natur nicht erschließen. Immer ist es ein Sich-Öffnen, ein Sich-Hingeben, das dich aus der Angst befreien und in die Verbindung bringen kann. Verbindung ist das Gegenteil von Trennung, und Angst hat immer mit Trennung zu tun. Es gibt buddhistische Lehrer, die Dukkha mit Angst übersetzen. Andere verwenden den Begriff Trennung für Dukkha. Alle drei sind als Synonyme zu betrachten: Trennung, Angst, Leid = Dukkha.

Besinnung auf das Gute

Eine wichtige Kraftquelle für alle Menschen, ob buddhistisch oder christlich orientiert, ob einer anderen oder gar keiner Religion angehörend, ist die Besinnung auf das Gute, das du im Leben erlebt hast. Und es gibt kein Leben, in dem es nicht auch Gutes gab.

Auch in deinem Leben gibt es ganz sicher viel Gutes: liebe Menschen, Freunde. Vielleicht hast du Kinder, und dass sie sich entwickelt haben, ist etwas Gutes, auch wenn ihr heute vielleicht ein turbulentes oder gestörtes Verhältnis habt. Wenn sie körperlich gesund sind, dann ist das gut. Wenn sie versuchen, ihren eigenen Weg zu gehen, mit ihrem Leben klar zu kommen, vielleicht irgendwann Beziehungen eingehen oder eingegangen sind, wenn es möglicherweise sogar schon Enkel gibt, dann ist all das gut. Auch wenn der Kontakt zu den Kindern nicht innig ist, so ist es doch gut, dass es sie gibt.

Du kannst dich ausrichten auf das Gute, das du in deiner eigenen Entwicklung herbeizuführen suchst. Es ist gut, dass du versuchst, klarer zu werden. Und dieses Gute kannst du nicht für dich allein behalten, selbst wenn du es wolltest, denn das Gute wird aus allen Poren aus dir herausströmen und anderen zugute kommen. Jeder Moment, in dem du Metta entfaltest, hat eine unüberschaubare Wirkung auf diese Welt.

Mache es nicht gleich wieder zunichte, indem du denkst: „Es ist viel zu wenig, und es versiegt doch sofort wieder, und wenn ich den Fernseher anmache und Nachrichten schaue, dann merke ich nichts mehr davon …" und so weiter. Du kannst die Auswirkungen des Guten, das von dir ausgeht, nicht überschauen. Also versuche es gar nicht erst, denn dann kommst du zu falschen Schlussfolgerungen. Richte dich auf das Gute aus und besinne dich auf deine Hilfsbereitschaft, deine Fürsorglichkeit anderen gegenüber. Besinne dich auf deine guten Anlagen und dein spirituelles Wachstum. Wenn du eine Zeit lang praktizierst, wird auch Wachstum da sein, vielleicht nicht so schnell, wie du es gerne hättest. So wie ein Pflänzchen nur wachsen oder verkümmern kann. Solange es nicht verkümmert, wächst es. Möglicherweise aber auf andere Weise und in einer anderen Geschwindigkeit, als du es dir vorgestellt hast.

Besinne dich auf das, was du schon für andere getan hast. Vielleicht hast du deinen Eltern geholfen, indem du ein gutes Gespräch mit ihnen geführt hast. Selbst wenn sie die Hilfe nicht annehmen konnten, bleibt irgendetwas hängen von dieser Energie deines guten Willens. Nichts ist vergebens, nichts geht verloren. Das gilt nicht nur für die körperliche Ebene, sondern natürlich auch für die geistige. Besinne dich auf das Gute, das von dir ausging. Das Gute führt zu Reuelosigkeit. Und Reuelosigkeit ist ein Schritt der überweltlich bedingten Entstehungskette, die hin zu vollkommenem Glück führt. Indem du dich an das Gute er-

Erinnere dich an das Gute, das du gewollt, getan und erlebt hast.

innerst, das du gewollt, getan und erlebt hast, löst du den Blick von dem, was dich momentan bedrückt. Du löst damit auch den Blick von dem, was dir nicht gut gelungen ist und von dem du vielleicht im Nachhinein sagen würdest: „Das hätte ich anders machen sollen."

Indem du dich auf das Gute ausrichtest, veränderst du deine Perspektive. Und mit der Perspektive veränderst du die Wahrnehmung. So bietet sich dir auch hier wieder die Chance, die Ichbegrenzung, die Ichbezogenheit, ein Stück weit zu reduzieren. Auf diese Weise fühlst du dich verbundener. Und wenn du dich verbunden fühlst, fallen Angst und Unsicherheit in sich zusammen.

Indem du dich auf das Gute ausrichtest, veränderst du deine Perspektive.

Beten als Kraftquelle

Eine sehr wichtige Kraftquelle kann das Beten sein. Darüber wird im buddhistischen Kontext leider wenig gesprochen. Nach meiner Erfahrung kann Beten eine Kraftquelle sein, die der Meditation gleichwertig ist.

Aufrichtiges Beten ist kein Betteln und bedeutet nicht, dass du dem lieben Gott sagst, was er zu tun hat. Genauso wenig, wie du den Bodhisattvas vorschreibst, wie sie dich zu beschützen und was sie dir bereitzustellen haben. Das sind Kindergedanken und wäre unweises Beten. Beten ist für mich eher ein Öffnen, ein Staunen, ein Lauschen auf das, was nicht begreifbar ist.

Wenn du in einer klaren Nacht in den Sternenhimmel blickst, dann kannst du ihn mit dem Konzeptbewusstsein anschauen. Dann sagst du vielleicht: „Ach, das ist der Abendstern, das ist der Große Wagen, und da ist der kleine Bär. Das ist ein Flugzeug, und das könnte ein Satellit sein." Dann bist du nicht in Verbindung und spürst die Kraftquelle nicht. Du gehst wieder ins Haus und denkst vielleicht noch: „Schöner Sternenhimmel heute."

Wenn du aber ein Stückchen vom Verstandesbewusstsein zurücktrittst und genauer hinschaust, dann kommt da ein Staunen. Dann muss aus dem Schauen ein Staunen werden, denn der Verstand ist gerade an seine Grenzen gestoßen und kann nicht begreifen, was da geschaut wird. Wenn du tiefer blickst, dann sind da immer weitere, immer feinere Sterne, und das ist nicht zu begreifen. Ein Staunen und Lauschen und Öffnen für größere Zusammenhänge. Möglicherweise kommt eine Ahnung hoch, dass alles irgendwie eingebettet ist. Du kannst nicht sagen worin, aber das ist auch nicht nötig. Vielleicht in die Liebe?

Hierin gleichen sich Metta-Praxis und Gebet. Dem dänischen Theologen und Philosophen Sören Kierkegaard wird etwas zugeschrieben, das ich immer gerne wiederhole, weil es für mich die Weise beschreibt, in der ich auch gerne bete. Es wird von ihm gesagt, dass er zunächst dachte, Beten sei Reden. Aber als sein Gebet immer andächtiger wurde, hatte er immer weniger zu sagen. Er merkte, dass Beten mehr Schweigen ist und nicht nur Schweigen, sondern Lauschen.

6. Hilfreiche Methoden zum Umgang mit Krankheit

Hingabe

Wir haben begonnen, uns mit dem zweiten Götterboten zu beschäftigen und uns einige Aspekte von Krankheit bewusst zu machen. Dabei haben wir festgestellt, dass Kraftquellen eine große Hilfe in schwierigen Zeiten sein können. Wir haben beschrieben, was für uns zu einer Kraftquelle werden kann, und uns Möglichkeiten vor Augen geführt, den Zugang zu dieser Quelle zu öffnen.

Schließlich haben wir uns auch mit dem Gebet als Kraftquelle beschäftigt und festgestellt, dass Beten und Meditieren einander in vielfacher Hinsicht sehr ähnlich sind. Das Gebet ist vielleicht etwas zielgerichteter, während die Meditation ein Stück empfangender ist. Ein wesentliches gemeinsames Element ist die Hingabe. Wenn wir uns in der Meditation nicht hingeben, dann wird es keine wirkliche Meditation, und ein Gebet ohne Hingabe wird zu einem reinen Aufsagen von Worten.

Hingabe hat nichts mit „sich aufgeben" zu tun. So wie ich Hingabe verstehe, ist sie immer mit Würde verbunden. Hast du einmal einen Menschen in tiefem Gebet in einer Kirche gesehen oder bei der Zufluchtnahme erlebt? Bei beiden Anlässen siehst du einen Menschen, der sich hingebungsvoll vor einem Altar verneigt. In diesem Augenblick ist Würde in ihm gegenwärtig. Weil er

Hingabe hat nichts mit Selbstaufgabe zu tun.

sich hingibt, strahlt Erhabenheit mit, niemals die Kleinheit der Selbstaufgabe.

Wir geben nicht uns selbst auf, sondern unsere Selbstkonzepte.

Was wird hingegeben? Wir geben nicht uns selbst auf, sondern wir geben das hin, was uns begrenzt, nämlich unsere Selbstkonzepte. In diesem Moment lösen wir uns ein Stück weit von uns selbst und geben uns damit etwas Absolutem und Überweltlichem hin.

Hingabe wird häufig auch mit Sexualität in Verbindung gebracht. Vielleicht hast du tatsächlich in der Sexualität einmal Momente der Hingabe erlebt. Das ist nicht selbstverständlich, viele Menschen erleben dies nie in ihrem Leben. Um uns hingeben zu können, benötigen wir Vertrauen und das Loslassen vom Tun- oder Um-zu-Modus, in dem sich das Verstandesbewusstsein meistens befindet.

Wenn du dich in der Sexualität einmal wirklich hingeben konntest, dann waren das sicher keine Momente, in denen du dich aufgegeben hast oder die mit Hilflosigkeit zu tun hatten. Waren die Bedingungen gut, dann waren es Momente, die mit Beglückung und Erfüllung einhergingen. Sicherlich vorübergehende Momente von Erfüllung – denn anderes können sinnliche Erlebnisse nicht bieten –, aber dennoch nicht gering zu achten.

Hingegeben wird der Tun-Modus als Ausdruck der Ich-Identifikation, und du empfängst dafür Kraft und Trost. Immer dann, wenn das Ich reduziert wird, wird dies als Erleichterung erlebt. Und mit der Erleichterung kommt dann auch der Trost. In der Hingabe erfährst du dich als vollkommen angenommen. Wenn du hingebungsvoll deinen Kopf in Buddhas Schoß legst, dann wirst du erleben, dass der Buddha dich aufnimmt.

Es ist, als würden sich dir innere Türen öffnen. Indem du dich hingibst, wird dir Hilfe zuteil. Diese Hilfe ist immer vorhanden, du kannst sie meistens nur nicht spüren, weil das Verstandesbewusstsein im Allgemeinen die Tür zu ihr verschlossen hält.

Meditation und Gebet

Carla und Maria kamen zu unterschiedlichen Zeiten zu mir und baten mich: „Bitte erkläre mir, wie man meditiert. Lehre mich die Meditation." Carla fragte: „Ist es möglich, zu meditieren und zu beten?" Sie hatte einen Zugang zum Christentum und zum christlichen Gebet, der einmal sehr ausgeprägt war, dann aber verloren ging. Solch eine Verbindung zu christlicher Praxis – auch wenn sie nur locker ist – kann in einer schwierigen Situation sehr hilfreich sein. So besann sich Carla wieder auf das Gebet und fand Kraft in ihm. Dennoch war sie auch an der Meditation interessiert. Sie hatte aber den Eindruck, dass möglicherweise ein Konflikt entstehen könnte und ich vielleicht etwas dagegen hätte, wenn sie auch beten würde.

Natürlich ist es möglich, zu meditieren und zu beten. Beides ergänzt sich. Beide Wege führen in die gleiche Richtung und haben als gemeinsame Basis die Hingabe. Wenn jemand im Gebet Trost findet und zur Hingabe fähig ist, dann lehre ich ihn oder sie als Erstes die Metta-Meditation. Bei dieser Meditation geht es genau wie beim Gebet um Verbindung. Also lehrte ich auch Carla die Metta-Meditation.

Meditation und Gebet ergänzen einander.

Metta ist die Basis der Meditationspraxis. Hier beginnst du deine Übung. Du fängst nicht einfach irgendwo an – etwa bei Vipassana oder der Kontemplation der Vergänglichkeit –, sondern du beginnst an der Basis mit der Metta-Meditation und schreitest von da aus mit deiner Praxis weiter voran.

Auch beim Gebet gibt es einen sinnvollen Aufbau. Christliche Lehrende haben erklärt, es sei hilfreich, mit einem Dankgebet zu beginnen. Selbst in schwierigen Situationen gibt es Dinge, für die du dankbar sein kannst. In einem Dankgebet betrachtest du das, was in deiner jetzigen Lage noch in Ordnung ist. Vielleicht ist ein lieber Mensch da, der dich begleitet, oder du hast Therapeuten, die kompetent und bereit sind, sich auch wirklich um dich zu kümmern. Indem du mit einem Dankgebet beginnst, veränderst du deine Sicht auf die Situation.

So vorbereitet, könntest du dann weitergehen mit einem Gebet, das – ähnlich wie bei Sören Kierkegaard – mehr mit Lauschen als mit Reden zu tun hat. „Gottes Sprache ist die Stille", heißt es, „alles andere sind schlechte Übersetzungen." Auf die Stille zu lauschen ist auch eine Form des Gebets.

Du könntest auch – auf das Dankgebet aufbauend – ein Bittgebet folgen lassen. Noch einmal: Ein Bittgebet ist kein Betteln um etwas. Es ist ein Bitten um die Kraft, die du brauchst, um mit den Herausforderungen, die dir das Leben gerade stellt, zurechtzukommen.

Wenn du Zugang zur Chakren-Meditation hast, dann könnte dein Gebet damit beginnen, dass du zunächst einmal Kontakt mit der Herzchakra-Gegend aufnimmst. Dazu kannst du auch deine Hände zu Hilfe nehmen, indem du die Handflächen vor der Herzchakra-Gegend aneinanderlegst. Probiere aus, was für dich hilfreich ist. Vielleicht ist es dir nicht möglich, die Aufmerksamkeit auf die Herzchakra-Gegend zu richten, weil sie zu diesem Zeitpunkt entweder verschlossen oder sehr wund ist. Dann gehe bitte ein Stück tiefer in den Bereich des Nabelchakras. Das Sonnengeflecht und das darunterliegende Nabelchakra haben mit Kraft, Balance und Selbstvertrauen zu tun.

In der Herzchakra-Gegend ist auch das „göttliche Selbst" lokalisiert. Was bedeutet „göttliches Selbst"? Das ist natürlich erst einmal nur ein Wort, mit dem du alles und nichts verbinden kannst. Ich sage es bewusst so vage, weil Worte nicht das ausdrücken können, was ich sagen möchte. Ich könnte auch „Selbst" sagen oder „Buddhanatur", „Sein" oder „Gottesgeist". Wenn religiöse Begriffe dich eher ablenken oder stören, dann könnte auch die Bezeichnung „tiefste Essenz" hilfreich für dich sein. Letztlich lässt sich diese tiefste Ebene nur umschreiben. Um sie zu verstehen, musst du sie selbst erfahren. Ein Zugang zum

Nabel- und besonders zum Herzchakra kann es dir erleichtern, eine Verbindung zu dieser tiefsten Ebene herzustellen, die ihrem Wesen nach die Ebene von Liebe, von Metta ist.

Wenn du dann in Verbindung mit deinem Herzen, mit Metta, bist, könnte schon der Satz „Bitte hilf" zum Gebet genügen. Oder es könnte das „Miserere" ausreichen – „Erbarme dich". Vielleicht möchtest du auch, ausgehend von Herz- oder Nabelchakra-Gegend, eine Bitte an die Bodhisattvas oder Devas (Himmelswesen) richten. Letztendlich richtet sich das Beten an eine Quelle in dir selbst. Es ist keine individuelle, sondern eine universelle Quelle, zu der du im Gebet die Verbindung öffnest und aus der du schöpfst. Du bittest darum, dich von dieser Quelle leiten zu lassen, statt von deinen persönlichen Vorstellungen und Strukturen. Wieder ist es das Zurücktreten von der Ichbezogenheit, von persönlichen Konzepten und Wünschen zugunsten einer ungleich tieferen, universellen Ebene, mit der du im Gebet und in der Meditation Kontakt aufnimmst.

Verbindung zu Buddha und Jesus

Falls du noch nie eine onkologische Praxis von innen gesehen hast, dann kannst du sie dir in etwa so vorstellen: Da stehen Halbliegestühle, die ein bisschen wie Zahnarztstühle aussehen. An jedem Stuhl ist ein Tropf angebracht. Meistens liegen mehrere Menschen in einem Raum, manchmal durch Sichtwände getrennt, manchmal auch nicht. Dort liegen sie oft mehrere Stunden, während die Chemotherapie durch den Tropf in die Blutbahn einläuft. Eine durchaus schwierige Situation und Atmosphäre.

Carla sagte: „Wenn ich dort in dem Stuhl liege, stelle ich mir vor, dass auf der einen Seite Jesus Christus und auf der anderen Seite der Buddha steht. Das gibt mir Kraft, und ich bete zu beiden. So kann ich große Teile der Chemotherapiebehandlung nicht nur gut überstehen, sondern dabei auch in Balance bleiben."

Dieses Bild haben mir schon viele Übende als hilfreich beschrieben. Besonders deutlich steht mir eine Praktizierende vor Augen, die tief christlich orientiert war und in unsere Gruppe für Menschen mit Krebserfahrung kam. Vater und Bruder waren beide katholische Priester, und seit ihrer Kindheit war sie in der christlichen Tradition verwurzelt. Sie kam in unser Zentrum und stellte fest, dass die buddhistische Praxis irgendetwas in ihr zum Klingen brachte. Wir hatten viele Gespräche über den Konflikt, der daraus für sie entstand. Sind Zufluchtnahme und Abendmahl zugleich möglich? Muss ich daraus ein Problem machen? Wer oder was macht in mir das Problem? Oder lasse ich mir von anderen einreden, dass beides nicht zusammen geht?

„In der Zufluchtnahme nimmst du Zuflucht zum Buddha, das ist doch ein ganz anderer Weg. Beim Abendmahl trinkst du symbolisch das Blut Jesu Christi, verbindest dich also ganz und gar mit Jesus Christus. Wie passt das zusammen?" So oder ähnlich waren unsere Gespräche. Wir hatten regelmäßig Kontakt, bis zum Schluss. Bei unserem letzten Gespräch, kurz bevor sie starb, sagte sie: „Weißt du, wenn ich die Augen schließe, dann steht an der einen Bettseite der Buddha und an der anderen Seite Jesus Christus. Mache dir um mich keine Sorgen, ich bin gut versorgt." Und das sagte sie mit einer so authentischen Sicherheit, dass auch ich diesen Trost, der für sie spürbar war, wahrnehmen konnte.

Das ist möglich, wenn wir von unserem Konzeptdenken ein Stück weit zurücktreten – was nicht bedeutet, dass ich der Beliebigkeit das Wort rede. Christentum und Buddhismus sind nicht dieselbe Religion, sondern sie unterscheiden sich. Es gibt sehr deutliche Unterschiede, aber es gibt auch viel Gemeinsames. Und unser Konzeptdenken braucht immer neue Probleme, um sich daran reiben und spüren zu können.

Der Erfahrung Raum geben

Der Götterbote Krankheit will uns dahin führen, unsere Erfahrungen anzunehmen. Warum annehmen? Um Verständnis dafür zu entfalten, was Erfahrungen uns ermöglichen und wo die Grenzen sinnlicher Erfahrungen liegen. Es ist ein Naturgesetz, dass wir etwas akzeptieren müssen, bevor wir es verstehen können. Das kannst du leicht bei dir selbst feststellen. Wenn du bestimmte Anteile in dir nicht akzeptierst, dann bleiben sie im Schatten und sind damit auch nicht zu durchschauen. Wenn du bei einem lieben Menschen, deinem Lebenspartner oder deiner Lebenspartnerin, bestimmte Dinge nicht akzeptierst, dann wirst du diesen Bereich von ihm oder ihr nicht verstehen können.

Akzeptanz ist der Schlüssel zum Verständnis.

Die Götterboten möchten dich letztendlich zu einem umfassenden Verständnis führen. Davor kommt die Akzeptanz. Um dich und deine Erfahrungen akzeptieren zu können, ist es erst einmal nötig, dass du dich für dich selbst interessierst, dass du dich bewusst dir selbst zuzuwendest. Dich dir und deiner Erfahrung zuwenden heißt, deiner Erfahrung Raum geben, sie sein lassen, ohne sie analysieren oder etwas über sie wissen zu müssen.

Um dich akzeptieren zu können, ist es nötig, dass du dich für dich selbst interessierst.

Die Praxis des Nichtwissens ist eine sehr wichtige Praxis, denn im Allgemeinen schaltet sich sehr schnell das Konzept-Denken ein und gibt Erklärungen, Interpretationen oder Deutungen ab. Mit der Erfahrung sein heißt: spüren, Raum geben, nicht wissen. Dieses „bewusst mit der Erfahrung sein“ ist mehr als ein bloßes Registrieren. Im Registrieren liegt kein Herz, und es hat für mich nichts in der Meditation verloren, denn es fehlt der Metta-Aspekt.

Loslassen

Carla fand also einen Zugang zu den Götterboten über das Gebet und die Meditation. Marias Zugang war mehr intellektueller Art.

Sie interessierte sich für das Dharma und wollte mehr wissen. Deshalb kaufte sie sich die Mittlere Sammlung und begann, Lehrreden zu lesen. Immer wieder bat sie mich um Erklärungen. Sie hatte bestimmte Grundbegriffe sehr schnell verstanden und war an den Zusammenhängen interessiert. Als sie noch Chemotherapie bekam, sagte sie einmal zu mir: „Unter den jetzigen Umständen geht vieles in meinem Leben nicht mehr, zum Beispiel tanzen. Meinen Beruf kann ich natürlich auch nicht mehr ausüben. Wie kann ich lernen, diese Anteile loszulassen?"

Wenn du das Wort „loslassen" hörst, dann denkst du vermutlich an Belehrungen aus buddhistischen Kreisen. Dort wird sehr gerne vom Loslassen gesprochen. Wenn der Götterbote dich gerade berührt, dann wird es vermutlich vorkommen, dass du haderst oder ungeduldig bist. Vielleicht bist du zutiefst verunsichert, und diese Unsicherheit maskiert sich eben als Nörgelei oder Reizbarkeit.

Und dann kommt jemand und sagt: „ Ach, du musst einfach nur loslassen." Dann könnte es sein, dass dies die Unsicherheit und die Trennung zwischen dir und deinem Gegenüber nur noch weiter verstärkt. Denn in dem Moment fühlst du dich nicht verstanden. Solch ein Patentrezept wirkt in dieser Situation eher giftig als heilsam. Vermutlich wird es sogar deinen Widerstand anfachen. Dann antwortest du unter Umständen mit: „Du immer mit deinem Buddhismus ...", und damit ist eine große Chance vertan, Einsicht und Verständnis zu vertiefen.

„Lass doch die Gedanken los", das hast du sicher schon öfter gehört, wenn du in Unsicherheit oder Angst verfangen bist und diese Gedanken dich besetzen. Möglicherweise gibst du dir in einer schwierigen Situation auch selbst diesen Ratschlag, weil du verstanden hast, dass es wichtig ist loszulassen. Vielleicht ist es dir hier und da auch schon einmal gelungen. Deshalb versuchst du jetzt, die Gedanken loszulassen, und merkst, dass es nicht geht.

Dann wird die Angst noch größer. Gerade wenn du schon ein

wenig vom Buddhismus gehört und praktiziert hast, kann es sein, dass dir jetzt die Praxis durch die Hände zu gleiten scheint: „Ist denn Loslassen nicht die Essenz des Buddhismus? Warum kann ich nicht loslassen? Warum trägt meine Praxis nicht?" Die Gedanken besetzen dich immer weiter, nachts liegst du wach im Bett und findest keinen Schlaf, weil du sie nicht loslassen kannst.

Wenn du jetzt nicht weise und behutsam vorgehst, dann könnte es sein, dass du dich in eine Sackgasse manövrierst, die dich vom Dharma wegführt. Du kannst dir Loslassen nicht verordnen. Das funktioniert nicht. Und du kannst es dir erst recht nicht verordnen lassen. Loslassen geschieht immer über Einsicht. Nur Verständnis und Einsicht ermöglichen Loslassen.

Loslassen lässt sich nicht verordnen.

Aus meinem Verständnis heraus ist Loslassen nicht so sehr ein aktives Tun, sondern mehr eine natürliche Folge der Einsicht. So wie ein Apfel vom Baum fällt, wenn er reif ist. Der Baum schüttelt die Äpfel nicht von den Ästen. Er lässt sie los, wenn sie ausgereift sind. Im Winter lassen die Bäume die Blätter los; auch sie fallen zu Boden, wenn die Zeit reif ist. Dabei hat der Baum nichts weiter zu tun; dies ist kein Akt des Loswerden-Wollens.

Loslassen ist eine natürliche Folge von Einsicht.

Das ist ein kleiner, aber wichtiger Unterschied: Loslassen hat nichts mit Loswerden-Wollen zu tun. Etwas loswerden zu wollen ist immer mit Aversion verbunden. Loslassen ist jedoch frei von Aversion. Aus meiner Sicht geschieht es, wenn die Zeit reif ist. Und wann ist sie reif? Wenn das Verständnis, dass es nicht notwendig ist festzuhalten, entsprechend entwickelt ist.

Um Verständnis zu entwickeln, ist Annehmen notwendig. Der erste Schritt zum Annehmen besteht darin, zu erkennen, was gerade in mir lebendig ist. Selbstzuwendung, Selbstinteresse, der Erfahrung Raum geben – das sind die Schritte zum Annehmen. „Wie ist mein Verhältnis zum gegenwärtigen Moment?", kannst du dich fragen.

Einen weiteren Schritt zu mehr Verständnis kannst du gehen, wenn du dir die folgenden Fragen stellst: „Möchte ich, dass dieser gegenwärtige Moment aufhört?“ Falls die Antwort ‚Ja‘ lautet, dann ist gerade Aversion in dir aktiv. „Oder möchte ich, dass dieser gegenwärtige Moment weitergeht?“ Wenn ‚Ja‘, dann herrscht in dem Moment Gier vor. Deine Reaktionen werden wohl auf einer feineren Ebene liegen, gehören aber einer dieser beiden Rubriken an. Zusammengefasst lautet die Frage also: „Bin ich gerade in Hinwendung oder in Abneigung?“

Weisheit entwickeln

Für mich ist transzendente Weisheit immer loslassende Weisheit. Um eine Weisheit zu entwickeln, die das Loslassen zur Frucht hat, die Samsara[1] transzendieren kann, hilft es nicht, Samsara loswerden zu wollen. Um diese Art von Weisheit zu entwickeln, müssen wir erst einmal uns selbst verstehen. Das bedeutet, dass wir die vielen Aspekte unserer Persönlichkeit, ihre Ursachen und Bedingungen verstehen, die Vielfalt der inneren Anteile genauso wie unsere innere Weite.

Und noch einmal, weil es so wichtig ist: Uns anzunehmen ist die Voraussetzung dafür, dass wir uns selbst verstehen. Das bekräftigen auch die meisten Psychotherapeuten, wenn auch in etwas anderem Kontext. C.G. Jung zum Beispiel drückt das sehr deutlich aus: „Die Teile unserer Psyche, die wir nicht sehen, nicht beachten und nicht fühlen, sind die Quellen unserer Neurosen und Leiden.“

Annehmen und Raum geben

In diesem Zusammenhang ist es wichtig, Hinnehmen und Annehmen zu unterscheiden. Hinnehmen ist eine passive Haltung,

[1] „Samsara“ bedeutet wörtlich: „beständiges Wandern“. Gemeint ist das Wandern im Kreislauf der Wiedergeburten.

die Haltung eines Opfers. Annehmen hingegen ist aktiv, voller Kraft, das Gegenteil einer Opferhaltung. Annehmen bedeutet nicht, Gefühle oder Bedürfnisse zu unterdrücken, keine Wünsche mehr zu haben oder die eigenen Grenzen zu ignorieren.

Unterscheide Hinnehmen von Annehmen.

Annehmen ist eine bewusste, eine warme, mitfühlende Haltung, hinter der – gewissermaßen als Quelle – die Absicht steht zu verstehen. Diese Absicht ist bestimmend: Im ersten Schritt hin zu Verständnis muss ich mich mir selbst zuwenden, meiner Verzagtheit, meiner Ignoranz, meiner Eifersucht und meiner Kleinheit, dem großen, bereits Entwickelten in mir, genauso wie dem noch nicht Entwickelten. Zuwenden, erkennen und würdigen, annehmen.

Annehmen ist eine bewusste, mitfühlende Haltung, hinter der die Absicht steht zu verstehen.

Krishnamurti war ein großer spiritueller Führer, der keiner bestimmten Religion angehörte. Irgendwann versammelte er einmal seine Schüler und fragte sie: „Wollt ihr das Geheimnis meines Lebens wissen?" Natürlich wollten sie es wissen. Und er verriet es ihnen: „Ich habe nichts gegen das, was geschieht." Dieser Satz könnte ein Leuchtturm für uns sein, an dem wir uns orientieren. Annehmen ist eine aktive Haltung, aus der Stärke erwächst.

Dazu gibt es auch eine Lehrrede, Sariputtas Löwenruf[2]. Darin wird Sariputta von einem Mönch verleumdet, ihn angerempelt und sich danach nicht einmal entschuldigt zu haben. Der Buddha ruft die ganze Gemeinschaft zusammen und fordert Sariputta auf, sich zu dem Vorwurf zu äußern: „Sariputta, dieser Mönch beschuldigt dich, dass du ihn angerempelt, ihn ignoriert und dich nicht entschuldigt hast. Was sagst du dazu?"

Sariputta erwidert, nur jemand, der nicht praktiziert, „wäre imstande, einen seiner Ordensbrüder zu stoßen und, ohne sich

---

[2] Sariputtas Löwenruf, Angereihte Sammlung, IX.11, Bielefeld: Aurum Verlag 1984.

zu entschuldigen, auf die Wanderschaft zu gehen." Und weiter erklärt er: „Ich praktiziere wie die Erde, auf die du alles werfen kannst: Kot, Urin, Schmutz, und die Erde nimmt alles auf und verwandelt es. Ich praktiziere wie das Wasser, in das du alles werfen kannst, und das Wasser nimmt es ohne Widerstand auf und verwandelt es in Klarheit. Ich praktiziere wie das Feuer, in das du alles hineinwerfen kannst, und das Feuer verwandelt es in Energie. Ich praktiziere wie der Wind, der alles aufnimmt und es klärt."

Ein vollkommenes Bild von Annehmen.

„Wenn du die Praxis des Annehmens übst", so spricht der Buddha zu seinem Sohn Rahula in einer weiteren Lehrrede, „so werden erschienene unangenehme und angenehme Kontakte nicht in deinen Geist eindringen und dort bleiben."[3] Wenn du die Praxis des Annehmens übst, werden erschienene unangenehme Kontakte, die die Götterboten dir in Form von Alters- und Krankheitserscheinungen ins Haus bringen, nicht in deinen Geist eindringen.

Das heißt, die mit Krankheit verbundenen unangenehmen Kontakte und die dadurch hervorgerufenen Gedanken werden dich nicht besetzen. Wenn Gefühle in den Geist eindringen und ihn vereinnahmen, geht die Freiheit verloren. Dann wirst du zum Spielball der Gefühle. Dann bist du nicht mehr Steuermann, sondern Opfer. Du wirst von den momentanen Erlebnissen beherrscht.

Wenn Gefühle den Geist vereinnahmen, geht die Freiheit verloren.

Solange du von den Erlebnissen und den damit verbundenen Gefühlen und Gedanken beherrscht wirst, wirst du vermutlich automatisch aus deinen Mustern heraus reagieren. Wenn du ein

[3] Die längere Lehrrede vom Rat an Rahula, Mittlere Sammlung, 62, Uttenbühl: Jhana Verlag 2001; dort wörtlich: „Rahula, … , wenn du Meditation entwickelst, die gelassen wie die Erde ist, werden erschienene angenehme und unangenehme Kontakte ..."

Muster von Selbstmitleid hast, dann wirst du wohl in mitleidheischendes Jammern verfallen. Ist ein Muster von Gereiztheit in dir ausgeprägt, wirst du übellaunig und gereizt reagieren. Gehört es zu deinen Mustern, dich zurückzuziehen, dann kann man dich nicht mehr erreichen, du reagierst nicht mehr auf Anrufe oder öffnest nicht mehr die Tür.

Widerstand

Solange wir im Widerstand sind, sehen wir keinen Ausweg. Dann benutzen wir den Geist nicht, um Weisheit anwachsen zu lassen, das Ziel, zu dem uns der Götterbote führen will, sondern wir benutzen ihn zum Rationalisieren und zum Rechtfertigen. Damit drehen wir uns im Kreis und bleiben blind für das, was uns möglich wäre.

Wohl dem, der dann einen spirituellen Freund oder Lehrer zur Seite hat, der ihn auf diese Möglichkeiten aufmerksam macht: „Schau, da ist ein Ausweg, vielleicht keine riesige Tür, aber eine Luke, durch die du gehen könntest, um damit deine Perspektive zu wechseln. Die Perspektive, die du einnimmst, bestimmt die Erfahrung deiner Welt."

Die Perspektive, die du einnimmst, bestimmt die Erfahrung deiner Welt.

Nachdem du all dies gelesen hast, sagst du dir vielleicht: „Ich MUSS die Krankheit jetzt annehmen." Oder eventuell sagst du einem lieben Menschen, der krank ist und deiner Ansicht nach lange genug geklagt hat: „Vielleicht SOLLTEST du die Krankheit langsam annehmen." Das ist jedoch nicht hilfreich. Annehmen verordnen funktioniert nicht, befehlen noch weniger und MUSS und SOLLTE überhaupt nicht.

Wenn du erkennst, dass du im Widerstand bist, dann besteht die einzige Möglichkeit darin, diese Situation nicht zu manipulieren. Wenn du manipulierst, dann erzeugst du Widerstand gegen den Widerstand, und so dreht sich die Spirale und wird immer enger. Wenn du spürst, dass du im Widerstand bist und er nicht so einfach aufzulösen ist, dann nimm bitte den Widerstand an. Dann wird er zum Meditationsobjekt. Nimm bitte auch Ablehnung, Verschlossenheit, Nörgeln oder Gereiztheit und Jammern an.

Gib dem Widerstand Raum. Spüre ihn. Denke nicht über ihn nach, gib ihm kein bewertendes Etikett, etwa „Widerstand ist schlecht". Lass alles ruhen, was du bisher über Widerstand gehört oder gelesen hast. Erzeuge keine neuen Konzepte. Laufe nicht vor dem Widerstand davon und bekämpfe ihn nicht, sondern spüre ihn nur. Du hast davon gelesen, wie du mit Gefühlen und anderen geistigen Erscheinungen umgehen kannst. Auch der Widerstand ist eine geistige Erscheinung. Behandle ihn genauso. Spüre ihn und gib ihm Raum.

Behandle den Widerstand als eine geistige Erscheinung.

Wenn du anfängst, den Widerstand zu analysieren, zu bewerten, darüber zu spekulieren, wo er herkommt und wo er hinführen könnte, dann wirst du ihn vermutlich schnell als einen unangenehmen Klotz spüren. Du machst ihn zu etwas, und dieses Etwas willst du dann vermutlich doch subtil loswerden. Gerade dadurch, dass du versuchst, ihn auf intellektuellem Weg aufzulösen, gibst du ihm Form und Gewicht.

Noch einmal: Versuche nicht, etwas loswerden zu wollen. Es ist noch nicht einmal notwendig – das sage ich jetzt ein bisschen provokant –, etwas loszulassen. „Sich hinwenden, annehmen, Raum geben", das ist der erste Teil der Zufriedenheitsformel unseres Zentrums. Indem du dich über den Weg der direkten Erfahrung nach innen wendest, kann Verständnis entstehen, nämlich das Verständnis, dass gar nichts losgelassen werden muss. „Habe keine Angst vor den Erscheinungen", so lautet unser Satz. Indem du den Erscheinungen Raum gibst, sie weder abwehrst, noch sie nährst, sie nicht manipulierst und keine Angst vor ihnen hast, können sich die Erscheinungen von selbst befreien.

Im offenen Gewahrsein dürfen die Erscheinungen kommen

und gehen wie Wolken am Himmel. Und wie die Wolken sich auflösen, ohne dass der Himmel sich einmischt, so werden auch die Erscheinungen in sich zusammenfallen.

7. Schmerz und Widerstand – Was ist in schwierigen Situationen förderlich?

Umgang mit Widerstand

Wir haben uns bewusst gemacht, dass es ganz natürlich ist, wenn Krankheiten Abwehr in uns hervorrufen. „Nein, es sollte anders sein", ist die Sprache des Widerstandes. Widerstand ist nichts Schlechtes – das hieße wiederum, ihn zu bewerten –, sondern Ausdruck einer bestimmten Haltung, einer bestimmten Perspektive.

Widerstand erzeugt Dualität und damit Leid.

Solange wir im Widerstand sind, erzeugen wir Dualität, und solange wir Dualität erzeugen, leiden wir. Wir schaffen einen Gegensatz zwischen innerem und äußerem Erleben. Wir erfahren die Außenwelt auf eine bestimmte Weise, während die Innenwelt uns sagt, die Erfahrung solle anders sein. Könnten wir diesen Widerspruch auflösen, dann wäre bei gleichen äußeren Bedingungen die Erfahrung von Zufriedenheit möglich.

Das konnte ich sehr deutlich im Verlauf der Erkrankung meines Vaters erleben. Anfangs, als die Demenz für ihn begann, waren wir beide im Widerstand. Die Situation sollte anders sein, alles so wie bisher weitergehen. Unsere gewohnten Rollen sollten sich nicht auflösen. Für mich war es die Identität des starken, liebevollen Vaters, die nicht bröckeln sollte. Er wiederum wehrte sich gegen den Verlust seiner Autonomie: „Ich sollte mich alleine versorgen können. Ich sollte einem Fernsehfilm folgen können." In dem

Maße, wie die Widerstände anwuchsen, wurde die Situation schwierig und zuweilen schier unerträglich.

Irgendwann hatte mein Vater den Widerstand überwunden – ich hingegen noch längere Zeit nicht. In seinem letzten halben Jahr saß er fast nur noch in seinem Sessel, in den man ihn hineingesetzt hatte, denn alleine konnte er das nicht mehr. Wenn ich ihn fragte, wie es ihm ginge, dann gab er regelmäßig zur Antwort: „Ich bin zufrieden, lass mich ruhig noch ein bisschen schlafen." „Brauchst du noch etwas?", erkundigte ich mich. „Nein", sagte er. Ich kannte seine Stimme gut und wusste, ob er etwas von innen heraus oder nur mechanisch sagte. Für mich war in diesen Situationen sehr authentisch zu spüren, dass Zufriedenheit in ihm war.

Als es in unserem Dorf einmal ein Fest gab, schob ich ihn im Rollstuhl auf den Marktplatz. Die Dorfkapelle spielte Lieder, die ihm sehr vertraut waren, und ich konnte sehen, wie er sich freute, an alte Zeiten erinnert zu werden. Als wir wieder zurückfuhren, war keine Spur von Wehmut oder Traurigkeit in ihm zu spüren. Die Freude ging wieder über in Zufriedenheit. Da war kein Widerstand mehr.

Wenn Widerstand da ist, dann können wir ihn zu unserem Meditationsobjekt werden lassen, so haben wir gelesen. Als ersten Schritt lassen wir die Beurteilung des Widerstandes, er sei schlecht, los. Widerstand ist Widerstand. Auf dieser Grundlage sind wir in einem zweiten Schritt bereit, mit ihm in Kontakt zu treten und seine Energie direkt zu spüren.

Und wie können wir die Bedingungen schaffen, um schließlich über den Widerstand hinauswachsen zu können? Erinnern wir uns noch einmal an den Merksatz, der uns begleitet: „Dehne die Vergangenheit nicht aus, lade die Zukunft nicht ein, verändere die dir innewohnende Weisheit nicht, habe keine Angst vor den Erscheinungen." Es kann nützlich sein, diese kurze Anleitung auswendig zu lernen, damit sie uns stets präsent ist.

„Lade die Zukunft nicht ein.“ Wenn wir uns diesen Teil etwas genauer anschauen, dann werden wir erkennen, dass Widerstand viel mit dem Einladen der Zukunft zu tun hat. Auch ein subtiles Hinwenden zur nächsten Minute ist schon ein Einladen der Zukunft. Dieser Teil der Anleitung lautet also, ganz in der Gegenwart zu bleiben. Im Fall von Widerstand bedeutet das, mit ihm zu sein, so wie er gerade ist.

All das, was wir hier über den Widerstand lesen – dass er ein Kraftfresser ist oder eine Blockade bildet – ist sicherlich richtig. Und es ist wichtig, diese Zusammenhänge zu verstehen. Wenn wir aber den Widerstand überwinden wollen, dann ist dieses Wissen nicht mehr hilfreich. Betrachtest du ihn beispielsweise als Blockade, dann wird der Widerstand zum Feind. Damit schaffst du eine neue Dualität und somit neues Leid. Vermutlich wird er sogar stärker werden, und es kann sein, dass du unsicher wirst und Angst in dir aufkommt. Das wird dich erschöpfen, aber der Widerstand wird dem standhalten.

Wenn Widerstand aufgekommen ist, praktiziere mit ihm.

Zudem können Zweifel an der Praxis aufkommen, und damit hättest du durch unweises Betrachten ein Hindernis hervorgebracht. Stattdessen kannst du aber auch unmittelbar den Anleitungen folgen, die dir sagen: „Wenn Widerstand da ist, praktiziere mit dem Widerstand.“

Das wird besonders deutlich in Situationen, in denen du gar nicht mehr weiterweißt, in denen kein Konzept nicht mehr dienlich ist und eher noch den Druck in dir verstärkt. Stattdessen kannst du nach innen spüren und dich dafür entscheiden, ganz in diesem Moment, in dieser Situation zu bleiben. Vielleicht spürst du: „Da ist Druck. Da ist Widerstand. Da ist Nicht-mehr-Weiterwissen.“

Aus diesem Spüren heraus kannst du noch einen weiteren Schritt gehen und denken: „Es darf alles sein. Ich weiß nicht mehr weiter. Es ist schwierig. Es ist unangenehm, und ich weiß gerade überhaupt nicht, was ich machen soll. Dies ist jetzt meine Realität." Wahrscheinlich versucht der Geist unterdessen, eine neue Lösung nach der anderen zu finden und läuft sich dabei in einer Endlosschleife heiß. Du musst dich aber nicht von ihm mitziehen lassen. Du kannst als Beobachter im Geschehen bleiben und nur erleben. Indem du in der Realität dieses Augenblicks bleibst, musst du nicht wissen, was im nächsten Moment geschieht.

Wenn du so praktizieren kannst, wirst du vermutlich bemerken, dass eine natürliche Weisheit in dir aufsteigt: „Verändere die dir innewohnende Weisheit nicht." Diese kann jetzt deutlich werden und deinen nächsten Schritt lenken.

Loslassen als Frucht des Annehmens

Viele Menschen, die mit Vertrauen praktizieren, werden sagen können: „Es ist, als wenn ich in bestimmten Situationen meines Lebens geführt würde." So kann ich es sehr deutlich aus meiner eigenen Erfahrung heraus berichten. Es gab Zeiten in meinem Leben, in denen ich nicht mehr weiterwusste, keinen Zugang zu meiner Kraft fand und keinen Ausweg mehr sah.

In einer solch schwierigen Situation lernte ich meine Lehrerin kennen, und von da an ging mein Weg in eine ganz andere Richtung weiter. Auf die Begegnung mit Ayya Khema folgte einige Jahre später die Gründung von Lotos Vihara. Ohne diesen Moment und Tausende weiterer Momente wäre dieses Buch nicht geschrieben worden, und du würdest es jetzt nicht lesen.

Manchmal ist das Zusammenkommen unüberschaubar vieler Bedingungen notwendig, damit sich in schwierigen Situationen ein Spalt auftut, durch den dann das Licht eindringen kann. Für dich kann eine dieser Bedingungen darin bestehen, durch ein Nadelöhr gehen zu müssen: Durch das Nadelöhr eines Widerstandes und des damit verbundenen Erlebens von Nicht-mehr-Weiterwissen.

Weil sie so wichtig ist, wiederhole ich hier noch einmal die Anleitung: Du spürst den Widerstand, indem du dich in den Körper einfühlst. Du nimmst den Widerstand im Körper wahr, ohne ihn zu benennen. Du, der Widerstand und die Situation verschmelzen zu einem Ganzen. Auf dieses Ganze lässt du dich ein, ohne etwas darüber wissen zu müssen. Du nimmst den Körper und die Gefühle wahr und in Gedanken sagst du dir: „So ist die Realität in diesem Moment." Du nimmst nichts auseinander, sondern du spürst dich in das ein, was gerade ist. Du entspannst dich geradezu in die unangenehme Situation hinein.

Aus der Verbindung dieser verschiedenen Faktoren, aus dem Verschmelzen von Widerstand, Situation und Gefühl kann sich die Ich-Besetzung für einen Moment auflösen. In diesem Augenblick ist kein Ich mehr da, das etwas anders haben oder manipulieren will. Indem du nicht gegen die Situation angehst, sondern sie zunächst aushältst, entsteht Annehmen.

In dem Moment, in dem du zu all den schwierigen Aspekten, die gerade aktiv sind, vollkommen Ja sagst und sie direkt spürst, kannst du loslassen. Loslassen entsteht als Frucht des Annehmens, nicht als Folge eines Loswerden-Wollens. Es ist eher ein Hinter-dir-Lassen, ein Darüber-Hinauswachsen. Was lässt du hinter dir? Worüber wächst du hinaus? Du wächst über deine Konzepte hinaus. Über die Vorstellung, wie dein Leben sein sollte, und vor allem über die Idee von dir als einem von der Welt abgetrennten Ich.

Die Frucht des Annehmens ist Loslassen.

So ist die Kette: Aus Einlassen und Seinlassen erwächst Annehmen und daraus wiederum kann Loslassen entstehen. Zu diesem Punkt wollen die Götterboten uns leiten. Keith Campbell, ein britischer Zellbiologe, sagt: „Wenn das Ich aus dem Bild der Welt verschwindet, wird die Welt sehr mächtig, sehr wunderbar, es ist ein augenöffnendes Erlebnis: Oh Gott, schau dir diese Welt an!"

Begleiter sein in schwierigen Situationen

Wenn du ein Familienmitglied oder einen Freund in einer schwierigen Situation begleitest, dann ist es wichtig, nichts erzwingen zu wollen. Wenn der Betroffene gerade in seinen Widerständen festhängt, dann bedränge ihn bitte nicht, über diese Widerstände oder seine Gefühle zu sprechen.

Das wissen wir nicht zuletzt aus der Trauma-Therapie: Bedränge die Betroffenen nicht, über ihre Situation zu sprechen. Schnell kann in ihnen das Gefühl entstehen, in die Enge getrieben zu werden. Damit verbunden ist dann auch ein Erleben von Trennung. Beides wird die traumatische Situation für sie noch mehr erschweren. Wohl aber kannst du ihnen die Möglichkeit und den Raum bieten, über ihre Gefühle oder Widerstände zu sprechen, wenn sie dazu bereit sind.

Manchmal braucht ein Betroffener auch einfach Ablenkung. Wenn er dir dieses Bedürfnis signalisiert, dann folge ihm bitte und unterstütze ihn in der Erfüllung seines Wunsches. Ablenkung könnte sein: spazieren gehen, einen Krimi im Fernsehen anschauen, etwas essen, trinken, rauchen – was auch immer ihm in diesem Augenblick zur Ablenkung dient.

Sicherlich solltest du nach Möglichkeit kein schädigendes Verhalten unterstützen, aber auch hier gilt es abzuwägen. Wenn ein Mensch, der im Sterben liegt, rauchen will, so sollten wir diesen Wunsch unterstützen. Wie töricht wäre es, in dieser Situation moralisieren zu wollen, einem Sterbenden die eigenen Vorstellungen vom Rauchen aufzudrängen. Der indische Weise Nisargadatta Maharaj meint: „Gebt doch dem Körper sein Krümelchen, an das er gewöhnt ist." Auch er hat ja bis zum Schluss geraucht.

Wenn du Begleiter oder Familienangehöriger bist, dann versuche den Betroffenen zu unterstützen, ohne dabei die eigenen Konzepte in den Vordergrund zu stellen. Versuche vor allem, schwierige Situationen und negative Gefühle auszuhalten, ohne diesen Menschen vorschnell mit irgendwelchen Ratschlägen oder Zukunftsvorstellungen zu bedrängen.

Mit ein bisschen Fingerspitzengefühl kannst du herausfinden, was der Betroffene in dem jeweiligen Moment braucht. Häufig ist das einfach nur deine bewusste, einfühlsame Gegenwart. Das höre ich immer wieder von Menschen, die ich begleite. Auf meine Frage, was ich für sie tun könne, kommt sehr oft die Antwort: „Es reicht, wenn du da bist.“ Manchmal auch: „Setz dich ein bisschen zu mir. Vielleicht kannst du meine Hand halten oder mich in den Arm nehmen. Mehr musst du nicht tun.“

Auch hier geht es wieder darum, dass du aus dem Tun-Modus des Konzeptbewusstseins aussteigst und dich in das einfühlst, was in der Situation hilfreich ist. Die Antwort kommt aus dem Herzen, nicht aus dem Intellekt. Der Intellekt würde in solchen Situationen nach einem Benutzerhandbuch für Kranke verlangen, um darin nachzuschlagen: „Was hat der Kranke gesagt? Was muss ich jetzt tun?“ „Ach ja: Ich soll nur da sein, also nichts tun.“ Dann wirst du nur wie ein Stock dasitzen und nichts tun. Auf diese Weise kann kein Mitgefühl aufkommen. Mitgefühl entsteht erst aus der Einfühlung, die bei dir beginnt und sich dann auf dein Gegenüber ausdehnt.

„Verändere deine natürliche Weisheit nicht.“ Das bedeutet, sie nicht mit den Konzepten des Verstandesbewusstseins zu bearbeiten. Natürliche Weisheit ist spontane Weisheit. So wie eine Mutter ihr Kind in den Arm nimmt, wenn es weint. So wie deine Hand instinktiv einen Finger der anderen Hand behutsam umfasst, wenn du versehentlich mit dem Hammer auf ihn geschlagen hast. Vielleicht führt die Hand den Finger zum Mund, um auf ihn zu pusten; vielleicht versorgt sie ihn mit etwas Kühlendem. Im Allgemeinen wird sie das Richtige tun. Das bedeutet spontane Weisheit, die jedem von uns innewohnt.

Natürliche Weisheit ist spontane Weisheit.

Umgang mit Ungeduld und Ärger

Wir haben schon davon gelesen, dass es wichtig ist, als Helfer gut auf deine eigene Innenwelt zu achten und mit deinen Gefühlen in Kontakt zu sein, sie aber nicht dem Kranken oder Bedürftigen gegenüber auszudrücken. In einer Begleitung können schnell Ungeduld, Ärger, Wut oder Angst in dir hochkommen. Wenn du zum Beispiel Ungeduld spürst, dann gestehe sie dir ein, aber handle nicht aus ihr heraus. Wenn Ärger entsteht, dann gestehe ihn dir ebenso ein, aber drücke ihn nicht aus.

Vor allem aber verurteile dich nicht für die Ungeduld oder den Ärger. Schnell kommt ein moralisierender Teil in dir hoch und sagt: „Ärger ist schlecht. Mein armer Mann, meine arme Frau hat so ein schweres Schicksal, und ich führe mich auf wie Rumpelstilzchen." Auch diesen strengen inneren Anteil kannst du dir eingestehen, aber du solltest nicht auf ihn hören.

Dir dies einzugestehen, kann dir helfen, deine eigenen Grenzen zu erkennen und zu respektieren. Die Ungeduld signalisiert dir, dass du gerade an deine Grenzen stößt und dabei bist, sie zu überschreiten. Jetzt könnte es nötig sein, für einen Moment aus der Situation herauszugehen. Wichtig ist, dem anderen verständlich zu machen, dass du dies jetzt für dich tust und nicht gegen ihn. Das kannst du ihm erklären, und nach deiner Rückkehr kannst du wieder verbindlich für ihn da sein.

Ungeduld signalisiert dir deine Grenzen.

Wenn du deine eigenen Grenzen oder Gefühle nicht respektierst, dann wird der andere schnell für dich zur Last. In diesem Fall wird Dukkha für alle Beteiligten nur noch mehr anwachsen. Entweder wird der andere für dich zu einer immer größeren Last, und du erschöpfst dich immer mehr, oder du wendest dich ab. Auch in dieser Situation kommt es dir zugute, wenn du deine eigenen Kraftquellen kennst und in schwierigen Situationen immer wieder aufsuchen kannst.

Gefühlen Raum geben

Unabhängig davon, ob du Betroffener oder Begleiter bist – so wie du mit Widerstand umgehst, kannst du natürlich auch mit allen deinen Emotionen praktizieren. Du erlebst und spürst sie, gibst ihnen Raum.

Um dich ein Stückchen aus der emotionalen Befangenheit in einer schwierigen Situation herauszulösen, kann es hilfreich sein, das Wesen der Gefühle zu durchschauen. Alle Gefühle sind bedingt durch äußere und innere Faktoren. Und alle sind vergänglich. Die äußeren Faktoren lassen sich oft nicht mehr ändern, wohl aber die inneren. Du hast immer die Wahl, die Perspektive zu wechseln und damit die Sicht auf eine Situation zu verändern. Als Ergebnis dieses Wechsels werden andere Gefühle entstehen, ohne dass sich deine äußere Situation geändert hätte.

Bedingtheit und Vergänglichkeit der Gefühle zu durchschauen führt zur Ablösung von der Ich-Besetzung. Statt: „Ich bin ärgerlich", erlebst du: „Ärger ist in mir erschienen." Indem du Gefühle von der Ich-Besetzung löst, werden sie durchlässiger. Auf diese Weise hast du weiter Gefühle, aber die Gefühle werden dich nicht mehr besetzen.

Versuche, deinen Bewusstseinszustand nach Möglichkeit immer direkt zu erleben. Direktes Erleben macht den Widerstand überflüssig. Du bist in unmittelbarem Kontakt mit deiner Erfahrung, und so hat der Widerstand keinen Gegenpart mehr, an dem er sich reiben kann. Er findet keine Quelle mehr, die ihn nähren könnte.

Wenn du dich erst einmal so mit den Erscheinungen verbunden hast und ihnen Raum gibst, kann sehr bald Verständnis aufkeimen. Mit dem Verständnis wird Mitgefühl entstehen. Um dies zu erleben, sind Entschlossenheit und ein paar Anleitungen notwendig. Diese Anleitungen kannst du nachlesen oder dir anhören, um sie dann in schwierigen Situationen, die irgendwann für dich kommen können oder auch schon da sind, entschlossen umzusetzen.

Angst vor Schmerzen

Übelkeit und Schmerzen sind weitere wichtige Aspekte, mit denen wir uns beschäftigen müssen. Beide gehen im Allgemeinen mit dem Götterboten Krankheit Hand in Hand. Bei vielen Menschen sind sie auch Begleiterscheinungen kurz vor dem Tod. Manchmal, in den letzten Stunden oder Tagen, bevor ein Mensch über die Schwelle tritt, hören sie von selbst auf, ohne weiteres Zutun, ohne Gabe von Medikamenten. Aber im Krankheitsverlauf selbst stellen Schmerzen eine sehr große Herausforderung dar.

Zu den Grundängsten vieler Menschen gehört die Angst vor Schmerz. Das erlebe ich immer wieder in der Arztpraxis, zum Beispiel bei der Blutentnahme. Auch vergleichsweise leichte Schmerzen, die dabei auftreten können, lösen bereits Angst aus.

Neulich wurde ich als Arzt in ein Bordell gerufen, das von zwei jungen Damen betrieben wird. Eine von beiden hatte einen Magen-Darm-Infekt mit Brechdurchfall. Ich untersuchte sie und gab ihr anschließend eine Spritze. Das war für sie eine Tortur, die allerhöchste Anspannung in ihr hervorrief. Ich fragte sie: „Können Sie mir helfen, zu verstehen, wie das zusammenpasst? Einerseits lassen sie Männer so dicht an sich heran, Männer, die sicherlich nicht immer zärtlich sind. Ich nehme an, dass die Begegnungen oft mit eher unangenehmen Sinneskontakten verbunden sind. Dann komme ich mit einer kleinen Spritze, deren Einstich etwa zwei Sekunden dauert. Und das fordert dann so viel von Ihnen? Wie passt das zusammen?“ Sie antwortete mir etwa in dem Sinne, dass es für sie zwei völlig verschiedene Ebenen seien. Das konnte ich gut nachvollziehen. Die Angst vor Schmerz ist eine sehr tief sitzende Angst.

Wenn ich mit Schwangeren über die anstehende Geburt

spreche, dann frage ich auch, wovor sie Angst haben. „Vor dem Schmerz bei der Geburt“ lautet die Antwort, die am häufigsten gegeben wird.

Auch Angst vor Operationen ist weit verbreitet. Erst einmal vor der Anästhesie – ein Anästhesist versetzt dich in einen Zustand, in dem du nichts mehr kontrollieren kannst – und dann vor den Schmerzen nach der Operation.

Bei Krankheiten spielt im Allgemeinen auch immer die Angst vor Schmerzen eine Rolle. Wenn es um den Sterbeprozess geht, dann sagen einige: „Ich habe keine Angst vor dem Tod, aber ich habe Angst vor dem Sterben, vor dem Schmerz und der Hilflosigkeit, davor, vollkommen die Kontrolle abgeben zu müssen.“

Nur wenige Menschen fügen sich freiwillig selbst Schmerz zu. Einige tun dies aufgrund einer Fehlentwicklung in sehr früher Zeit, um sich zu spüren und zu erleben, dass sie existieren. Manche fügen sich Schmerzen zu, um zu büßen, als Ausdruck einer – wie ich finde – fehlgeleiteten religiösen Vorstellung. Wieder andere benutzen den Schmerz als Mittel, um von der Anhaftung an den Körper abzulassen. Auch das ist eine fehlgeleitete Praxis, wie es der Buddha selbst ausdrückt. In einem frühen Stadium seiner Suche fügte auch er sich bis zu einer extremen Grenze Schmerz zu, um sich aus der Identifikation mit seinem Körper zu lösen. Aber er erkannte bald, dass dies der falsche Weg war.

Schmerzempfinden ist individuell sehr unterschiedlich. Wenn Schmerz auf körperlicher Ebene entsteht, also ein Schmerzimpuls von außen oder innen gesendet wird, dann besteht die erste Reaktion im Allgemeinen darin, dass man sich verhärtet. Auch auf geistigen Schmerz reagiert der Körper auf diese Weise. Wir ziehen uns zusammen, versteifen und verkrampfen uns. Damit werden wir natürlich auch enger, und als Folge kann Hilflosigkeit entstehen.

Selbst bei körperlich gar nicht so schwerwiegenden Schmerzen kann das Verkrampfen als Reaktion dominieren. Nicht selten werde ich im Notdienst zu Menschen gerufen, die unter Rücken-, Bauch- oder Kopfschmerzen leiden. Häufig stelle ich bei der Untersuchung fest, dass der Schmerz eine harmlose Ursache hat. Wenn ich dann ein Schmerzmittel verabreichen möchte, höre ich oft: „Das ist nicht notwendig. Wenn ich weiß, dass der Auslöser für meinen Schmerz harmlos ist, dann kann ich gut mit ihm umgehen. Ich habe Sie angerufen, weil ich Angst hatte, dass hinter den Schmerzen etwas stecken würde, das lebensbedrohlich werden könnte."

Schmerz erleben

In dem Maße, wie der Schmerz dich vereinnahmt, wird deine Wahrnehmung enger. Sie kann so eng werden, dass du schließlich keine Wahlmöglichkeit, keinen Ausweg mehr siehst. Du erlebst dich, als wärst du völlig an den Schmerz gefesselt. Besonders leicht kannst du das bei Zahnschmerz feststellen. Ist er heftig, dann kettet er das Bewusstsein an sich.

Wenn ich dir in einer solchen Situation empfehlen würde, „den großen Gastgeber"[1] zu praktizieren, dann würde dich diese Übung vermutlich überfordern – zumindest, wenn du nicht schon lange Zeit praktizierst. In diesem Moment gibt es nur noch den Schmerz. Du siehst die spielenden Kinder oder die Blumen in deiner Wohnung nicht mehr. Auch Menschen, die dich unterstützen und dir etwas Angenehmes tun wollen, kannst du nicht mehr wahrnehmen. Es existieren nur noch du und der Schmerz.

Wenn dich der Schmerz sehr stark fesselt, kann Gereiztheit entstehen. Das ist einer der Hauptgründe, warum manche Kranke so schwierig im Umgang sind. Sie reagieren gereizt und übellaunig,

[1] „Der große Gastgeber" ist eine Vipassana-Meditation, die alles, was geschieht, willkommen heißt und wieder gehen lässt, ohne dass man daran anhaftet.

weil sie nicht mit den schwierigen körperlichen Bedingungen und der daraus folgenden geistigen Verkrampfung zurechtkommen. Sie können nicht mehr über den Schmerz hinaussehen. Bestimmte Teile von ihnen sind zwar nicht verloren, aber momentan unerreichbar. Der Zugang zum liebevollen, einfühlsamen Teil ist ihnen verschlossen.

Die ständigen Schmerzen mit den daraus folgenden Widerständen und Vorstellungen verengen die Sicht immer weiter. Gleichzeitig sind diese Menschen oft von Gedanken besetzt, die sich um den weiteren Fortschritt der Krankheit drehen und die Schlinge damit immer enger ziehen. „Lade die Zukunft nicht ein“, so lautet unsere Anweisung.

Solange wir in diesem menschlichen Körper existieren, ist Schmerz unvermeidlich. Oft, aber nicht immer, werden uns Schmerzmittel helfen. Der Buddha hat gelehrt, dass einen Unerleuchteten zwei Pfeile treffen, den Erleuchteten nur einer. Der Pfeil des körperlichen Schmerzes trifft beide. Einen Unerleuchteten trifft als zweiter Pfeil aber noch die Reaktion auf den Schmerz, nämlich das Leiden, das aus dem Widerstand gegen den Schmerz entsteht.

Daraus könntest du als Motto für dich ableiten: „Schmerz ist unvermeidlich, doch zu leiden steht mir frei.“ [2] Diese Wahl kannst du allerdings nicht mehr treffen, wenn der Schmerz dich erst einmal gepackt hat. Um dich nicht von ihm besetzen zu lassen, ist es unabdingbar, dass du beizeiten auf den Götterboten gehört und mit deiner Praxis angefangen hast.

„Schmerz ist unvermeidlich, doch zu leiden steht mir frei.“

Ganz zu Anfang haben wir gelesen: „Wer alt werden will, muss früh damit anfangen.“ Jetzt könnten wir den Satz so formulieren: „Wer gut mit Schmerzen umgehen will, fängt damit am besten in einer Zeit an, da er noch keine hat.“ In einer Zeit also, in der

[2] Verfasser unbekannt.

er gesund ist. Für die meisten von uns bedeutet das: jetzt. Die Übung mit dem Schmerz ist eine hohe Schule, für die wir große Entschlossenheit aufbringen müssen.

Die Grundlage für diese Praxis legen wir, indem wir unsere meditative Schulung voranbringen und mit leichten Schmerzen zu üben beginnen. Wenn der Schmerz erst einmal stärker wird und uns vereinnahmt, dann wird es sehr viel schwieriger, aus dieser Fessel wieder herauszukommen. Für gut Geübte besteht das Ziel darin, sich gar nicht erst da hineinmanövrieren zu lassen.

Um Missverständnissen vorzubeugen: Mit dem Schmerz zu praktizieren, heißt nicht, die Verwendung von Schmerzmitteln zu verteufeln. Es ist sehr wichtig, dass du auch hier deine eigenen Grenzen erkennst und respektierst. Damit praktizierst du Mitgefühl für dich selbst. Mitgefühl ist ein wesentlicher Aspekt unserer Praxis, gerade im Umgang mit Krankheit und den damit oft verbundenen Schmerzen. Eigene Grenzen nicht zu respektieren und aus falschem Verständnis auf Schmerzmittel zu verzichten, wäre hart und gnadenlos.

Das sage ich auch immer wieder den schwangeren Patientinnen, wenn wir über Schmerzen während der Geburt sprechen. Ich bitte sie, ihre Grenzen zu respektieren und eine Anästhesie zu akzeptieren, wenn sie merken, dass ihre Schmerzgrenze überschritten wird – und zwar nicht nur momentan, sondern vermutlich noch für Stunden.

Es ist fatal zu glauben, du hättest versagt, wenn du eine Anästhesie bekommen hast oder wenn du im Falle einer Krankheit Schmerzmittel, vielleicht sogar sehr starke, brauchst. „Du hast versagt" – das ist die Stimme des Konzeptbewusstseins. Das Mitgefühl achtet darauf, ob deine Schmerzgrenze erreicht wurde und teilt dir dann mit: „Bitte nimm jetzt ein Schmerzmittel."

Nur du selbst kannst erkennen, wann deine Grenze erreicht ist. Diese Grenze ist nicht starr, sondern jeden Tag ein wenig anders, wie neu gezogen. In den Zeiten, in denen der Körper entspannt ist, wird sich vermutlich auch deine Schmerzgrenze verschieben, und umgekehrt ist es genauso.

Schmerz verstehen

Schmerz ist ein Ruf nach Aufmerksamkeit, nach Bewusstheit und Mitgefühl. Zunächst drückt sich Mitgefühl in deiner Bereitschaft aus, dich dem Schmerz bewusst zuzuwenden. Du widmest dich ihm in einer fürsorglichen, liebevollen Haltung, mit der Absicht, ihn zu verstehen. Mit einem christlichen Bild ausgedrückt: in einer barmherzigen Haltung. Es geht nicht darum, den Schmerz vorschnell zu unterdrücken. Wenn du sofort gegen ihn angehst oder versuchst, vor ihm davonzulaufen, dann kannst du ihn nicht verstehen.

Schmerz ist ein Ruf nach Aufmerksamkeit, nach Bewusstheit und Mitgefühl.

Wieder gilt das, was du hier schon mehrfach gelesen hast: Vor dem Verständnis steht das Annehmen, und davor steht das mitfühlende, bewusste Sich-Zuwenden. Aus dem Verständnis kann dir schließlich das Wissen erwachsen, welche Mittel dir zur Verfügung stehen, um angemessen mit dem Schmerz umzugehen.

Diese Haltung und dieses Vorgehen sind in unserer Gesellschaft nicht selbstverständlich. Im Allgemeinen wird der Schmerz als Feind betrachtet, den es zu bekämpfen gilt, und nicht als natürliches Phänomen. Schmerz ist immer nur Folge und Ausdruck von bestimmten Störungen. Ein Tier wird ihn nie als Feind betrachten, sondern instinktiv auf eine Weise reagieren, die hilfreich ist. Bei Schmerz wird ein Tier aus innerer Weisheit heraus das Richtige tun, es wird sich beispielsweise hinlegen, ein schmerzhaftes Glied ruhig halten oder für eine bestimmte Zeit nicht fressen.

Indem wir dem Schmerz Raum geben, uns ihm mit Fürsorge nähern, kann Mitgefühl weiter anwachsen und umso leichter fällt es uns, uns fürsorglich zu verhalten. Für dich kann es viel bedeuten, die Erfahrung zu machen, dass du für eine gewisse Zeit mit dem Schmerz bleiben kannst, ohne ihn sofort verstehen zu müssen. Nur mit dem Schmerz verweilen: „Da ist der Schmerz. Ich hätte es mir anders gewünscht, aber jetzt ist er da, und ich gebe ihm Raum. Ich gestatte dem Schmerz zu sein, ohne dass er sich erklären muss." In diesem Moment kann Erleichterung entstehen, denn aus „meinem" Schmerz wird einfach Schmerz.

Indem du den Schmerz sein lässt und ihn mit deiner Aufmerksamkeit und deinem fürsorglichen Gewahrsein umhüllst, wird die Wahrnehmung des Schmerzes verfeinert. In dem Maße, in dem du dich mit immer feineren Antennen dem Schmerz näherst, wird der Körper in seiner Fähigkeit bestärkt, sich selbst auszubalancieren. Damit können sich Verspannungen lösen und Selbstheilungskräfte wirksam werden.

Eine weitere wichtige Hilfestellung im Umgang mit Schmerz ist die Achtsamkeit auf den Atem. Auch hier kommt dir regelmäßige Praxis zugute. Wenn du in der Meditation gelernt hast, deine Achtsamkeit auf den Atem zu lenken, und dein Geist bereits so gekräftigt ist, dass er auch beim Atem bleiben kann, wirst du erleben, dass sich der Atem allmählich beruhigt. Wenn sich der Atem beruhigt, entspannt sich der Körper. Das hast du vermutlich schon erfahren und diese Übung kann dich jetzt unterstützen. In einem entspannten Körper lässt der Schmerz nach. Ist der Körper hingegen verspannt, dann wird Druck erzeugt, der den Schmerz noch weiter anfacht.

Beruhigt sich der Atem, entspannt sich der Körper. In einem entspannten Körper lässt der Schmerz nach.

Mit dieser simplen Übung, der Achtsamkeit auf den Atem, hast du ein erstes Mittel, um dich aus dem Gefangensein im Schmerz zu lösen. Benutze sie wie ein Mittel in deinem Erste-Hilfe-Köfferchen, wie ein Halteseil, das dir in jeder Situation deines Lebens hilfreich sein kann.

Mit dem Schmerz praktizieren

Wenn der Schmerz stärker wird, dann entwickelt er eine enorme Sogkraft, eine außerordentliche Macht, dich zu besetzen. Dann beherrscht der Schmerz deine Gedanken und verengt deine Wahrnehmung, bis du keinen Ausweg mehr erkennst. Umgekehrt: Je besser du verstanden hast, dass es Möglichkeiten gibt, mit dem Schmerz umzugehen, desto weniger wirst du dich ausgeliefert fühlen. Dadurch wird zwar noch nicht der Schmerz selbst, wohl aber seine Sogkraft reduziert.

Es gibt viele Möglichkeiten, mit dem Schmerz zu praktizieren und dabei die eigenen Grenzen zu respektieren. Eine Gelegenheit zu dieser Praxis kann dir der nächste Besuch beim Zahnarzt bieten. Vielleicht versuchst du bei der nächsten Behandlung einmal, ob du sie auch ohne örtliche Betäubung durchstehst. Wenn du mit Mitgefühl auf deine Schmerzgrenze achtest, wirst du erkennen, ob und wann es nötig ist, dir eine Spritze geben zu lassen.

Aber zuvor kannst du bewusst die Erfahrung machen, wie es ist, wenn der Schmerz sich meldet. Kannst du wirklich beim Atem bleiben, wenn der Zahnarzt bohrt? Was geht in dir vor, wie fühlt es sich an, wenn der Schmerz dich ganz in den kranken Zahn ziehen will, wenn er deine Gedanken vereinnahmen möchte? Statt dich von ihm besetzen zu lassen, kannst du dich jetzt dafür entscheiden, beim Atem zu bleiben und deine Achtsamkeit ganz auf den Atemfluss zu richten. Vielleicht liegt die Stelle, an der du den Atem spürst, zu dicht an dem Zahn, der gerade behandelt wird. Dann kannst du deine Aufmerksamkeit auf eine Stelle lenken, die weiter vom Schmerz entfernt liegt, zum Beispiel auf deine Füße. Nun praktizierst du mit deinen Füßen, das heißt, du spürst das Leben in den Füßen, Wärme, Kälte, Energie und Berührungskontakte. Probiere aus, welcher Zugang dir am leichtesten fällt.

Du kannst erfahren, dass du immer nur das spürst, worauf du deine Aufmerksamkeit richtest. Ist sie wirklich ganz bei den Füßen, dann nimmst du den Schmerz nicht mehr wahr. Vermutlich wird es einen Punkt geben, an dem der Schmerz stärker wird und du die Aufmerksamkeit nicht mehr bei den Füßen halten kannst. Dann gibt es immer noch die Möglichkeit, dir eine Spritze geben zu lassen.

Du spürst nur das, worauf du deine Aufmerksamkeit richtest.

Auch in der formalen Meditation kannst du so praktizieren. Wenn du längere Zeitperioden sitzt, dann wird vermutlich auch der eine oder andere Schmerz zu spüren sein. Versuche dann nicht, deine Sitzposition zu verändern, sondern nimm die Gelegenheit wahr, dich bewusst diesem Schmerz zuzuwenden. Wenn du ihn bewusst erkundest, begib dich mit deiner Achtsamkeit in ihn hinein und versuche, ihn zu erspüren: Wo genau sitzt der Schmerz? Wie ist sein Rand beschaffen? Ist er glatt oder zackig, begrenzt oder ausgefranst? Gibt es ein Zentrum? Versuche, die vier Elemente im Schmerz zu erkennen: das Feste, die Kohäsion des Wasserelementes, die Wärme und die Bewegung.

Erkunde auch immer wieder, mit welchen Gedanken der Schmerz verbunden ist. Vielleicht kommen Gedanken hoch, die konstruktiv ausgerichtet sind. Es könnten aber auch solche sein wie: „Das könnte ja gefährlich sein, was hier gerade passiert. Ich fühle mich so hilflos. Das ist jetzt aber wirklich ungerecht, ich gebe mir so viel Mühe. Außerdem ist das meine Freizeit hier und dauernd kommt dieser Schmerz. Das sollte jetzt aber wirklich nicht sein. Ich glaube, ich höre jetzt auf." All diese Gedanken führen dich weiter in die Sackgasse hinein, in die Opferhaltung und Hilflosigkeit. Sie gipfeln in dem Satz: „Ich schaffe es nicht. Ich bin hilflos, der Schmerz ist stärker." Indem du deine Gedanken untersuchst, kannst du erfahren, welche Gedanken den Schmerz verstärken und welche die Anspannungen ein bisschen lockern.

Darauf werden wir noch einmal zurückkommen, wenn es um die Sterbebegleitung geht. Wir werden beleuchten, wie wichtig es ist, dass wir als Begleiter die positiven Gedanken des Sterbenden stärken und ihn von negativen abbringen. Du kannst die Übung mit dem Schmerz also auch in diesem Sinne als Vorbereitung betrachten.

Die Drei-Minuten-Übung

Eine ebenfalls hilfreiche Übung, die ich dir vorstellen möchte, ist die „Drei Minuten-Übung“, die du in der Tat in drei Minuten aber auch in 30 Minuten praktizieren kannst. Sie besteht aus drei Teilen und kann auch im Alltag gut praktiziert werden.

1. Teil / Minute

In diesem Schritt geht es darum, die Erfahrung des gegenwärtigen Augenblicks in ihre Bestandteile zu zerlegen. Eine jede Erfahrung beruht auf vier Säulen:

- körperlichen Empfindungen
- Emotionen
- Gedanken
- Reaktionstendenzen

Du nimmst die gegenwärtige Erfahrung auseinander, indem du diese vier Säulen nacheinander betrachtest:

- Wie macht sich die Erfahrung im Körper bemerkbar?
- Welche Emotionen sind erschienen?
- Was denke ich darüber?
- Wie möchte ich darauf reagieren?

Eine Erfahrung in ihre Einzelteile zu zerlegen, nimmt ihr die Macht.

Zu diesem Schritt passt eine Anleitung, die uns der bekannte buddhistische Lehrer und Mönch Bhante Gunaratana gegeben hat: „Wenn du in der Falle sitzt, dann nimm sie auseinander. Zerlege sie in ihre einzelnen Bestandteile, und sie kann nicht mehr zuschnappen. Das Ergebnis ist Freiheit.“ Auf unsere Übung bezogen, heißt das: Nimm die Erfahrung auseinander und du nimmst ihr die Wucht.

2. Teil / Minute
Dieser Teil soll dir helfen, dich vom konzeptionellen Denken zu lösen.

Praktiziere Tiefenatmung. Bringe dafür deine Aufmerksamkeit in die unteren Energiezentren und verankere sie dort. Wenn der Schmerz in diesem Bereich sitzt, dann wähle einen anderen, weiter entfernten Ankerpunkt. Nun richte die Aufmerksamkeit auf den Atem und bringe ihn zu diesem Ankerpunkt.

3. Teil / Minute
Der dritte Schritt dient dazu, dich noch tiefer im fühlenden Bewusstsein zu verankern.

Richte die Achtsamkeit auf den Atem. Werde vertraut mit dem Atem in diesem Moment, achte auf seinen Fluss.

Schmerzprotokoll

Manchmal kann es hilfreich sein, ein Schmerzprotokoll zu führen.[3)] Das gibt dir die Möglichkeit zu prüfen, in welchen Situationen und zu welchen Zeiten der Schmerz auftaucht. Du führst dein Protokoll stündlich im Verlauf eines Tages und schreibst auf, in welcher Situation du dich gerade befindest, was du tust, welche Gedanken dich beschäftigen oder welche Gefühle du empfindest. Dann setzt du diese in Beziehung zur Intensität der Schmerzen. Dieses Protokoll kann auch von einem Begleiter geführt werden.

Du beobachtest dich während des ganzen Tages, um dann im Nachhinein eventuelle Zusammenhänge zu erkennen. Besteht eine Wechselwirkung zwischen äußerer oder innerer Situation und dem Anwachsen oder Abnehmen des Schmerzes? Das Führen eines Protokolls kann dir helfen, ein Gespür dafür zu entwickeln,

---

3) Nach der Psychotherapeutin Verena Kast.

welche Faktoren den Schmerz verstärken und welche ihn reduzieren. Zu den Faktoren können die Tageszeit, die Menschen, mit denen du in Kontakt bist, bestimmte Tätigkeiten, Gedanken oder Vorstellungen gehören.

Indem du dich bewusst dem Schmerz stellst und mit ihm praktizierst, lernst du auch noch etwas anderes, etwas sehr Wesentliches: Geduld. Jedes Üben mit dem Schmerz erteilt dir Lektionen in dieser Tugend. Khanti[4] ist eine der Parami, der vollkommenen Tugenden des Buddhismus, die zum Erwachen führen. Sie ist eine unerlässliche Eigenschaft auf dem spirituellen Weg und eine Wohltat für deine Mitmenschen. Ein ungeduldiger Mensch ist im Allgemeinen sehr anstrengend und verstärkt eher den Druck und die Hektik unseres Alltags. Ein geduldiger Mensch hingegen ist ein Segen in unserer Zeit.

Ein geduldiger Mensch ist ein Segen in unserer Zeit.

Aus Schmerz lernen

Oft frage ich Schmerzpatienten nach ihren Erfahrungen, nachdem sie eine Weile gelernt haben, mit dem Schmerz umzugehen. Zu den Antworten gehört dann meistens: „Ich habe Geduld gelernt. Ich habe gelernt zu warten, nicht in Hilflosigkeit, sondern in einer Haltung von Zuversicht, die mich die Geduld gelehrt hat."

Indem du Geduld und Zuversicht in dir anwachsen lässt, wirst du allmählich erkennen, dass keine Erfahrung je vergeblich ist. Du wirst verstehen, dass du auch in schwierigen Situationen die Wahl hast, wie du auf sie reagierst. Die Art und Weise, wie du mit deinen Erfahrungen umgehst, wird die entsprechenden Früchte tragen. Wenn du dich entschließt, dem Götterboten Krankheit zu folgen und mit den damit verbundenen Schmerzen zu praktizieren, wird Zuversicht die Folge sein. Aber das geht nicht von heute auf morgen, sondern erfordert Zeit und intensive Übung.

---

[4] „Khanti" ist das Pali-Wort für Geduld.

8. Hingabe an das Unvermeidliche

Schmerz – Begleiter der Götterboten

Wir haben den Umgang mit Schmerz in Verbindung mit dem Götterboten Krankheit behandelt. In diesem Zusammenhang haben wir auch die Angst vor Schmerzen betrachtet, von der viele Menschen betroffen sind. Ein weiser Umgang mit dieser Angst ist von zentraler Bedeutung, wenn es um die Begegnung mit dem nächsten Götterboten, dem Tod, geht. Wir werden noch erfahren, wie wichtig es aus buddhistischer Sicht ist, in Einklang mit sich und in Frieden über die Schwelle zu gehen.

Wie wird es sein, wenn der Schmerz sich meiner bemächtigt? Wie soll es werden, wenn ich schon mit einem banalen Zahnschmerz nicht klarkomme und große Angst vor ihm habe? Wie soll ich Frieden finden, wenn die Schmerzen in ihrer Intensität noch weiter zunehmen?

Wir haben über den Gebrauch von Schmerzmitteln gesprochen, die in vielen Fällen den Schmerz auflösen oder lindern. Heute weiß man sehr genau, wie eine Schmerztherapie aufgebaut sein sollte. Es gibt mittlerweile auch ausgewiesene Schmerztherapeuten, die sich ganz auf auf diese Behandlung spezialisiert haben und sehr gut wissen, welche Medikamente man wie kombiniert.

Du hast gehört, dass du mit dem Schmerz auf unterschiedliche Weise umgehen kannst: Du kannst dich auf ihn fokussieren, ihn kennenlernen und erkunden. Du kannst aber auch das Gegenteil tun und dich mit deinem Bewusstsein möglichst weit vom Schmerz entfernen. Es ist immer hilfreich, sich mittels Meditation oder sonstiger Methoden, die dem Körper gut tun, zu entspannen. So kannst du zum Beispiel ein heißes Bad nehmen oder in die Sauna gehen. Wenn du unter Kopfschmerzen leidest, kannst du die Aufmerksamkeit möglichst oft in die Herzchakra-Gegend lenken. Schmerz wird stärker empfunden, wenn der Körper angespannt ist.

Neben der Möglichkeit, dich auf diese Weise dem Schmerz zu stellen, gibt es natürlich noch verschiedene Therapieverfahren, die du in Anspruch nehmen kannst. Sowohl von therapeutischer als auch von medizinischer Seite aus gibt es mannigfache Ansätze, Schmerz zu lindern oder aufzulösen.

Ich möchte noch einmal auf den Götterbotenaspekt des Schmerzes zurückkommen. Als ein Begleiter von Krankheit überbringt er mehrere Botschaften zugleich. Zum einen fordert er dich auf, bewusster zu werden. Schmerz ist immer ein Ruf nach Bewusstheit, Mitgefühl und Fürsorge. Zugleich will er dich auf etwas aufmerksam machen. Vielleicht möchte er dich vor einer Gefahr warnen oder auf eine Störung in der Balance hinweisen.

Schmerz ist immer ein Ruf nach Bewusstheit, Mitgefühl und Fürsorge.

Keinesfalls will er dich zu Widerstand oder negativen Beurteilungen führen. Aus meiner Sicht ist es nicht hilfreich, Schmerz – wie heute im Allgemeinen üblich – als Feind zu betrachten. Sinnvoller wäre es, den Helfer in ihm zu sehen, der dir als warnender Freund zuruft: „Bitte werde bewusster, werde fürsorglicher. Schau, ob eine Gefahr droht. Prüfe, ob die Balance gestört ist. Hast du vielleicht ein Bedürfnis des Körpers vernachlässigt? Hast du zum Beispiel das Bedürfnis nach anderer Nahrung, mehr Flüssigkeitszufuhr, besserer Bewegung oder mehr sportlicher Aktivität übersehen?"

Ganz in der Tiefe jedoch will der Schmerz noch etwas anderes. Sein tiefstes Anliegen ist es, dich zur Heilung zu führen.

Das tiefste Anliegen des Götterboten ist es, dich zur Heilung zu führen.

Wenn ich an Maria denke, dann erinnere ich mich an ein Gespräch, das wir führten, bevor die Metastasen festgestellt worden waren. Auf meine Frage nach ihrer Vision für die Zukunft antwortete sie: „Ich will Heilung.“ Ich fragte weiter, was oder wer denn geheilt werden solle, und sie erwiderte: „Ich möchte Heilung als ganzer Mensch. Ich möchte, dass der Krebs ganzheitlich behandelt wird. Ganzheitlich heißt für mich, den ganzen Menschen betreffend.“ Also fragte ich nach, was denn für sie ein ganzer Mensch sei. Das zog erst einmal eine Pause nach sich, bis dann ihre Gegenfrage kam: „Sag mal, was lehrt denn der Buddha dazu? Was ist der ganze Mensch?“

Aus buddhistischer Sicht sprechen wir von den fünf Khandhas, den fünf Gruppen [1], aus denen sich ein Mensch zusammensetzt, nämlich Körper, Gefühl, Wahrnehmung, Reaktion und Bewusstsein. Ein vollständiger Mensch ist nach dieser Sichtweise nichts anderes als das Zusammenspiel dieser Anteile. Viele Schwierigkeiten ergeben sich weniger aus den fünf Anteilen an sich, sondern aus unserer Identifikation mit ihnen. Im Rahmen unserer spirituellen Schulung lernen wir, diese Identifikation zu lockern und zu erkennen: „Dies bin nicht ich, sondern dies alles gehört zu mir. Da sind nicht mein Körper, mein Gefühl, mein Bewusstsein, sondern da sind ein Körper, ein Gefühl, ein Bewusstsein für mich.“

---

[1] Der Begriff „Khandhas“ ist zentral im Buddhismus. Er wird auf die unterschiedlichste Weise übersetzt, zum Beispiel mit Anhäufungs-, Aneignungs- oder Greifegruppen. Der einfachen Lesbarkeit halber wird hier nur das unspezifizierte Wort „Gruppen“ benutzt.

Dorthin zu gelangen und dies zu erleben, ist Heilung. Wenn Mediziner von Heilung sprechen, meinen sie im Allgemeinen Gesundung. Gesundung im Sinne der Wiederherstellung des Zustandes, der vor der Krankheit bestand. Heilung hingegen ist mehr als Gesundung. Heil ist das Gegenteil von Unheil. Wenn du einmal im Brockhaus nachschaust, wie dort Unheil definiert ist, dann wirst du sehen, dass Unheil dort mit Begrenztheit, Unzulänglichkeit und Leid beschrieben wird. Heil, als das Entgegengesetzte, wäre dann entsprechend Unbegrenztheit, Vollständigkeit, Ganzheit und Vollkommenheit.

Eine schöne Übersetzung für Heilung finden wir in „Ein Kurs in Wundern“[2], in dem Heilung als das Ersetzen von Angst durch Liebe definiert wird. In der Krankheit ist der Götterbote zu dir gekommen. Heilung könnte in letzter Konsequenz für dich bedeuten, dich in ein Erleben hineinzuentwickeln, das den Götterboten überflüssig macht.

Heilung ist das Ersetzen von Angst mit Liebe.

Heilung hat den gleichen Wortstamm wie heilig, und wenn wir von Heiligen sprechen, meinen wir vollkommene Wesen. Wenn wir vollkommen sind, haben wir keine Angst. Wovor sollte jemand, der vollkommen ist, Angst haben? Er trägt doch alles in sich und ist mit allem verbunden. In der Vollkommenheit ist keine Begrenztheit.

„Ich fühle mich vollkommen, ich bin alles, überall, die tiefste Essenz von allem“, sagt Nisargadatta Maharaj, ein Erleuchteter aus Indien, „deswegen wurde ich auch nicht geboren, sonst wäre ich ja unvollkommen.“ Heilung, Vollkommenheit heißt also auch, frei von Angst zu sein. Ein Heiliger hat keine Angst. Der Buddha kannte keine Angst mehr. Die Reduzierung und letztlich die Auflösung von Angst ist ein wichtiger Aspekt unserer spirituellen Entwicklung.

Heilung heißt auch, frei von Angst zu sein.

2) Siehe dazu die Veröffentlichungen von Kenneth Wapnick.

Erleben der Daseinsmerkmale

Wir haben gelesen, dass die erste Botschaft des Schmerzes ein Aufruf an uns ist, bewusster zu werden. Wenn wir unsere Bewusstheit anwachsen lassen, geht damit unter anderem die Bereitwilligkeit einher, auch Unangenehmes bis zu einer gewissen Grenze zu ertragen. Diese Grenze ist individuell unterschiedlich, manchmal auch tagesabhängig. Wichtig ist allein, dass wir erst einmal eine grundsätzliche Bereitschaft aufbringen, Schmerz ein Stück weit zu ertragen. Damit das nicht falsch verstanden wird, sei hier noch einmal erwähnt: Bewusstheit äußert sich gleichzeitig auch immer im Erkennen und Anerkennen von Grenzen.

Du lässt Bewusstheit in deinen Schmerz fließen, indem du dich ihm direkt zuwendest, ihn beobachtest, dich in ihn einfühlst. Wenn du bewusst den Schmerz und deine Reaktionen auf ihn anschaust, erlebst du in diesem Moment Dukkha. Und indem du nicht ausweichst, sondern weiter deine Bewusstheit auf den Schmerz gerichtet hältst, kannst du erkennen, dass er nicht stabil ist. Er hat immer eine deutliche oder subtile Bewegung. Wenn du dies erkennst, kannst du Anicca[3)] im Schmerz erleben. Und schließlich kannst du auch feststellen, dass der Schmerz nicht wirklich zu fassen ist. Du kannst ihn nicht irgendwie festmachen, er ist wie eine Wolke von Energie. Wenn du die Substanzlosigkeit im Schmerz erkennst, dann erlebst du in diesem Moment Anatta.[4)]

Dukkha, Anicca und Anatta sind nach buddhistischer Auffassung die drei universellen Daseinsmerkmale. Wenn wir ihnen nicht auszuweichen versuchen, sondern mit ihnen praktizieren

---

3) „Anicca“ bezeichnet die Unbeständigkeit alles Seienden. Alles, was entstanden ist, verändert sich in jedem Moment.

4) „Anatta“ bezeichnet das Nichtvorhandensein eines festen, unveränderlichen Selbst. Die „Person“ ist nichts weiter als die Ansammlung der fünf sich ständig ändernden Khandhas.

und uns bemühen, sie unmittelbar zu erleben, können sie für uns zu Toren der Befreiung werden. Wir können uns vom Erleben der Daseinsmerkmale gewissermaßen durch diese Tore führen lassen. Wenn du eines oder mehrere der Daseinsmerkmale im Schmerz erkennst und erlebst, verliert er seine Mächtigkeit. Er wird gewissermaßen transparenter und vermag deine Lebensatmosphäre nicht länger zu dominieren.

Dukkha, Anicca und Anatta können für uns zu Toren der Befreiung werden.

Als Folge kann sich unsere Identifikation mit dem Schmerz lockern, aus „mein" Schmerz wird Schmerz werden. Die enge Kette kann sich etwas weiten, die Angst löst sich ein Stückchen. Auf diese Weise kann sich statt einer Negativspirale aus Schmerz, Verspannung und Angst eine Positivspirale aus dem Schmerz herausentwickeln. Mitgefühl kann erscheinen, und Mitgefühl weiß aus einer tieferen Weisheit heraus wiederum um die Dinge, die in diesem Moment wichtig sein könnten.

Wie lautet die Definition von Heilung? „Ersetzen von Angst durch Liebe." Wir könnten sie jetzt noch etwas erweitern, indem wir sagen: ersetzen von Angst durch Liebe, Mitgefühl und Verständnis. Dahin will der Götterbote uns führen. Das ist das tiefste Anliegen des Schmerzes als Aspekt des Götterboten Krankheit.

Krankheit und Partnerschaft

Nach Abschluss der Therapie fuhr Carla drei Wochen an die Ostsee zur Kur und kam braungebrannt und gekräftigt wieder zurück. Sie besuchte unsere Gruppen bei Lotos Vihara, und wir führten mehrfach persönliche Einzelgespräche. Oft sprachen wir dabei von Heilung. Jetzt war die Zeit gekommen, sich dem „Wozu" der Krankheit zu stellen. Wir versuchten herauszuarbeiten, dass Heilung nur wenig mit Gesundung zu tun hat. „Glaubst du, du bist geheilt?", war meine Frage, die ich auch in unserer Gruppe für Menschen mit Krebserfahrung stelle. Die Antworten liefen immer auf das gleiche hinaus: „Nein, geheilt noch nicht. Gesund hoffentlich, aber die Heilung hat gerade erst begonnen und wird noch eine unüberschaubare Zeit andauern."

Auch mit Carlas Partner führte ich Gespräche. Er erzählte: „Während der ersten Phase der Krankheit, also der Operation und Chemotherapie, hatten wir ein sehr intensives Verhältnis. Ich habe mich um unsere Tochter gekümmert und meine Frau so gut wie möglich unterstützt, was sie auch dankbar angenommen hat. Jetzt aber, da wir wieder unseren gewohnten Alltag leben, scheinen wir uns mehr und mehr auseinanderzuleben."

Das ist eine Gefahr, die immer wieder in einer partnerschaftlichen Beziehung droht. Da erlebt der eine den Götterboten, stellt sich ihm und macht eine gewisse Entwicklung mit. Der andere macht diese Erfahrung bestenfalls indirekt, aber nicht am eigenen Leib. Er hat den Götterboten ja nicht selbst erlebt, auch wenn er aus einer anderen Perspektive an der Begegnung mit ihm teilhatte. Aber er hat nun einmal keine Chemotherapie erhalten, ihm sind die Haare nicht ausgefallen und er hat nicht eine Woche lang irgendwo mit der Brechschale gesessen. Wenn dann nicht auf gute Kommunikation geachtet wurde, kann es geschehen, dass der Partner ein Stückchen weit zurückbleibt und daraus Schwierigkeiten in der Partnerschaft entstehen.

Wir können dieser Gefahr aber entgegenwirken. Es kann sein, dass wir beide durch eine schwierige Phase gehen, dabei aber jeder für sich auf einem anderen Weg. Wenn wir das erkennen, ist es sehr wichtig, dass wir miteinander kommunizieren und uns über unsere Erlebnisse austauschen. Es ist wichtig, dass auch der Partner dem Betroffenen seine Gefühle und Bedürfnisse mitteilt – natürlich einfühlsam und nachdem er vorher hingespürt hat, ob der Kranke das auch gerade hören kann. Der Partner oder Begleiter ist in diesem Moment in der schwierigeren Position. Dennoch würde ich unbedingt empfehlen, die Verbindung zueinander von beiden Seiten aus zu halten. Gerade in dieser schwierigen Zeit sollten wir versuchen, von Mensch zu Mensch und von Herz zu Herz zu kommunizieren.

Carla nahm bald nach der Kur wieder den gewohnten Alltag und ihre berufliche Tätigkeit auf. Sie genoss das Zusammensein mit ihrem Kind und stellte sich dem Beziehungsleben.

Auf dem Weg zur Heilung

Bei Maria hingegen traten bald nach Abschluss der Therapie wieder Metastasen auf. Sie unterzog sich einer neuen Chemotherapie, die nichts half, und auch verschiedener anderer Maßnahmen. Sie hatte gute Verbindungen zu Heilern und zur anthroposophischen Medizin, sie praktizierte Chi Gong in Berliner Parks, nahm alle möglichen Hilfestellungen in Anspruch und dennoch wuchsen die Metastasen.

Eines Tages ging sie zu ihrer Onkologin und teilte ihr mit, sie würde jetzt mit allen Therapien aufhören. Die Ärztin fragte sie, was sie denn stattdessen tun wolle. Die Therapien ganz zu beenden passt nicht in das Konzept einer Onkologin. Sie hätte noch eine dritte und sogar vierte Chemotherapie durchgeführt. Aber Maria hatte bereits die zweite hinter sich gebracht und war klug genug zu wissen, dass weitere Therapien ihr bestenfalls zwei, drei zusätzliche Monate geben würden, um den Preis einer sehr eingeschränkten Lebensqualität.

Marias Antwort auf die Frage der Onkologin war: „Ich möchte mich auf das Sterben vorbereiten, und dazu brauche ich meine körperliche Kraft solange wie möglich. Dazu brauche ich keine Übelkeit und keine unglaubliche körperliche Schwäche." Sie bat ihren Mann und auch mich darum, sie in dieser Entscheidung zu unterstützen. Da wir beide diese auch als stimmig empfanden, sagten wir ihr unsere Unterstützung zu.

Maria intensivierte ihre Meditationspraxis, übte mit entschiedener Regelmäßigkeit und ließ sich noch mal genau erklären, wie sich die Meditation aufbaut und wie sie dabei konkret vorgehen sollte. Sie besprach ihre Praxis in regelmäßigen Abständen mit mir. Zunächst kam sie noch zu uns ins Zentrum, später, als das nicht mehr möglich war, fuhr ich zu ihr. Wir verabredeten zunächst vier-, dann zwei- und schließlich wöchentliche Abstände. Zum Schluss besuchte ich sie etwa alle zwei Tage.

„Was möchtest du erreichen?", fragte ich sie einmal, „mit deiner sehr entschiedenen Haltung der Meditation gegenüber? Wo möchtest du damit hin?" Ich war sehr gespannt auf ihre Antwort, die lautete: „Ich möchte eigentlich gar nichts erreichen, auch möchte ich nirgends hin, sondern ich möchte nur in Frieden sein, wenn mein letzter Tag anbricht." Dieser Satz berührte mich zutiefst. Für mich befand sich Maria auf dem Weg der Heilung. So, wie ich den Götterboten verstehe, kann eine Krankheit voranschreiten, während sich gleichzeitig Heilung vollzieht.

Krankheit kann voranschreiten, während sich gleichzeitig Heilung vollzieht.

Kranke pflegen

Ob durch voranschreitende Krankheit oder zunehmendes Alter bedingt – möglicherweise brauchen wir Pflege bis zu unserem letzten Tag. Der Buddha hat sehr klar über diese Situation gesprochen. Seiner Aussage nach sollte ein Krankenpfleger fünf Eigenschaften haben: Er sollte wissen, wie man eine Medizin zubereitet. Er sollte Kenntnis darüber besitzen, was dem Kranken bekommt und was nicht. Er sollte nur das Bekömmliche verabreichen und keinen Ekel davor haben, Kot, Urin und Speichel zu entfernen. Schließlich sollte er auch die Fähigkeit haben, den Kranken von Zeit zu Zeit mit hilfreichen Worten zu belehren, zu ermahnen, zu ermutigen und aufzumuntern.[5]

---

5) Der ungeeignete Krankenwärter, Angereihte Sammlung, V.124, Bielefeld: Aurum Verlag 1984.

Dass jemand diese fünf Eigenschaften immer aufweisen kann, ist sicher ein Idealfall. Es wird möglicherweise Situationen geben, in denen wir als Betreuer mit Ekel reagieren. Auch hier ist es wichtig, uns dies einzugestehen und dann sehr bewusst unsere Reaktionen zu bremsen, unseren Widerstand möglichst nicht auszudrücken, sondern aus der Situation herauszugehen.

Als junger Assistenzarzt arbeitete ich einmal eine Zeit lang auf der Männerstation der Urologie. Damals gab es in der Klinik noch keine Toiletten im Zimmer. Deshalb mussten die Patienten über den Flur laufen, um dorthin zu gelangen, und wenn entsprechende Blasen- oder Prostata-Leiden bestanden, dann konnten sie manchmal den Urin nicht halten. Wenn sie nachts zur Toilette mussten, kam es vor, dass morgens früh der Urin noch am Boden klebte und es auch entsprechend roch. Dies löste bei mir geradezu einen Brechreiz aus, jeden Morgen wieder.

In solch einer Situation ist es wichtig, dass du dir den Ekel eingestehst, ihn aber dem Kranken gegenüber nicht zum Ausdruck bringst. Es ist wichtig, dass du nicht starr wirst und mit Abwehr reagierst, sondern schaust, was dir in der jeweiligen Situation noch möglich ist. Wenn ich aufkommenden Ekel nicht kontrollieren kann und ihn dem Kranken gegenüber in irgendeiner Weise ausdrücke, dann bin ich nach den Worten des Buddha kein guter Krankenpfleger. Und jeder Kranke hat einen guten Pfleger verdient. Auch ich möchte nicht, dass – wenn es einmal notwendig würde – mir jemand die Windeln mit einem deutlich wahrnehmbaren Gefühl von Peinlichkeit oder Ekel wechselt.

Bei den Ausführungen über das Altern haben wir bereits über dieses begrenzende, beengende Gefühl der Peinlichkeit gesprochen. Um dem Kranken – und auch dir – dieses Erleben zu ersparen, gestehe dir bitte deine Grenzen ein. Prüfe, ob dir in der aktuellen Situation andere Möglichkeiten zur Verfügung stehen. Vielleicht kann jemand anderes diese spezielle Aufgabe übernehmen, die jetzt gerade deine Grenzen überschreitet.

Bei meiner Arbeit in der urologischen Abteilung kam zu anderen Tageszeiten gar kein Brechreiz bei mir auf. Es war nur die erste Viertelstunde am Morgen, die problematisch war. Ich stellte bald fest, dass ich erst einmal etwas frühstücken musste und dann auch relativ schnell wieder zu meiner Balance fand. Später, als ich operativ tätig war und immer wieder mit Blut, Eiter, Kot und Urin zu tun hatte, war das kein Problem mehr für mich. Übertrage das bitte auf dich und deine Bedingungen.

Damit die Pflege sich auch heilsam auswirkt, der Götterbote weiter und tiefer vordringen kann, ist die Mitarbeit des Kranken erforderlich. Auch dazu hat der Buddha etwas gesagt. In einer Lehrrede[6)] beschreibt er sehr anschaulich:

„Ein Kranker, ihr Mönche, bei dem fünf Dinge anzutreffen sind, ist schwer zu pflegen. Welche fünf? Er tut, was unzuträglich ist; im Zuträglichen weiß er nicht Maß zu halten; er nimmt nicht die verordnete Arznei; dem auf seine Gesundheit bedachten Krankenwärter gibt er nicht den Tatsachen gemäß Auskunft über seine Krankheit: Wenn sie zunimmt, dass sie zunimmt; wenn sie abnimmt, dass sie abnimmt; wenn sie anhält, dass sie anhält; und die aufsteigenden körperlichen Gefühle, die schmerzhaften, scharfen, stechenden, bitteren, unliebsamen, unangenehmen, lebensgefährdenden, hält er nicht geduldig zurück. Ein Kranker, bei dem diese fünf Dinge anzutreffen sind, ist schwer zu pflegen.“

An anderer Stelle hat der Buddha direkt mit einem Kranken gesprochen und in dieser Lehrrede[7)] ist auffällig, dass er eine sehr sanfte Redeweise verwendet. So spricht er den Kranken mit: „Oh du Lieber“ oder „Oh du lieber Verehrter“ an. Auf diese Weise hat

---

6) Der schwer zu pflegende Kranke, Angereihte Sammlung, V.125, Bielefeld: Aurum Verlag 1984.

7) Der Krankenbesuch, zitiert nach Fritz Schäfer: Der Buddha sprach nicht nur für Mönche und Nonnen, Heidelberg: Kristkeitz Verlag 2002, Seite 54, 55.

er seine Schüler nie angesprochen, weder die Mönche noch die Laien. Für mich ist diese Wortwahl sehr beeindruckend und ein lebendiges Beispiel für die Behutsamkeit, die der Buddha beim Umgang mit Kranken empfahl.

Schutztexte

Was können wir noch tun, um dem Götterboten Krankheit die Tür offen zu halten, damit wir seine Botschaft hören können? Und wie können uns liebe Menschen dabei unterstützen, wenn wir selbst krank sind und die Tür vielleicht nicht mehr allein offen halten können?

Wir könnten Parittas rezitieren. Parittas sind Schutzverse, schützende Lehrreden, Texte, kurze Gedichte. In Asien glaubt man, dass sie selbst dann wirken, wenn man den Inhalt des Textes oder der Lehrrede nicht verstanden hat, dass sich allein aus der Energie der Rezitation eine heilsame Wirkung entfaltet. Voraussetzung für die Wirksamkeit einer Paritta ist aber, dass sie offen- und warmherzig rezitiert wird, sozusagen aus der Herzensebene heraus. Außerdem sollte sie nicht nur in einer herzlichen, mitfühlenden Haltung rezitiert, sondern auch in einer ebenso herzlichen und mitfühlenden Haltung empfangen werden. Wenn der Empfänger, in unserem Fall der Kranke, durch Wut, Angst oder Ähnliches blockiert ist, wird er vermutlich die heilende Kraft der Paritta nur wenig oder gar nicht aufnehmen können.

Voraussetzung für die Wirksamkeit einer Paritta ist, dass sie aus der Herzensebene heraus rezitiert wird.

Parittas werden nach Anlass unterschieden. Es gibt Parittas für Geburt, Hochzeit oder Hausbau. Bei erfreulichen Gelegenheiten rezitiert man im Allgemeinen die Mahamangala-Sutta[8]. Weiter

---

8) Sutta-Nipata, II. Buch, 4. Lehrrede, Stammbach: Beyerlein und Steinschulte 1996.

gibt es Parittas für Krankheit, Sterben und Tod. Zu diesen Anlässen wird üblicherweise die Metta-Sutta [9] rezitiert. Im nördlichen Buddhismus wird bei diesen Anlässen das Herz-Sutra vorgetragen, ebenfalls als ein Paritta. Eine weitere Lehrrede, die Ratana-Sutta, [10] hat mit Schutz in allen möglichen Lebenssituationen zu tun, zum Beispiel auch bei Krankheit.

Ich selbst habe dies einmal sehr anschaulich bei einer Sangha-Freundin erlebt. Als ihre Krankheit fortschritt, bat sie uns, am Sonntagabend für sie Metta zu praktizieren. An diesem Wochentag findet in unserem Zentrum der Haupt-Meditationsabend statt. Sie bat mich also, sie in diese Meditation ausdrücklich einzubeziehen und die Sangha zu bitten, ihr Metta zu schicken. Wir kamen ihrer Bitte nach, am nächsten Tag bedankte sie sich und bat mich, dies an den darauf folgenden Sonntagen zu wiederholen.

An einem der folgenden Sonntage ergab sich nicht die Gelegenheit, sie in die Meditation mit einzubeziehen. Als wir am Tag danach unser wöchentliches Gespräch führten, wollte sie wissen: „Ach übrigens … habt ihr gestern Abend Metta für mich praktiziert?“ Ich fragte zurück: „Was glaubst du? Was hast du gestern Abend erlebt?“ Und Ihre Antwort kam ganz klar: „Ich glaube, ihr habt mich vergessen.“ Ich bat um Verzeihung und wir führten daraufhin diese sonntägliche Praxis regelmäßig fort.

So ging es eine Zeit lang, und ihre Krankheit schritt weiter voran. Im November fuhren wir mit einem Teil der Sangha nach Indien auf Pilgerreise, und es war ungewiss, ob wir unsere Freundin lebend wieder antreffen würden. Bei der Planung der Reise hatte sie noch auf der Anmeldeliste gestanden und mitfahren wollen. Das war ein Jahr zuvor gewesen, aber jetzt war

---

[9] Sutta-Nipata, I. Buch, 8. Lehrrede, Stammbach: Beyerlein und Steinschulte 1996.

[10] Sutta-Nipata, II. Buch, 1. Lehrrede, Vers 222-235, Stammbach: Beyerlein und Steinschulte 1996.

daran natürlich überhaupt nicht mehr zu denken. Jedoch bat sie mich darum, sie abends ab und zu in unsere Metta-Meditation einzubeziehen. Es war erstaunlich, wie innig unsere Meditationen an einer der heiligen Stätten manchmal waren und ich dann am darauf folgenden Tag eine SMS von ihr bekam, in der sie sich für die Metta-Meditation des vorhergehenden Abends bedankte. Auch heute noch berührt mich die Erinnerung daran, wie Parittas offensichtlich unabhängig von Entfernungen wirken können, wenn die Menschen auf beiden Seiten ganz offen sind.

Parittas können unabhängig von Entfernungen wirken, wenn die Menschen auf beiden Seiten offen sind.

Parittas zu rezitieren ist eine Praxis in der buddhistischen Tradition. Aber auch im christlichen Brauch werden Texte rezitiert, Psalmen gesungen und wird zum Beispiel das Vater Unser gebetet.

Veränderungen nach der Krankheit

Carla und ihr Partner begannen eine Paartherapie, und dennoch entwickelte sich die Beziehung zwischen ihnen immer weiter auseinander. „Während ich die Chemotherapie erhielt", sagte Carla, „fühlte ich mich sehr verbunden mit ihm, sehr offen. Und jetzt erreiche ich ihn gar nicht mehr. Seine Prioritäten sind andere als meine, und sein Leben verläuft so ganz anders als meines. Ich teile seine Vorstellungen nicht, wie wir unsere gemeinsame Zeit gestalten sollten. Unsere Sexualität ist vollkommen eingeschlafen. Ich habe auch kein Begehren mehr ihm gegenüber und er mir gegenüber anscheinend auch nicht. Das Einzige, das uns noch verbindet, ist unsere Tochter."

Nach einem halben Jahr verliebte sich Carlas Mann in eine andere Frau, und sie trennten sich. Dies bedeutete für Carla eine neue, tiefe Erschütterung, auch für ihr Selbstwertgefühl. Selbstschädigende Einreden kamen in ihr auf, die in etwa so lauteten:

„Ich bin keine vollwertige Frau mehr. Wer verliebt sich schon in eine Krebskranke? Wer begehrt schon eine Krebskranke? Ich genüge nicht mehr." All dies sind selbstschädigende Glaubenssätze, die wir uns selbst einreden. Ihr Mann hatte nichts von all dem je gesagt, auch nahm er sie anders wahr. Wenn ich mit ihm sprach, dann sagte er nur, dass er sie nicht mehr erreiche und auch keine Lust mehr ihr gegenüber verspüre. Sie seien jetzt wie Bruder und Schwester miteinander.

In dieser erneuten Krise intensivierte sie ihre Gebets- und Meditationspraxis. Wenn ich am Meditationsraum unseres Zentrums vorbeiging, dann sah ich sie immer wieder einmal vor der Buddha-Statue sitzen, in Verbeugung und einer sichtbar innigen Verbindung. Wir hatten regelmäßig Einzelgespräche und zu meiner großen Freude nahm sie eines Tages Zuflucht. Auf diese Weise wuchs ihr Vertrauen, und sie konnte sich allmählich mit ihren inneren Dämonen, ihren Schatten und schwierigen, nicht beachteten Anteilen vertraut machen. Und sie sagte dann etwas, das ich häufiger von Menschen mit Krebserfahrung höre: „Ich glaube, Krebs war die Art und Weise, wie ich vor Ausbruch meiner Erkrankung gelebt habe."

Fürsorglichkeit entwickeln

Wenn der Götterbote Krankheit zu dir kommt, dann wird er dir auch die folgende Frage stellen: „Wie fürsorglich gehst du mit dir selbst um?" Wenn du von fürsorglichen Eltern empfangen und aufgezogen wurdest, dann hattest du sehr gute Bedingungen. Dann hast du früh den Wert von Fürsorge gespürt und wahrscheinlich gelernt, selbst auf diese Weise mit dir umzugehen.

Wenn deine Eltern aber kaum Fürsorge für dich aufbringen konnten, vielleicht weil sie selbst wenig davon erfahren und es nie gelernt haben, dann bleibt in dir eine Sehnsucht nach Fürsorge zurück. Erst später musst oder musstest du lernen, fürsorglich mit dir umzugehen, das heißt in diesem Fall: Mutter und Vater für dich selbst zu sein.

Das ist aus meiner Sicht ein sehr wichtiger Aspekt des Götterboten, nämlich zu lernen, fürsorglich oder noch fürsorglicher als bisher mit dir selbst umzugehen. Der Buddha hat immer wieder Worte gebraucht wie: „Sei dir selbst eine Insel", oder „Sei dir selbst eine gütige Mutter." Und damit weist er meinem Verständnis nach auf den Wert von Fürsorge hin.

Wenn du fürsorglich und einfühlsam mit dir selbst umgehst, dann tust du das wiederum nicht nur für dich, sondern inspirierst auch andere, fürsorglich mit sich selbst umzugehen. Für mich ist Fürsorge eine Facette von Metta. Ein buddhistischer Lehrer hat natürlich mit seinem Beispiel voranzugehen, sonst ist er in diesem Aspekt kein Lehrer. Indem ich Fürsorge für mich selbst praktiziere, so habe ich gelernt, lade ich damit auch die Menschen, die sich mir anvertrauen, dazu ein, mit sich selbst auf diese Weise umzugehen. Das heißt, Fürsorge ist niemals egoistisch. Fürsorge ist ausgerichtet auf Nähe und Verbindung. Sie ist warmherzig, harmlos und angenehm. Fürsorge strahlt eine wohltuende Energie aus. Egoismus hingegen ist auf Kälte ausgerichtet, er lebt auf Kosten anderer, hat nur sich selbst im Blick. Egoismus schafft Trennung, Fürsorge schafft Verbindung.

Wenn du fürsorglich mit dir selbst umgehst, inspirierst du auch andere zur Fürsorglichkeit.

Egoismus schafft Trennung, Fürsorge schafft Verbindung.

Egoismus erzeugt eine unangenehme Atmosphäre. Denke einmal an Menschen, die in einer egoistischen Haltung gefangen sind. Es sind kühle Menschen, die vielleicht sogar gefährlich werden können. Von fürsorglichen Menschen geht niemals Gefahr aus. Fürsorge hat mit Einfühlung und Akzeptanz zu tun, nicht mit Verurteilung oder Widerstand. Fürsorge läuft vor dem Götterboten, vor Dukkha nicht davon, sondern wendet sich dem Götterboten bewusst zu, um zu hören, was er zu sagen hat.

Rückschau halten

Langsam nähern wir uns dem dritten Götterboten, dem Tod. Wenn eine Krankheit voranschreitet, wenn der Krebs, die Infektion oder eine andere Erkrankung nicht mehr beherrschbar ist, dann klopft er an unsere Tür.

So wie auch beim Voranschreiten des Alters tritt ein weiterer Götterboten an unsere Seite.

Irgendwann gibt es dann eine Zeit der Rückschau. Wir besinnen uns zurück auf unser bisheriges Leben. Wir haben bereits gelesen, dass wir das in bestimmten Phasen ohnehin tun. Es scheint ein innerer Impuls zu sein, mit 20, 40 oder 60 Jahren immer wieder einmal zurückzublicken. Auch wenn die Götterboten Alter und Krankheit uns begleiten, dann werden wir immer wieder einmal zurückschauen wollen – auf Gelebtes und auf nicht Gelebtes. Natürlich wollen wir mit wenig Reue zurückblicken, aber wenn uns das nicht möglich ist, dann wollen wir uns wenigstens nicht von ihr besetzen lassen. Möglicherweise können wir hinter der Reue sogar ein bisschen Humor aufscheinen lassen.

Vielleicht kennt ihr die Rückschau von Gertrude Wilkinson [11)], 83 Jahre alt: „Könnte ich mein Leben noch einmal von vorne beginnen, würde ich versuchen, mehr Fehler zu machen. Ich würde alberner sein, und ich würde ganz locker werden, nur noch ganz wenige Dinge ernst nehmen. Ich würde entschieden verrückter sein und weniger reinlich. Ich würde mehr Gelegenheiten beim Schopf ergreifen und öfter auf Reisen gehen. Ich würde mehr Berge ersteigen, mehr Flüsse durchschwimmen und mehr Sonnenaufgänge auf mich wirken lassen. Ich würde mehr Schuhsohlen durchlaufen, mehr Eis und weniger Bohnen essen. Ich würde mehr echte Probleme und weniger eingebildete Nöte haben.

[11)] Gertrude Wilkinson: Endlich leben. Gedichte, Lieder, Texte (Selbstverlag).

Wie Sie bemerkt haben werden, bin ich eine von denen, die vorsorglich, vernünftig und gesund leben. Stunde für Stunde, Tag für Tag. Nun, ich habe meine verrückten Augenblicke. Aber wenn ich noch einmal von vorne anfangen könnte, würde ich mehr verrückte Augenblicke haben. Genauer gesagt, Augenblicke, einen nach dem andern, und nichts mehr von Plänen, zehn Jahre voraus.

Wissen Sie, ich bin eine von denen, die für alle Fälle Thermometer, Wärmflasche, Gurgelwasser, Regenmantel und Fallschirm bei sich haben. Hätte ich ein zweites Leben, ich würde sie zu Hause lassen. Könnte ich mein Leben noch einmal von vorne beginnen, ich würde in aller Herrgotts Frühe barfuß in den Frühlingsmorgen laufen und als Letzte sagen, jetzt ist der Herbst dahin. Ich würde mehr Hockey spielen, und vom Karussell würden sie mich nicht mehr herunterbringen."

Gleichzeitig tritt in dieser Phase des fortgeschrittenen Alters oder fortgeschrittener Krankheit bei vielen Menschen das Bedürfnis auf, etwas zu hinterlassen. Manche schreiben ihre Biografie oder vielleicht Briefe an ihre Kinder. Sie halten Rückschau auf ihr Leben und möchten etwas von dem, was sie erkannt haben, hinterlassen.

Mutter Teresa schrieb ein Resümee ihrer eigenen Lebensphilosophie:

Das Leben ist eine Gelegenheit, nutze sie.
Das Leben ist Schönheit, bewundere sie.
Das Leben ist Glückseligkeit, koste sie.
Das Leben ist ein Traum, verwirkliche ihn.
Das Leben ist eine Herausforderung, begegne ihr.
Das Leben ist eine Pflicht, erfülle sie.
Das Leben ist ein Spiel, spiele es.
Das Leben ist kostbar, pass darauf auf.
Das Leben ist Reichtum, bewahre ihn.
Das Leben ist Liebe, genieße sie.

Das Leben ist ein Geheimnis, erkenne es.
Das Leben ist ein Versprechen, erfülle es.
Das Leben ist Kummer, überwinde ihn.
Das Leben ist ein Lied, singe es.
Das Leben ist ein Kampf, nimm ihn an.
Das Leben ist eine Tragödie, widerstehe ihr.
Das Leben ist ein Abenteuer, wage es.
Das Leben ist Leben, rette es.
Das Leben ist Glück, mache es.
Das Leben ist zu wertvoll, zerstöre es nicht.

Teil III

Der dritte Götterbote – Tod

9. Sich an den Götterboten Tod erinnern

Unerledigtes abschließen

Wenn Alter oder Krankheit voranschreiten, gehört es zu den großen Herausforderungen, Unerledigtes zu erkennen, um es noch abschließen zu können. Das ist eine wichtige Voraussetzung, um friedlich über die Schwelle gehen zu können. Meinem Verständnis nach ist auch das eine Frage, die die Götterboten jedem von uns stellen: „Wo gibt es noch etwas Unerledigtes in deinem Leben?“

Erkenne Unerledigtes und schließe es ab.

Manchen Menschen fällt es sehr schwer zu sterben, weil sie nicht im Reinen sind mit dem, was sie erlebt oder getan haben. Als ich etwa 30 Jahre alt war und als Assistenzarzt im Krankenhaus arbeitete, hatte ich dazu ein erstes, eindrucksvolles Erlebnis. Auf unserer Station lag eine alte Dame, die in einem so desolaten körperlichen Zustand war, dass wir uns alle fragten, warum diese Frau nicht starb. Weder sprach noch aß sie, sie bekam ihre Infusionen und nahm zu niemandem Kontakt auf. Sie litt unter Gelenkversteifungen und lag in einem erbarmungswürdigen Zustand in ihrem Bett.

Dann gab es eine Nacht, in der sie alleine im Zimmer lag, die Nachbarpatientin war gerade entlassen worden. Ich hatte Dienst, es war ruhig auf der Station, und ich konnte mir Zeit nehmen, als ich die Infusion bei ihr wechselte. Ich nehme sehr gerne Körperkontakt zu Menschen auf, die sich in einer bedürftigen

Situation befinden – immer vorausgesetzt, dass sie das auch wollen. Ich strich ihr über den Arm, streichelte ihre Stirn und sprach begütigend auf sie ein. Diesmal kamen zögerlich Reaktionen von ihr, und ich fragte sie nach ihrem Leben. Ein 85- oder 90-jähriges Leben, da hat man doch viel erlebt.

Ich wusste aus ihrer Krankenakte, dass sie mit Männern kein Glück gehabt hatte, dass es Kinder gab, die aber keinen Kontakt zu ihr hatten, und sie die meiste Zeit ihres Lebens alleine gelebt hatte. Sie fing zuerst stockend und dann flüssiger an zu erzählen. Ich fragte interessiert nach. Ich kann mich im Allgemeinen leicht in das Leben älterer Generationen hineinversetzen und wollte erfahren, wie sie ihre Kindheit und Jugend erlebt hatte.

Schließlich erzählte sie, dass sie als 20-Jährige von einem jungen Mann schwanger wurde, zu dem sie sonst keine Beziehung hatte. Zu Hause durfte sie davon nichts sagen. Unter großen Schwierigkeiten und auf Umwegen fand sie schließlich jemanden, der das Kind abtrieb – und diese Abtreibung hatte sie sich ihr ganzes Leben nicht verziehen. Die Abtreibung, den Schmerz und die damit verbundenen Schuldgefühle hatte sie ihr ganzes Leben mit sich getragen, offensichtlich ohne mit jemandem darüber sprechen zu können. Sie schämte sich so sehr dafür und konnte sich selbst diesen Schritt, den sie damals als junge Frau getan hatte, nicht verzeihen.

Ich weiß nicht mehr genau, was ich tat, aber es war offenbar das Richtige. Vermutlich waren es keine Worte, sondern einfach mein Dasein und Dableiben. Sie konnte sich öffnen und weinen, ebenso wie ich. Da war Verbundenheit im Schmerz und in der Trauer über ein nicht genutztes Leben. Am folgenden Tag starb sie. Das zeigte mir zum ersten Mal, wie wichtig es ist, dass wir Unerledigtes, Schuldvorwürfe und -gefühle rechtzeitig auflösen.

Alle drei Götterboten fordern uns also auf, nach Unerledigtem in unserem Leben zu schauen, um es in einem nächsten Schritt aufzulösen. Vielleicht gibt es nicht geklärte Verstrickungen und

Verknotungen in Beziehungen zu anderen Menschen. Vielleicht wohnt noch ein tiefer, nicht verheilter Schmerz in uns, über den im Laufe der Jahre Schicht um Schicht gewachsen ist, sodass er kaum noch spürbar ist.

Es gehört auch zu den Herausforderungen, zu verzeihen oder um Verzeihung zu bitten. Diese Aufgabe stellt sich dir als Betroffener, aber auch als Begleiter oder Angehöriger. Wenn es um Verzeihen geht, ist es viel leichter, Unerledigtes aufzulösen, solange die Person, um die es geht, noch lebt. Auch später ist es noch möglich, aber es ist weit einfacher, wenn du noch in direktem, lebendigem Kontakt mit deinem Vater, deiner Mutter oder einem Verwandten bist, der dir vielleicht Schlimmes angetan oder Schmerzen zugefügt hat. Das gilt auch umgekehrt, wenn du die Person bist, die einen anderen verletzt hat.

Vergänglichkeit

Bei allen drei Götterboten wird die Vergänglichkeit sehr deutlich. Der Buddha hat eindringlich darauf hingewiesen, sich immer wieder die Vergänglichkeit der Phänomene vor Augen zu führen. Er sagte: „Von allen Fußstapfen ist die des Elefanten die größte, von allen Meditationen ist die über Tod und Vergänglichkeit die höchste." Und Epiktet, ein griechischer Philosoph, empfahl: „Halte dir täglich den Tod vor Augen, dann wirst du nie kleinliche Gedanken haben."[1]

„Halte dir täglich den Tod vor Augen, dann wirst du nie kleinliche Gedanken haben."

Meditationen über die Vergänglichkeit sollen uns nicht bedrücken, aber auch hier gilt: Wenn du sie unweise praktizierst, dann wirst du Melancholie, Wehmut und vielleicht sogar Angst erleben. Praktizierst du diese Meditationen hingegen in einer

---

1) Epiktet: Handbuch der Moral, übers. und hrsg. von Rainer Nickel, Düsseldorf: Artemis & Winkler 2006.

weisen Haltung, mit einer Absicht, die auf Einsicht ausgerichtet ist, dann werden sie dir zu mehr Klarheit verhelfen. In Indien heißt es: „Weil alles vergänglich ist, ist alles möglich, und zwar in jedem Moment deines Lebens.“ [2] Das können dir Meditationen über die Vergänglichkeit bewusst machen.

„Weil alles vergänglich ist, ist alles möglich.“

Ich erlebte einen tief berührenden Moment, als eine langjährige Sangha-Freundin im Sterben lag. Es schien, als sei ihr Bewusstsein schon weit weg. Plötzlich öffnete sie ganz unverhofft die Augen und sagte: „Schreibe auf: Man kann sich ändern, zu jeder Zeit.“ Ich empfand dies als eine sehr wichtige Lektion.

Im direkten Erleben der Vergänglichkeit, vor allem in Momenten, da sie ganz deutlich wird, kann Wertschätzung aufkommen, Wertschätzung für diesen Moment. Jetzt sind wir noch da. Wir wollen nicht die Zukunft einladen, sondern uns bewusst machen, dass jeder Augenblick vergeht.

Wenn es um die Vergänglichkeit des Lebens, um den bevorstehenden Tod und endgültigen Abschied geht, erleben manche Menschen eine Art Metaperspektive, aus der heraus alte Verkrustungen aufweichen können. Angesichts des nahenden Todes eines Freundes, Verwandten oder Elternteils überdenken sie noch einmal vergangene Begegnungen, die vielleicht schmerzhaft oder verletzend waren.

Auch wir selbst werden dies als Sterbende erleben. Wir werden erfahren, dass wir einiges neu überdenken und die eigene Haltung noch einmal überprüfen. Vielleicht können wir unsere Verstrickungen aus einer etwas weiteren, mitfühlenderen und möglicherweise auch gelasseneren Perspektive heraus betrachten. Manchmal geschieht dies erst Stunden vor dem Tod – was dann aber sehr spät sein könnte.

---

[2] Indisches Sprichwort.

Hinwendung zu den Gefühlen

Einfühlender Kontakt zu dir selbst ist die Voraussetzung für nachhaltige Veränderungen. So wollen dich alle drei Götterboten mit deinen Gefühlen verbinden. Sie möchten, dass du dich mehr um dich selbst kümmerst, dich nicht nur auf dich, sondern gewissermaßen in dich einlässt.

Alle drei Götterboten wollen dich mit deinen Gefühlen verbinden.

Das Alter, so haben wir gelesen, arbeitet dir zu, indem sich die Sinnestore generell langsamer und nicht mehr so weit öffnen. Der Körper mit seinem Alterungsprozess und manchen seiner Krankheitsvorgänge unterstützt dich also gewissermaßen bei der Hinwendung zu dir selbst.

Eine Krankheit beendet möglicherweise deine berufliche Laufbahn und löst dich wahrscheinlich aus der Identifikation mit deinem Beruf heraus. Eine schwere Erkrankung kann irgendwann alle deine Identifikationen erschüttern. Wiederum nicht um dich zu bedrücken, sondern damit du dich dir selbst zuwendest. Wenn du nach innen spürst, dann können natürlich auch verborgene Anteile und nicht abgeheilte Wunden zum Vorschein kommen.

Ältere Menschen sprechen gerne über die Vergangenheit. Als ich ein Kind war, redeten die älteren Leute oft über den Krieg. Mein Vater sprach sehr viel über diese Zeit. Die Generation vor uns hat nicht gelernt, über ihre Gefühle zu sprechen, stattdessen hat sie allgemeine Tatsachen beschrieben.

Mein Vater schrieb jeden Tag Tagebuch. Bei seinem Tod hinterließ er Kisten voller Tagebücher. Eine Hälfte davon habe ich bekommen, die andere meine Schwester. Dann habe ich einmal nachgeschaut, was denn am 13. August 1952 geschrieben steht, an dem Tag, an dem ich geboren wurde. Da gibt es einen Eintrag über das Wetter, was für einen Bauern nicht verwunderlich ist, gefolgt von: „Sohn geboren“, dazu schon der Name und „Erika“ – so hieß meine Mutter – „geht’s gut“. Ende. Das war der Eintrag an meinem Geburtstag. „Sohn geboren." Das ist sicher eine zutreffende Beschreibung, aber auch nicht mehr. Nichts davon, ob er glücklich war oder Angst hatte, wie er es erlebt hat, auf einmal Vater geworden zu sein. Die Menschen seiner Generation sprachen im Allgemeinen nicht über Gefühle. Das heißt nicht, dass sie keine hatten, sondern nur, dass sie nicht gelernt hatten, sie auszudrücken.

Im Gegensatz dazu werden werden wir heutzutage geradezu ständig dazu angehalten, über unsere Gefühle zu sprechen, manchmal vielleicht ein bisschen zu sehr. Dann lassen wir uns leichter von den Gefühlen besetzen und erkennen nicht, dass es noch Schichten unter ihnen gibt. Es ist ja meistens so, dass das Maß eines Pendels nach links auch das Maß des Pendels nach rechts ist und es eine Zeit dauert, bis es sich in der Mitte einfindet.

Wenn sterbende Menschen die Götterboten bewusst hören und annehmen, werden sie offener und wenden sich eher nach innen. Möglicherweise erleben sie dann Erinnerungen, die mit Schmerzen, häufig auch mit Reue und Schuldgefühlen verbunden sind. „Warum habe ich mich damals nicht mehr um sie gekümmert?", höre ich immer wieder von älteren Leuten. Damit sind im Allgemeinen die eigenen Kinder gemeint, aber das kann auch umgekehrt gelten. Eine amerikanische Sängerin, eigentlich bekannt für Country-Songs, schrieb nach dem Tod ihres Vaters ein Lied: „Der tollste Mann, den ich nie kannte." Er musste erst sterben, damit sie erkennen konnte, dass sie eigentlich gar nicht wusste, was ihr Vater fühlte und erlebte.

Kennst du die Erlebniswelt deiner Eltern oder definierst du sie über ihr Verhalten?

Kennst du wirklich die Erlebniswelt deiner Eltern, unter der Oberfläche, oder definierst du deine Eltern über ihr Verhalten?

Entschlusskraft und Dringlichkeit

Am Anfang einer Erkrankung ist die Chance für innere Veränderung und Wandlung am größten, dann ist im Allgemeinen die Entschlusskraft sehr klar und gebündelt. Darauf folgt die Phase der Therapien, in der du möglicherweise geschwächt bist, sodass es schwierig wird, die Kraft aufzubringen, die du für Wandlung oder die Bereinigung von Beziehungen brauchst. Wenn die Therapie anschlägt, erlangst du deine Kraft zurück und erhältst eine neue Chance.

Am Anfang einer Erkrankung ist die Chance für innere Veränderung am größten.

Zu Beginn einer Erkrankung ist dir die Dringlichkeit, etwas zu verändern, sehr bewusst. Wenn du dann in dein normales Leben zurückkehrst und die alltäglichen Gewohnheiten wieder aufnimmst, dann kann es sein, dass dir diese Dringlichkeit verloren geht oder sie zumindest abgeschwächt wird. Der Alltagstrott ist wie ein schleichendes Gift, das deine guten Absichten trüben könnte. Er lässt dich die Dringlichkeit nicht mehr so deutlich spüren, und damit lässt möglicherweise auch deine Bereitschaft zu praktizieren nach.

Wenn sich der Tod nähert, nimmt die Kraft wieder ab. Jetzt erst mit der Praxis zu beginnen, ist kaum möglich, aber bereits begonnene Wege können weitergegangen werden. Wenn du erst in dieser Zeit anfangen willst zu praktizieren, wird dir unter Umständen nicht mehr genug Kraft zur Verfügung stehen. Wenn der Götterbote Tod sehr nachdrücklich an deine Tür klopft, wird es dir sehr wahrscheinlich nicht mehr möglich sein, einen spirituellen Weg zu suchen und dich durch die verschiedenen Aspekte einer spirituellen Entwicklung hindurchzubewegen.

Für einen Neuanfang fehlt dir möglicherweise die Kraft, denn in dieser Zeit ist sie an den Körper gebunden. Du liegst eventuell Tag und Nacht im Bett, das Liegen fällt dir schwer, aber es ist auch nicht mehr möglich aufzustehen. Sowohl Körperpflege als auch Essen nehmen sehr viel Zeit in Anspruch. Außerdem bist du erschöpft, vielleicht treten hier und da Schmerzen auf, und das bindet deine Kraft. Wohl dem, der jetzt den Zugang zu einer spirituellen Praxis hat: „Die Krähen schrei'n und ziehen schwirren Flugs zur Stadt: Bald wird es schnei'n – Wohl dem, der jetzt noch – Heimat hat."

Schritte zum Verzeihen

Um Verstrickungen aufzulösen und Verletzungen zu heilen, braucht es die Bereitschaft zu verzeihen. Ich benutze hier nicht den Begriff „entschuldigen", denn Entschuldigung impliziert Schuld und diese hat immer mit schuldzuweisenden Gedanken zu tun. Ich halte den Begriff „verzeihen" für hilfreicher.

Um Verstrickungen aufzulösen, braucht es die Bereitschaft, zu verzeihen.

Um alte Wunden zu heilen, braucht es nicht nur die Bereitschaft, sondern auch die Entschlusskraft zu verzeihen, und dazu wiederum braucht es Mut. In der Bhagavad Gita[3] lesen wir: „Wenn du Tapferkeit suchst, dann schau auf Menschen, die verzeihen können." Für die Teilnehmer unserer Götterbotengruppe haben wir einen Fragebogen entwickelt. Vielleicht kannst du dir einige der folgenden Fragen einmal selbst stellen:

„Wenn du Tapferkeit suchst, dann schau auf Menschen, die verzeihen können."

Kannst du dir selbst verzeihen, wenn du einen Fehler begangen hast?
Wenn ja, wie machst du das?
Gibt es etwas, das du dir noch nicht verziehen hast?
Wenn ja, was ist es?
Gibt es etwas, das du anderen noch nicht verziehen hast?
Wenn ja, wem und was?
Wie fühlst du dich, wenn du daran denkst?

[3] Heilige Schrift der Hindus.

Was fällt dir schwer am Verzeihen?
Was muss geschehen, damit du verzeihen kannst?
Was brauchst du dazu, was könnte dich unterstützen?
Wer könnte dich dabei unterstützen?
Hast du schon einmal einem Menschen verziehen, nachdem er dich verletzt hat?
Und was hast du danach erlebt, wie ist die Beziehung weitergegangen?

Die Antworten waren so vielfältig, wie die Menschen vielfältig sind. Einige lauteten: „Ich brauche Offenheit und Interesse an mir selbst, um meine Gefühle zu fühlen, mein eigener Freund zu sein und mich mir liebevoll zuwenden zu können." Jemand stellte fest, dass Verzeihen ein Prozess ist und nicht auf einmal geschieht. Ein Teilnehmer, der aus einer anderen Kultur kam, schlug vor, einmal im Jahr einen Tag des Verzeihens einzulegen: Einen Tag, an dem du verschiedene Menschen anrufst oder, besser noch, aufsuchst und Verzeihenspraxis mit ihnen übst, natürlich nur, wenn sie sich auch darauf einlassen wollen.

Mutter Teresa hat einmal gesagt: „Wer noch nie einem Menschen verziehen hat, hat noch nie eine der schönsten Freuden des Lebens genossen." Und dennoch ist es notwendig, sich dem Gefühl und dem Schmerz noch einmal zuzuwenden. „Wende dich nicht ab", bemerkt der persische Dichter Rumi, „wende dich nicht ab, halte den Blick auf die wunde Stelle gerichtet, denn dort tritt das Licht in dich ein."

Verzeihen kannst du nicht mit dem Verstandesbewusstsein, der Verstand will auch gar nicht verzeihen. Im Allgemeinen will er argumentieren, erklären, deuten und interpretieren, denn das ist sein Terrain. Die Voraussetzung für das Verzeihen ist, sich den mit der Verletzung verbundenen Gefühlen noch einmal zu stellen. Dazu ist Mut notwendig.

Nichts ist trostloser als zwei Menschen, die über Negativität miteinander verbunden sind und so dieses kostbare menschliche Leben verbringen. Noch bedrückender ist es, wenn einer von beiden geht, ohne dass diese Negativität aufgelöst werden konnte.

Wenn du lernst, deine Gefühle zu spüren, kommst du in Verbindung mit deinen ungestillten Bedürfnissen. Eine der Kontemplationen über Metta, die ich gerne anleite, besteht darin, dass ich dich zu deinem inneren Kind führe und frage: „Wie spielt dieses Kind? Worüber lacht es, worüber weint es? Wie sieht es aus, wie ist es gekleidet, wie bewegt es sich, welche Energie umgibt das Kind?“ Und dann fordere ich dich auf, dich einzufühlen: „Was braucht dieses Kind? Welche Bedürfnisse sind ungestillt, wonach sehnt sich dieses Kind?“ An dieser Stelle möchte ich dich in Berührung mit vielleicht ungestillten Bedürfnissen der frühen Vergangenheit bringen. Die Gefühle führen dich dahin, die ungestillten Bedürfnisse wieder zu erleben, und das ist die Voraussetzung für Einfühlung und Mitgefühl.

Es ist das große Verdienst von Marshall Rosenberg, dem Begründer der Gewaltfreien Kommunikation, diese Zusammenhänge so deutlich aufgezeigt zu haben. Als erster Schritt, um den Schmerz zu heilen, ist also die Bereitschaft notwendig, die ungestillten Anteile in dir zu spüren.

Indem du dir in einem weiteren Schritt bewusst wirst, dass Gefühle nicht nur in dir, sondern auch im Gegenüber sind, kannst du erkennen, dass der andere, genauso wie du, aus Bedürfnissen heraus handelt. Menschen handeln im Allgemeinen aus Bedürfnissen heraus und in der Regel für sich und nicht gegen andere. Wenn dieser Mensch also aus bestimmten Bedürfnissen heraus handelte, er aber einen Weg wählte, der auf einer engen, ichbezogenen Perspektive beruhte, dann kannst du die Tat bei ihm stehen lassen. Und das wiederum, so sagt Anselm Grün, festigt deinen Stand. Indem du die Tat bei dem Verletzenden stehen lässt, stabilisierst du deinen eigenen Halt.

Wenn du bis hierhin mitgegangen bist, dann öffnet sich etwas in dir, und Mitgefühl kann entstehen. Indem du diese Zusammenhänge erkennst, kann Trauer aufkommen. Du musst jetzt nicht mehr beschuldigen, nicht mehr anrechnen, sondern kannst die Tat bei dem Verletzenden stehen lassen. Du betrauerst, vielleicht sogar mit ihm zusammen, dass damals kein anderer Weg eingeschlagen wurde, von ihm oder auch von dir, wenn du selbst derjenige warst, von dem die Verletzung ausging. Du handeltest aus einem Bedürfnis heraus und sahst keinen anderen Weg, weil deine Klarheit getrübt war. Vielleicht war sie durch Gefühle, die dich besetzt hatten, getrübt, vielleicht auch durch Drogen oder Alkohol. Dadurch ist dann eine Verletzung entstanden.

Verzeihen und Trauern

Wenn du diese Zusammenhänge deutlich siehst und würdigst – so ist es, das ist die Wahrheit, so handeln Menschen, und menschliches Leben ist immer konflikthaft –, kann Trauer aufkommen. Verzeihen ist nicht möglich, ohne zu trauern. Dieser Schritt steht vor dem Loslassen, dem Nicht-mehr-Anrechnen. Es braucht Mut, die Situation zu betrauern. Vielleicht kann dir auch hier wiederum der Atem helfen und als Halteseil dienen. In Momenten, in denen sich etwas in dir zusammenzieht, dein Blick sich verengt, kann der Atem dir helfen, die Aufmerksamkeit vom Denken abzuziehen, um Raum zu schaffen. Mit diesem Raum gewinnst du neuen Abstand, und Bewusstheit kann anwachsen.

Verzeihen ist nicht möglich, ohne zu trauern.

Bewusstheit lässt dich erkennen, dass alle Menschen aus Bedürfnissen heraus handeln. Und solange sie keine vollkommene Klarheit besitzen, kommt es immer wieder von Neuem zu Verletzungen.

Alle Menschen handeln aus Bedürfnissen heraus.

Schmerz in Trauer zu verwandeln, ist ein wesentlicher Schritt beim Prozess des Verzeihens. Dieser Schritt wird nicht nur einmal gegangen, sondern immer wieder. Es ist wichtig, deine

Bedürfnisse zu würdigen und vor allem auch die Vielfalt deiner inneren Anteile. Du bist nicht aus einem Guss, du bist nicht der Eine oder die Eine, es sind viele unterschiedliche, große, kleine, entwickelte, unentwickelte und kindliche Anteile in dir lebendig. Es ist maßgeblich, zu erkennen, dass diese Anteile nicht immer miteinander in Einklang stehen, sondern zum Teil in Widerspruch zueinander. Dann heißt es, die Widersprüche in dir selbst zu erkennen, anzuerkennen und auszuhalten.

Menschliches Leben ist stets konflikthaft, sowohl innen als auch außen. Dies zu erkennen und auszuhalten, immer mit der Absicht zu verstehen und zu lieben – darum geht es.

Menschliches Leben ist stets konflikthaft.

Auch um dir selbst zu vergeben, ist es notwendig, dass du dich den Gefühlen stellst und dir noch einmal die Bedürfnisse vergegenwärtigst, aus denen heraus du gehandelt hast. Um dann zu erkennen, dass du damals keinen anderen Weg wusstest, und das zu bedauern und zu betrauern. Um die Vergangenheit nicht immer weiter in die Gegenwart auszudehnen und damit zuzulassen, dass eine nicht-aufgelöste Vergangenheit deine Gegenwart strukturiert und sich auf diese Weise immer weiter fortsetzt.

Dieser Prozess ist auch in der Verbindung zu deinen Eltern notwendig, sonst wird das Verhältnis zu ihnen immer weiter fortbestehen, und zu einem gewissen Grad wirst du immer Kind bleiben. Ein ungestilltes, immer weinendes Kind, wenn viele deiner Bedürfnisse nicht gestillt wurden. Damit folgen wir einem der Leitsätze dieses Buches: „Dehne die Vergangenheit nicht aus, lade die Zukunft nicht ein, verändere die dir innewohnende Weisheit nicht, habe keine Angst vor den Erscheinungen – mehr ist nicht zu tun."

In „Ein Kurs im Wundern" heißt es, himmlische Amnesie bedeute, die Vergangenheit loszulassen und nur an die Liebe zu denken, die du gegeben und empfangen hast.

Verzeihen und Versöhnen

Maria hatte keinen Kontakt mehr zu ihrer Schwester. Vor vielen Jahren gab es eine Auseinandersetzung um eine anstehende Erbschaft. Wie häufig bei Konflikten unter Verwandten ging es um Geld. Die beiden Schwestern konnten sich nicht einigen, und die Beziehung brach ab. Mithilfe von Freunden und ermuntert durch ihren spirituellen Lehrer, wurde der Kontakt zur Schwester wieder hergestellt. Maria lag mittlerweile im Bett, und ihre Schwester kam von ziemlich weit her angereist.

„Heute Nachmittag treffe ich mich mit meiner Schwester", sagte sie mir, „bitte segne mich an diesem Nachmittag." Sie hatte sehr viel Vertrauen in mich und meinte damit, bitte schicke mir Metta für das, was ich zu tun habe. Am selben Abend fuhr ich zu ihr, und sie erzählte: „Heute habe ich richtig etwas geschafft, denn zum Schluss konnten wir beide weinen und das Vergangene sein lassen." Verzeihen ist nicht gleich versöhnen. Versöhnen heißt, dass man wieder anknüpft und sich von Neuem aufeinander einlässt. Verzeihen heißt, loslassen und einander eventuell noch die besten, herzlichsten Wünsche mitgeben. Versöhnen ist von höherer Qualität als verzeihen. Versöhnen ist nicht unbedingt notwendig, verzeihen schon.

Versöhnen ist nicht unbedingt notwendig, verzeihen schon.

Dies ist, wie bereits erwähnt, auch dann noch möglich, wenn die betreffenden Menschen bereits gegangen sind. In einem der Kurse, an denen ich bei dem Familientherapeuten Bert Hellinger teilnahm, erklärte er: „Wenn du Verstorbene visualisierst oder von ihnen träumst, schau bitte nach, ob sie die Augen offen oder geschlossen haben." Nach dem Tod meines Vaters habe ich fast täglich von ihm geträumt. „Wenn du nicht von den verstorbenen Eltern oder Menschen, um die es geht, träumen kannst, dann visualisiere sie in tiefer Meditation. Schau nach, ob sie jetzt im Totenreich die Augen offen oder geschlossen haben. Und wenn sie die Augen offen haben, dann verhalte dich so, dass sie sie schließen können", sagte Bert Hellinger. Die Wesen im Totenreich können ihre Augen schließen, wenn du deinen Teil dazu beiträgst und dich um Verzeihenspraxis bemühst.

Über die Schwelle gehen

Gedanken an den großen, endgültigen Abschied sind häufig mit sehr unterschiedlichen Gefühlsqualitäten verbunden. Zufriedenheit kann schnell wechseln zu Angst, Ärger zu Dankbarkeit, Beklommenheit zu Zuversicht. Das gilt sowohl für die Betroffenen als auch für die Angehörigen.

Eine Sterbende sagte mir einmal: „Ich bin geradezu neugierig, was mich nach der Schwelle erwartet. Es ist fast ein bisschen wie Vorfreude", so sprach sie damals wörtlich. Sie war davon überzeugt, dass es immer leichter würde, aber ihre Erwartungen erfüllten sich nicht. Sie war erschüttert, zu erleben, wie viel Schwieriges noch zu erledigen war, bevor sie die Schwelle überschreiten konnte. Als ich sie einmal besuchte, erklärte sie mir, geradezu in Not: „Ich hätte nie gedacht, dass es so schwer ist zu sterben." Ihr Tod war letztendlich leicht, aber davor gab es noch einiges zu tun.

Dies erzähle ich hier nicht, um dir Angst zu machen, sondern um dir zu empfehlen, am besten alle Konzepte über das Sterben fallen zu lassen. Ob es leicht oder schwer wird, ob es immer heller oder vorübergehend dunkler wird – niemand weiß, wie das Sterben für dich sein wird. Lass am besten jedes Konzept über den Tod fallen. Die Götterboten wollen dich unterstützen, damit du in jeder Situation, bei jedem Erleben, das auf dich zukommt, die nötigen Hilfsmittel hast, um die innere Balance nicht zu verlieren oder schnell wiederzuerlangen.

Lass jedes Konzept über den Tod fallen.

Ich war gerade 18 Jahre alt geworden, als meine Mutter starb. Kurz vor ihrem Tod sagte sie: „Es ist, als stehe ich vor einem riesigen Berg. Über diesen Berg muss ich hinüber, und ich weiß nicht wie." Das war damals für mich ein sehr bedrohliches Bild. Drei Tage bevor sie starb, diktierte sie meinem Vater die Todesanzeige und an wen sie jeweils zu verschicken war. Sie tat dies mit großem Gleichmut und Einverständnis.

Sie starb, vollkommen losgelöst, an Heiligabend in einer Krebsklinik, mein Vater war zu ihr gefahren. Als er mich um elf Uhr am Vormittag anrief, läuteten gerade die Glocken bei uns im Dorf. Ich erinnere mich noch, dass meine erste Reaktion Erleichterung war, als er mir mitteilte, dass sie gestorben sei. Am Abend holte ich ihn vom 30 km entfernten Bahnhof ab. Die Felder waren schneebedeckt, die Glocken läuteten wieder und die Menschen gingen in die Kirchen zur Christmette an Heiligabend. Und wir beide saßen im Auto und weinten. Es waren nicht nur Tränen der Trauer, sondern auch der Dankbarkeit und Erleichterung, weil sie in Ruhe und Einverständnis gestorben war.

Wenn Menschen in Frieden sterben, ist dies auch ein Geschenk für die Hinterbliebenen.

Wenn Menschen in Gelassenheit gehen können, ist das für die Hinterbliebenen ein großes Geschenk, das ihnen die Angst vor dem eigenen Über-die-Schwelle-Gehen nimmt, wenn es so weit ist.

Abschied nehmen

Maria verabschiedete sich über Wochen hinweg von ihren Freundinnen. Schließlich führte sie einen Terminkalender, in dem eingetragen war, welche Freundin an dem jeweiligen Nachmittag kommen durfte. Sie hatte gelernt, fürsorglich mit sich umzugehen, und wusste, dass mehr als ein Kontakt pro Tag sie überfordern würde. Zum Schluss wurden naturgemäß auch die Besuchszeiten kürzer. Nachdem sie diesen Kalender geschlossen hatte und auch alles Materielle geordnet war, meinte sie: „Nun ist alles getan. Und es kommt nichts Neues hinzu. Dies bedeutet für mich ein ungewohntes, ein ganz leichtes Gefühl. Im Weltlichen kommt nichts Neues mehr hinzu."

In jedem Abschied liegt ein Potenzial für Wandlung. Sowohl den ganz großen als auch den kleinen Abschieden wohnt ein Potenzial für Reifung und Bewusstwerdung inne, eine Chance, dich zu besinnen und Wertschätzung für das aufzubringen, was du jetzt hast.

In jedem Abschied liegt ein Potenzial für Wandlung.

In den fünf täglichen Betrachtungen[4], die auch von meiner Lehrerin Ayya Khema sehr geschätzt und regelmäßig angeleitet wurden, machen wir uns das Abschiednehmen in seinen verschiedenen Aspekten bewusst. Zu den wichtigsten Kontemplationen gehört dabei die vorletzte: „Alles, was mein und mir lieb ist, wird sich ändern und entschwinden."

Auch hier geht es um Wertschätzung und nicht darum, sich zu belasten. Vielleicht veranlasst dich dieses Bewusstmachen, einmal deinen Umgang mit lieben Menschen zu überprüfen und dich zu fragen, was es bedeuten kann, wenn das schleichende Gift der Alltagsgewohnheiten eine Beziehung zu belasten droht. Vielleicht kannst du doch ein bisschen mehr Wertschätzung für diesen Moment, den du mit deinem lieben Menschen erlebst, aufbringen. Gerade die Vergegenwärtigung der endgültigen Abschiede bietet eine Chance für Demut und Einsicht in die Vergänglichkeit.

Je eher du auf die Götterboten hörst, desto aktiver kannst du Veränderungen in deinem Leben einleiten. Im Sterbeprozess wirst du vermutlich die Frucht ernten. Du wirst dann eher geführt, als dass du selbst gehen musst. Es ist wie ein Abgeholtwerden, ein Weitergehen auf einem Weg, den du schon gebahnt hast, kein aktives Überlegen und Planen der nächsten Schritte mehr.

Alle drei Götterboten wollen dich reifen und wachsen lassen, sie möchten dich weiten. Dazu habe ich das Bild der zu eng gewordenen Gebärmutter vor Augen, die neun Monate lang dein

---

[4] Die fünf täglichen Betrachtungen: siehe Seite 246.

Zuhause war und dich genährt hat. Du hast Angenehmes in ihr erlebt, Geborgenheit erfahren, aber irgendwann wurde sie zu eng. Und die Geburt befreite dich von etwas, das zu eng geworden war, zugunsten größerer Weite und Klarheit.

Angesichts eines baldigen Abschieds wächst gewöhnlich die Innigkeit zwischen Lebenspartnern, Freundinnen und Freunden, vielleicht auch noch einmal zwischen Eltern und Kindern. Manche Paare, die sehr verbunden waren und liebevoll miteinander umgegangen sind, stellen sich die Frage, ob es ein Wiedersehen gibt.

Diese Frage wurde auch an den Buddha gestellt: Nakulamata und Nakulapita waren beide Schüler des Buddha und kommen an verschiedenen Stellen in den Lehrreden vor. Nakulamata war die Hausmutter, Nakulapita der Hausvater. Die beiden, die ein äußerst liebevolles Verhältnis zueinander hatten, gingen zum Buddha und fragten ihn – jetzt in meinen Worten: „Wir lieben uns sehr und sind einen langen Lebensweg miteinander gegangen, gibt es eine Möglichkeit, dass wir uns nicht nur in diesem, sondern auch in einem nächsten Leben wiedersehen und miteinander weitergehen können?“ [5)] Der Buddha bejahte diese Frage und prophezeite ihnen, dass sie sich auch im nächsten Leben wiederfinden werden.

Sinngemäß, wieder in meinen Worten, sprach er: „Wenn ihr in die gleiche Richtung geht – müsst ihr deshalb nicht derselben spirituellen Tradition folgen – und euch ernsthaft und mitfühlend um Entwicklung bemüht, wenn ihr euch ernsthaft und mitfühlend darum kümmert, die Tugend weiter anwachsen zu lassen, vor allem auch im Umgang miteinander, dann werdet ihr euch nicht nur in diesem, sondern auch im nächsten Leben wiedersehen.“

---

5) Nach: Nakulapita und Nakulamata, Angereihte Sammlung, IV.55, Bielefeld: Aurum Verlag 1984.

Ein unruhiger Tod

Manche Praktizierenden sorgen sich um die Auswirkungen, die ein unruhiger Tod mit sich bringen könnte. „Wie wird es sein, wenn ich beispielsweise auf einer Intensivstation sterbe und vorher vielleicht noch eine Reanimation unternommen wird? Oder wenn ich bei einem Unfall auf der Autobahn oder an anderer Stelle sterbe oder der Tod überhaupt sehr plötzlich kommt? Könnten dann die damit verbundenen Gefühle dazu führen, dass das, was mir in guten Zeiten an Klarheit, Verständnis, Einfühlung und Verbindung möglich war, nicht mehr zugänglich ist?"

In diesem Zusammenhang wurde auch dem Buddha eine Frage gestellt: „Wenn ich, oh Herr, den Erhabenen gehört habe, und danach am Abend wieder die Stadt betrete, dann begegnen mir Elefanten, Pferde, Wagen und Menschen, ein wilder Wirbel, und meine Gedanken, die zuvor auf den Erhabenen, auf die Lehre, auf die Jüngerschaft gerichtet waren, sind dann bald wieder zerfahren, und dann fürchte ich nun, wenn ich in einem solchen Augenblick stürbe, wie wäre mein Ergehen? Was würde mir dann im nächsten Leben begegnen?" [6]

Der Buddha beruhigt diesen Menschen und prophezeit ihm, dass sein Tod einfach sein werde. „Du wirst ein einfaches Ende haben. Wenn das Herz lange Zeit geübt ist in Vertrauen, in Tugend, in Wahrheitsverständnis, im Loslassen, im Klarblick, dann mag dieser Leib, der von Vater und Mutter gezeugt, aus fester und flüssiger Nahrung zusammengehäuft ist, der Vergänglichkeit, dem Zerfall unterworfen ist, von Würmern, Raben, Krähen, Schakalen oder Hunden gefressen werden. Das Herz aber, lange geübt in Vertrauen, Tugend, Wahrheitsverständnis, im Loslassen, im Klarblick, das strebt empor und gewinnt Höheres, gleich wie"

---

6) Pathama-mahānāma Sutta, Gruppierte Sammlung, Seite 55.21, Stammbach: Beyerlein und Steinschulte 1997.

– jetzt benutzt er ein Bild von Butter in einem Krug, Butter war damals sehr wertvoll – „gleich wie wenn ein Mann einen Krug mit Butter oder Öl in einen tiefen See würfe und der Krug auf dem Boden des Sees in Scherben zerbräche, die Butter aber oder das Öl sogleich nach oben steigen, zur Oberfläche gelangen würde. Ebenso strebt das Herz, das lange geübt ist in Vertrauen, Tugend, Wahrheitsverständnis, im Loslassen, im Klarblick, sofort empor und gewinnt Höheres."

Du musst dir keine Sorgen machen: Nichts geht verloren. Jeder Übungstag, jede Meditation, jede gute Absicht, jedes neue Sichhinwenden zum Atem, jedes Bemühen, das Herz wieder zu öffnen, wenn es sich geschlossen hat, jede Bereitschaft, dich den Hindernissen, wenn sie aufgekommen sind, noch einmal zu stellen, all das wird dir im Moment des Todes helfen. All das, was du an Klarheit und Herzensgüte in dir entfaltet hast, wird an die Oberfläche des Bewusstseins, des Sterbebewusstseins und des darauf folgenden Wiedergeburtsbewusstseins dringen.

Todesvisionen

Manche Menschen erleben Todesvorahnungen. Bernard Jakoby, ein Sterbeforscher, hat sich intensiv damit beschäftigt und berichtet unter anderem von den veränderten Wahrnehmungswelten Schwerkranker. Aus meiner Erfahrung gilt dies ebenso für alte und geschwächte Menschen.

Kurz vor ihrem Tod oder im Sterbevorgang habe ich alte Menschen erlebt, die mit ihren Eltern sprachen. Im Allgemeinen gilt es als eine Todesvorahnung, wenn Sterbende auf einmal mit Verstorbenen in Kontakt treten und mit ihnen sprechen. Manche erleben auch Engelerscheinungen, Deva- oder Bodhisattva-Welten. Diese Visionen treten meist kurz vor dem Tod auf, gewöhnlich wenige Stunden vorher. Im Krankenhaus werden diese Visionen häufig als ein Zeichen von Verwirrtheit gedeutet und abgetan mit: „Jetzt ist er nicht mehr klar", oder „Jetzt ist sie ein bisschen verdreht." Dabei ist das keine Verwirrtheit, sondern eine viel größere Klarheit als bei denen, die am Krankenbett stehen. Verwirrt sind diejenigen, die glauben, ihre Wahrnehmung sei wahr.

Wenn wir als Begleiter diese Todesvisionen mit Gelassenheit begleiten, ihnen in einer Haltung von Ehrfurcht und Demut lauschen und das Staunen darüber zulassen, dann werden sie sowohl dem Sterbenden als auch den Begleitern helfen können.

Zu Hause sterben

Maria war bettlägerig geworden. Ihr größter Wunsch bestand darin, zu Hause zu sterben. Ihre Angehörigen und ich setzten alles daran, ihr dies zu ermöglichen.

Etwa 80 oder 90 Prozent der Deutschen wünschen sich, zu Hause zu sterben, aber nur bei 10 bis 20 Prozent geht dieser Wunsch in Erfüllung. Das muss aber nicht so bleiben. Wenn du in deiner häuslichen Umgebung sterben möchtest, dann kannst du dafür sorgen, indem du rechtzeitig mit Menschen, die dich vermutlich überleben werden, darüber sprichst und diese Dinge regelst.

Vor allem in den großen Städten, aber sehr wahrscheinlich bald auch in ländlichen Gegenden, gibt es heute gute Möglichkeiten, Sterbenden diesen Wunsch zu erfüllen. In Berlin gibt es Home Care-Ärzte, die in der Begleitung Sterbender ausgebildet sind. Ich selbst werde nicht mehr als Arzt tätig, wenn ich Sangha-Freundinnen oder -Freunde beim Sterben begleite. Das überlasse ich anderen, die für diese Phase kompetenter sind. Ich bin dann als spiritueller Begleiter für sie da. Neben den ausgebildeten Home Care-Ärzten gibt es vor allem auch entsprechende Sozialstationen, die gewöhnlich ein gutes Know-how haben und mit denen diese Ärzte zusammenarbeiten.

Für Maria besorgten wir alles, was an Pflegematerialien gebraucht wurde: ein Pflegebett, einen Nachtstuhl, Infusionsständer. Mehrmals am Tag kamen die Pflegeschwestern. Ihr Mann wurde eingewiesen, die Morphiumpumpe zu bedienen und gegebenenfalls bestimmte Medikamente zu verabreichen.

Als ich beschloss, für einige Tage zur Ostsee zu fahren, und mich von ihr verabschiedete, erzählte sie mir von eigenen früheren Aufenthalten dort. Sie war ebenfalls sehr gerne mit ihrem Mann zur Ostsee gefahren und sagte: „Wenn du mir davon vor einem Jahr erzählt hättest, dann hätte ich dich vermutlich sehr beneidet. Jetzt freue ich mich mit dir und verspreche, in dieser Zeit nicht zu sterben.“

10. Die letzte Lebensphase

Deine Angelegenheiten klären

„Hast du deine weltlichen Angelegenheiten geklärt?“ Diese Frage werden dir die Götterboten spätestens in der letzten Phase deines Lebens stellen. Es ist für alle Beteiligten sehr hilfreich, wenn du dich rechtzeitig dieser Aufgabe annimmst – nach Möglichkeit, solange du noch gesund und in deiner Kraft bist.

Hast du deine weltlichen Angelegenheiten geklärt?

Dazu gehört beispielsweise auch die Klärung deiner Vermögensangelegenheiten. Hast du eine Vermögensvollmacht ausgestellt? Wer ist darin genannt und weiß diese Person davon? Hast du eine Vollmacht für die gesundheitlichen Belange, eine Betreuungs- oder Patientenverfügung ausgestellt? Wenn nein, dann könntest du dich jetzt fragen, warum nicht?

Die Götterboten möchten uns schon in jungen Jahren darauf hinweisen, dass Alter, Krankheit und Tod Bestandteile unseres Lebens sind und wir gut daran tun, uns rechtzeitig, also wenn Körper und Geist noch gesund sind, darauf vorzubereiten. Es ist sehr viel leichter, über den eigenen Tod zu sprechen um letzte Dinge zu klären, und wir anschließend noch einen Spaziergang machen können, als wenn der Tod schon dicht vor der Tür steht und wir das Bett vielleicht gar nicht mehr verlassen können. Leider wird oft versäumt, diese Dinge zu regeln. Für die Hinterbliebenen kann es hinterher sehr schwierig werden. Sie müssen dann nach ihren eigenen Vorstellungen handeln und sind sich oft nicht sicher oder auch nicht einig darüber, wie du es denn eigentlich gerne gehabt hättest. Dieses Gespräch darüber, wie nach deinem Tod verfahren werden soll, ist eine Herausforderung für alle Beteiligten. Du kannst es deinen Angehörigen erleichtern, indem du für dich Klarheit erwirbst und deine Vorstellungen auch schriftlich fixierst.

Einige Sangha-Freundinnen haben ihre Wünsche sehr klar aufgeschrieben und mit einer Verfügung verbunden, die sie mir zur Aufbewahrung gegeben haben. So weiß ich, wie ich mich im Fall ihres Todes zu verhalten habe – vorausgesetzt, ich verlasse meinen Körper nach ihnen. Eine mittlerweile verstorbene Freundin übergab mir vor ihrem Tod eine Liste, auf der sie alles sehr genau aufgeschrieben hatte. Wir mussten gar nicht lange darüber sprechen, ich habe nur bestimmte Punkte nachgefragt und noch ein, zwei Dinge ergänzt.

Patientenverfügungen

Wenn es um Patientenverfügungen geht, dann ist es gut, einmal persönlich mit jemandem darüber zu sprechen, der sich mit diesem komplexen Thema auskennt. Diese Verfügungen sind sehr hilfreich, dennoch ist hier und da Unterstützung nötig. Es ist schnell und einfach getan, den Punkt „Ich möchte keine PEG-Sonde“ [1] anzukreuzen. Aber im Detail muss dies vielleicht doch genauer überprüft werden: „Wirklich nie? Und warum eigentlich nicht?“ Vielleicht lautet deine Antwort, dass das Leben nicht künstlich verlängert werden solle. Aber wenn etwas in dir noch nicht ausgereift ist? Wenn vielleicht der Schluckreflex aufgrund einer nervlichen Erkrankung nicht mehr ausgelöst wird, du nicht mehr schlucken kannst und doch spürbar ist, dass die Zeit eigentlich noch nicht reif ist? Auch dann nicht?

---

[1] Eine PEG-Sonde dient zur künstlichen Ernährung.

„Möchten Sie Ihren Vater verhungern lassen?", fragte mich die Krankenschwester vor seinem Tod. Das traf mich. Wer möchte schon einen seiner lieben Menschen verhungern lassen?

Vermutlich lassen wir ihn nicht verhungern, wenn wir keine PEG-Sonde legen lassen. Wenn kein Hunger mehr verspürt wird, dann würden wir mit der PEG-Sonde Nahrung zuführen und damit das Leben künstlich, vielleicht ungewollt, verlängern.

Wenn aber noch Hunger verspürt wird, jedoch das Schlucken nicht mehr möglich ist, dann würden wir uns wahrscheinlich sehr wohl überlegen, ob nicht doch künstliche Ernährung in Frage käme. Dies zöge eine weitere, sehr schwierige Entscheidung nach sich: Wann zieht man die PEG-Sonde wieder? Das traut sich dann meistens niemand, und so kann es geschehen, dass immer weiter künstlich ernährt wird, auch wenn die Lebenszeit eigentlich abgelaufen wäre.

Diese Fragen sind nie pauschal, sondern immer nur individuell zu klären. Das erfordert in der jeweiligen Situation sehr viel Einfühlung und wenig Konzepte. Eine Antwort kannst du am ehesten aus der Herzchakra-Gegend empfangen, aus einer tieferen inneren Weisheit heraus. „Verändere die innere Weisheit nicht", so haben wir in unserem Leitsatz gehört, der dich auch in dieser Lage unterstützen kann.

Trauerfeier und Bestattung

Es ist hilfreich, wenn du außerdem die Fragen zu Trauerfeier und Beisetzung geklärt hast. Wo soll die Trauerfeier stattfinden, welche Blumen, welche Musik wünschst du dir? Wie soll der Trauerraum betreten werden? Möchtest du, dass die Trauernden Kerzen mitbringen, soll der Sarg offen oder geschlossen sein, soll vorne ein Bild von dir stehen?

Wir haben bei Beerdigungen häufig das folgende Ritual praktiziert: Vor dem Hineingehen in den Feierraum wurden brennende Kerzen an die Trauergäste verteilt. Jeder ist damit zum Sarg getreten und hat sich verbeugt. Dann hat er seine Kerze zu den anderen Kerzen rund um den Sarg gestellt, der mit den Lieblingsblumen des Verstorbenen geschmückt war.

Stelle dir Folgendes vor: Der Leichnam, der tote Körper, von Blumen umgeben, und darum herum stehen viele, viele Kerzen, auf oder vor dem Sarg. Eine Atmosphäre von Würde und Besinnung entsteht, auch von Licht und Leichtigkeit. Es muss nicht schwer sein. Das war auch eine große Bitte von Maria, als wir über die Trauerfeier für sie sprachen. Es sollte nicht pathetisch, nicht schwer werden. „Bitte, lass es leicht sein“, so war ihr Anliegen.

Es ist auch hilfreich, wenn du vorher klärst, welche Personen welchen Beitrag leisten sollen. Wer soll sprechen, wer soll singen? Wer erklärt sich dazu bereit, eine Aufgabe zu übernehmen, wer kann das überhaupt in einer solchen Situation?

Möglicherweise sind die Angehörigen damit überfordert. Für sie stellt die Trauerfeier gewöhnlich eine große Herausforderung dar. Die Gefühle werden noch einmal sehr direkt berührt, und es kann leicht zu viel für sie werden, wenn sie in dieser Situation ein Gebet sprechen oder etwas sagen sollen. Andererseits kann es auch eine Hilfe für Angehörige sein, wenn sie die Möglichkeit haben, noch etwas tun oder sagen zu können.

Du solltest auf jeden Fall auch klären, ob du eine Erd- oder eine Feuerbestattung wünschst. Am besten besprichst du diese Dinge mit dem Bestatter, solange es dir noch möglich ist. Kürzlich stellte sich heraus, dass eine Verstorbene, die unter Demenz litt, in ihrer Verwirrung mit mehreren Bestattern entsprechende Verträge abgeschlossen und auch jedem 5000 Euro überwiesen hatte. Also kläre diese Dinge am besten jetzt, wo du noch klar unterscheiden kannst.

Nach dem Tod

Nach dem Tod, in der Phase des Abschiednehmens, ist es in manchen Kulturen Brauch, zu klagen und zu weinen. Bisweilen komme ich in Wohnungen, in denen Menschen aus anderen Kulturkreisen leben und gerade jemand gestorben ist. Im Allgemeinen sind dann sehr viele Menschen versammelt, die Zimmer sind voll und immer noch mehr Besucher strömen in die Wohnung hinein. In allen Räumen sitzen Menschen und klagen oder murmeln Gebete. Es herrscht eine gedämpfte Stimmung. Es wird geweint, aber nicht laut, und alle Anwesenden tragen diese Atmosphäre mit.

Dieses Erleben hat für mich immer etwas sehr Berührendes, auch weil es in unserem Kulturkreis vollkommen verloren gegangen ist. Wir kennen aus manchen Gesellschaften den Begriff der Klageweiber. Sie stimmen Klagelieder an, um Gefühle der Trauer zu wecken, statt sie erstarren zu lassen. Abschied ist gewöhnlich nun einmal nicht mit Heiterkeit verbunden. Wer kann schon Hermann Hesse folgen und „heiter Raum um Raum durchschreiten", wenn einer seiner lieben Mensch geht?

Vielleicht können wir Dankbarkeit empfinden, wenn die Naturgesetze sich erfüllen und ein alter Mensch stirbt. Ein Meister wurde einmal gefragt: „Was ist ein großer Segen?" Und er sagte: „Vater stirbt. Sohn stirbt. Enkel stirbt." Der Schüler verstand den Sinn dieser Aussage nicht und fragte nach. Er bekam die Erläuterung: „Wenn der Vater vor dem Sohn und dem Enkel stirbt, dann erfüllen sich damit die Naturgesetze. Dann ist alles im Einklang. Wenn aber der Sohn vor dem Vater und dem Enkel stirbt, dann bedeutet das großes Unglück. Und wenn der Enkel vor dem Sohn und dem Vater stirbt, dann zerreißt es dir das Herz."

Die eigene Motivation klären

Bei der Begleitung von Menschen in der letzten Phase ihres Lebens ist es sehr wichtig, dass wir dies in einer inspirierten, herzlichen Haltung tun. Bevor ich zu Sterbenden gehe oder Krankenbesuche bei Schwerkranken mache, versuche ich mich immer erst mit den drei Juwelen[2] zu verbinden und eine Haltung von Metta in mir hervorzubringen. Ich fahre nie so, dass die Zeit knapp ist und ich gehetzt bin. Ich fahre durch den Berliner Straßenverkehr, suche mir einen Parkplatz und praktiziere dann erst einmal in meinem Auto, um in einer balancierten Haltung die Wohnung zu betreten.

Es ist sehr wichtig, dass du dir im Klaren über deine Motivation bist, wenn du einen Sterbenden begleitest. Versuche, soweit es dir möglich ist, eine altruistische Haltung in dir hervorzubringen. Es geht um den Sterbenden und nicht um dich.

Bei einer Begleitung geht es nicht um dich.

Eine Zeit lang habe ich Vorträge für Hospizbegleiter gehalten, das heißt für Menschen, die eine Ausbildung von einem oder mehreren Jahren machen. Und immer wieder habe ich dabei von Begleiterinnen und Begleitern gehört: „Ich brauche das, ab und zu einen Menschen beim Sterben zu begleiten.“ Da regen sich bei mir sehr nachdenkliche Impulse. Wenn ich im Sterben liege, dann möchte ich niemanden um mich haben, der mich braucht, um seine eigenen Bedürfnisse zu erfüllen.

Natürlich bedeutet Sterbebegleitung auch, sich selbst sehr deutlich zu fühlen. Es ist eine intensive und wertvolle Tätigkeit, eigentlich ein Geschenk. Dennoch sollten wir uns zumindest über das bewusst sein, was uns dazu antreibt. Was ist unsere wirkliche Motivation, andere Menschen beim Sterben zu begleiten, egal, ob wir dies ehrenamtlich oder professionell tun?

---

[2] Die „drei Juwelen“ sind: *Buddha, Dhamma* oder *Dharma* = die Lehre und *Sangha* = die Gemeinschaft der Heiligen.

In einem ersten Schritt können wir uns ehrlich eingestehen, woraus sich unsere Motivation zusammensetzt, beispielsweise zu 80 Prozent aus altruistischen und zu 20 Prozent aus ichbezogenen Anteilen. Indem wir Klarheit über unsere Motivation gewinnen, verringert sich die Gefahr, dass wir uns zu eigensüchtig verhalten.

Wenn wir aus einer überwiegenden Ichbezogenheit heraus Sterbebegleitung praktizieren, dann werden wir für den Sterbenden in unserer Präsenz undeutlich. Wir sprechen vielleicht gute, liebevolle Sätze, so wie wir es gelernt haben. Aber da ist noch ein weiterer Teil aktiv, der etwas anderes signalisiert. Da ist jemand, der etwas braucht. Ein Teil von uns verschenkt, ein anderer Teil möchte etwas haben. Der Sterbende durchschaut das zwar nicht, aber er spürt, dass etwas an der Situation nicht stimmig ist. Also kläre deine eigene Motivation, bevor du zu einem Sterbenden gehst. Versuche zumindest, sie zu klären – es ist von niemandem zu erwarten, durch und durch altruistisch zu sein. Das kann nur ein Erleuchteter.

Kläre deine Motivation, bevor du zu einem Sterbenden gehst.

Authentisch sein

Mache dir auch deine eigenen Ängste bewusst und stelle keine Erwartungen an dich selbst. Du musst nichts Kluges äußern, wenn du bei einem Sterbenden bist. Vor allem, wenn du gut ausgebildet bist, viel gelesen hast und vielleicht schon von erhabenen Texten berührt wurdest, dann könntest du glauben, du müsstest etwas besonders Weises sagen. Aber das ist nicht der Fall. Am hilfreichsten und wichtigsten sind für Sterbende Einfühlsamkeit, Aufrichtigkeit und Authentizität. Das Wichtigste ist, dass du einfühlsam und herzlich da bist. Was du dann sagst, ist nicht von so großer Bedeutung.

Mache dir eigene Ängste bewusst und stelle keine Erwartungen an dich selbst.

Versuche bitte, im Zimmer eines Sterbenden eine Atmosphäre von Würde und Respekt zu verbreiten. Das wird dir in dem Maße möglich sein, in dem du Würde in dir verkörperst und auch mit dir selbst respektvoll umgehst. Immer wenn wir etwas für andere tun, was wir für uns selbst nicht tun können, sind wir nicht mehr authentisch, dann stimmt die Balance nicht. Das heißt auch hier: Immer beginnt die Praxis bei uns. In ruhigen Zeiten können wir üben, würde- und respektvoll mit uns selbst umzugehen, nicht um dadurch unser Ego zu erhöhen, sondern um Mitgefühl anwachsen zu lassen.

Immer beginnt die Praxis bei uns selbst.

Es ist bei der Sterbebegleitung sehr wichtig, unsere eigenen Gefühle wahrzunehmen, ehrlich und authentisch zu sein. Wenn der Sterbende es erträgt, kannst du auch mit ihm darüber sprechen. In der Begleitung einer guten Sangha-Freundin habe ich beispielsweise gesagt: „Mir ist gerade ein bisschen mulmig zumute gewesen, als ich hierher kam. Weil ich nicht wusste, was mich heute erwartet und wie du die Nachricht, die du diese Woche gehört hast, aufgefasst haben würdest."

Es geht darum, deine momentanen Gefühle direkt zu spüren und sie dem Sterbenden ehrlich und einfühlsam mitzuteilen, wenn er dafür bereit ist. Spüren ist ein Aspekt von Achtsamkeit, nämlich Achtsamkeit auf die Gefühle. Dazu gehört auch, ein Gespür dafür zu entwickeln, was du gerade mit dem Gesagten im anderen auslöst. Dies wiederum gehört zur Wissensklarheit, die das Spüren als Grundlage hat.

Wenn sich etwas im anderen verschließt, sich seine Stirn zusammenzieht oder der Blick ändert, wenn er aus dem Kontakt geht, dann solltest du unbedingt innehalten. Möglicherweise musst du das Gesagte auch noch einmal klarstellen. Also kümmere dich um die Verbindung. Verbindung entsteht über das Fühlen und nicht über das Denken.

Verbindung entsteht über Fühlen und nicht über Denken.

Erwartungen und Bedürfnisse

Bitte richte auch keine Erwartungen an den Sterbenden. Vielleicht begleitest du einmal buddhistisch Praktizierende, Menschen, die möglicherweise schon 10, 20 oder 30 Jahre lang auf dem Weg sind. Dann erwarte bitte nichts von ihnen. Wenn mich jemand von euch beim Sterben begleiten sollte, dann möchte ich, dass der oder die Betreffende mich als Mensch wahrnimmt und nicht in meiner Funktion als Lehrer. Ich möchte weinen dürfen. Ich möchte schimpfen dürfen, wenn mir danach ist. Ich möchte, dass die Bilder in mir hochkommen dürfen, die hochkommen wollen. Ich möchte nichts mehr machen oder darstellen müssen.

Richte keine Erwartungen an den Sterbenden.

Ich wünsche mir jemanden an meiner Seite, der keine Erwartungen an mich hat und vielleicht denkt: „Zum Schluss muss mein Lehrer doch noch etwas wirklich Wichtiges und Weises sagen. Seine ganze Lehrtätigkeit wird in diesem Moment des Sterbens gipfeln.“ Manchmal ist es so bei sterbenden spirituellen Lehrern, dass die Schüler mit Stift und Papier dasitzen, um alles aufzuschreiben. Es könnte ja noch der entscheidende Satz fallen. All das wünsche ich mir nicht.

Was für einen Lehrer gilt, das gilt genauso auch für jeden Sangha-Freund, der stirbt. Erwarte nichts von ihm und versuche nicht, ihm eine spirituelle Praxis aufzudrängen. Du kannst den Sterbenden einfühlsam und behutsam daran erinnern, dass jetzt die Zeit gekommen ist loszulassen – aber vorsichtig. Spüre immer nach, was er gerade aufnehmen kann. Einfühlsamkeit ist das Wichtigste, was ein Sterbebegleiter braucht. Versuche auch, die Bedürfnisse des Sterbenden zu ergründen. Vielleicht braucht er Berührung. Vielleicht möchte er in den Arm genommen werden. Möglicherweise tut es ihm gut, hin und wieder deine Hand auf der seinen zu spüren. Aber vielleicht möchte er genau das nicht. Es gibt Phasen im

Das Wichtigste für einen Sterbebegleiter ist Einfühlsamkeit.

Sterbeprozess, da ertragen Sterbende gar keine Berührung. Selbst die Decke kann dann zu schwer sein.

Bitte höre dir an, wenn Sterbende von Schuldgefühlen sprechen. Halte Ärger aus. Möglicherweise kommt auch Wut hoch, die sich auf dich richtet. Das darfst du nicht persönlich nehmen. Lasse es sofort durch dich hindurchfließen, sodass nichts davon hängenbleibt. Ärger kommt hoch, und der Sterbende hat jetzt vielleicht nicht mehr viele Möglichkeiten, mit diesem Ärger zu praktizieren. Deshalb fließt er aus ihm heraus, und die Person, die gerade anwesend ist, bekommt ihn zu spüren. Aber eigentlich ist gar nicht sie gemeint.

Ermögliche Sterbenden, über ihre Schuldgefühle zu sprechen.

Also höre dir Ärger an. Ertrage Ungeduld. Ertrage Wut, Depression, Niedergeschlagenheit oder Bedauern. Und erinnere dich bei alldem immer wieder daran, keine Erwartungen an dich selbst zu stellen. Du darfst dich zwischendurch auch innerlich verschließen. Wenn es dir zu viel wird, dann verlasse für eine Weile den Raum. Aber erkläre vorher, warum du das tust. Um ein wenig frische Luft zu schnappen, einen Tee zu trinken, dich selbst auszubalancieren oder auf die Toilette zu gehen. Eine Erklärung, die der andere gerade aufnehmen kann.

Auf das Gute ausrichten

Maria sprach ich in dieser Phase einmal auf ihre Zurückhaltung gegenüber spirituellen Dingen an, die anfangs, als ich sie kennenlernte, stark ausgeprägt war. Sie hatte als Ärztin und Tänzerin gar keinen Bezug zur Spiritualität und stand ihr eher skeptisch gegenüber. Ihre Antwort lautete wörtlich: „Ich beginne die Wahrheit von dem zu erleben und zu erkennen, was du mir vermittelt hast. Und ich erlebe, wie dadurch unterschiedliche Teile in mir zusammenfinden und zur Ruhe kommen."

Für dich als Begleiter ist es sehr wichtig, dem Sterbenden dabei zu helfen, seinen Geist auf heilsame Dinge auszurichten, sich immer wieder auf das Gute zu besinnen. Und zwar auf eine Weise, die weder angestrengt noch gekünstelt ist. Auch hier solltest du keinem Konzept folgen. Du gehst in eine fühlende Verbindung und erinnerst dich zum Beispiel an bestimmte Situationen, von denen du ihm dann erzählst. Wie dankbar Sterbende dies annehmen, habe ich immer wieder bei meinem Vater erleben können. Säße er jetzt vor mir, dann würde ich ihm sagen: „Jetzt erinnere ich mich daran, dass, wenn die Rüben- und Kartoffelernte abgeschlossen war, sich unsere Familie langsam ins Haus zurückzog. Abends kamst du früher heim und manchmal aßen wir dann noch lange Abendbrot und tranken Mate-Tee. Dann erzähltest du, und ich hörte dir gerne zu und fühlte mich dabei geborgen. Das war gut. Ich fühlte mich beschützt, wenn du da warst und mir etwas anvertrautest. Ich hörte dir so gerne zu, wenn du von früher berichtetest, von deinem eigenen Leben und du mich so daran hast teilhaben lassen." Und so weiter. Jeder Mensch hat Gutes getan. Und jeder Mensch hat auch Gutes erlebt. Wir brauchen nur ein wenig Wissen und Einfühlsamkeit, um einen Sterbenden daran zu erinnern.

Hilf dem Sterbenden, sich immer wieder, auf das Gute auszurichten.

Jeder Mensch hat Gutes getan. Und jeder Mensch hat auch Gutes erlebt.

Alaya-Bewusstsein

Heilsame Gedanken wirken bis in die tiefste Bewusstseinsebene hinein, in das Alaya-Bewusstsein, das Speicher- oder Bleibe-Bewusstsein. „Himalaya" heißt wörtlich übersetzt: „Bleibe von Schnee", Alaya bedeutet also Bleibe, Wohnung oder Aufenthaltsort. Im Alaya-Bewusstsein sind alle Samen gespeichert, die mit unseren Handlungen zusammenhängen. Wir werden später noch mehr darüber erfahren.

Auch unsere Absichten hinterlassen Samen im Speicher-Bewusstsein, wie alle unsere Reaktionen auf Erlebtes. Es werden fortwährend Samen im Alaya-Bewusstsein gespeichert. Deine

Absicht, dieses Buch zu lesen und dich mit den Götterboten zu beschäftigen, sät wertvolle Samen. Jedes Mal, wenn du dir im Alltag oder in einem Kurs Mühe gegeben hast, dich wieder neu auszurichten, wenn du dich wieder an die Anleitungen erinnert hast, um mit Zweifel, Eifersucht oder Neid umzugehen und sie aufzulösen, dann hat dies gute Samen im Alaya-Bewusstsein hinterlassen. Nichts geht verloren.

Alle unsere Absichten und Reaktionen hinterlassen Samen im Speicher-Bewusstsein.

Durch heilsame Gedanken nähren wir im Sterbenden die heilsamen Samen, und die Eindrücke dieser Samen können wieder in das Oberflächen-Bewusstsein dringen. Wenn umgekehrt störende, schwierige oder angstbesetzte Gedanken gepflegt werden, dann werden unheilsame Samen berührt. Negative Eindrücke dringen in das Oberflächen-Bewusstsein ein und begleiten den Sterbenden. Der tibetische Meditationsmeister Gesche Rabten hat eindrücklich darauf hingewiesen, wie wichtig es ist, dem Sterbenden dabei zu helfen, sich mit den positiven Aspekten zu verbinden, die er in seinem Leben erzeugt hat.

Für uns selbst bedeutet das, uns darum zu bemühen, in unserem Leben einen Schatz an heilsamen Samen anzuhäufen. Sodass im Alaya-Bewusstsein sozusagen nur ein kleines Häufchen von schwierigen und eine große Menge an heilsamen Samen gespeichert ist.

Durch heilsame Gedanken nähren wir im Sterbenden heilsame Samen.

Marias Stimmung war in den letzten Wochen ihres Lebens zunehmend ausgeglichener. Eine Woche vor ihrem Tod sagte sie einen dieser Sätze, die mich zutiefst berührt haben: „Ich schlafe jeden Abend zufrieden ein und wache jeden Morgen zufrieden auf. Dankbar, weil ich weiß, ich habe noch diesen Tag.“ Auch das äußerte sie in diesen letzten Wochen: „Ich lerne auch in dieser Phase noch dazu.“ Und auf meine Frage, was sie denn dazulerne, erwiderte sie wörtlich: „Ich lerne, mich der Natur nicht zu widersetzen, und erlebe, wie dadurch alles heller wird. Das Licht ist da. Ich darf es nur nicht verhindern.“

Die große Aufgabe

Der Buddha wurde einmal gefragt, ob alle Menschen vor dem Tod Angst hätten. Und er antwortete: „Manche Menschen haben Angst vor dem Tod und manche nicht." Und als nachgefragt wurde, welche Menschen keine Angst vor dem Tod hätten, erklärte er, dass diejenigen, die frei von Gier, Durst und Verlangen seien, die gelernt hätten, gleichmütig und losgelöst ihren Körper zu betrachten, die die Tugendregeln praktizieren, sowie Vertrauen und Klarheit im Dharma gewonnen hätten, frei von Angst seien, wenn der Tod zu ihnen kommt. [3]

Was ist die große Aufgabe im Moment des Todes?

Aus meiner Sicht besteht sie darin, unser persönliches Ich hinter uns zu lassen, nicht loszulassen, sondern über es hinauszuwachsen. Der Todesprozess kann ein Prozess des Wachsens statt des Niedergangs sein. Es geht darum, das persönliche Ich abzulegen, als wäre es zu eng geworden. Und das geht viel leichter, wenn du nicht in der Welt verstrickt bist.

Der Todesprozess kann ein Prozess des Wachsens statt des Niedergangs sein.

Du vermeidest diese Verstrickungen, indem du dich um ein mitfühlendes, altruistisches Verhalten in der Welt kümmerst und tiefe Einsichten in das entwickelst, was diese Persönlichkeit ist, was dieses „Ich" eigentlich bedeutet. Dabei hilft dir das Betrachten und Erleben deiner Persönlichkeit. Die Meditationen über Vergänglichkeit sind darauf ausgerichtet, dein Verständnis immer weiter zu vertiefen, damit du eines Tages das erkennen kannst, was nicht vergänglich ist. Das Durchschauen der Vergänglichkeit ist der Weg zum Erleben des Unvergänglichen.

Das Durchschauen des Vergänglichen ist der Weg zum Erleben des Unvergänglichen.

[3] Angereihte Sammlung, IV.184, Bielefeld: Aurum Verlag 1984.

Hoffnung

An einem bestimmten Punkt ist es sehr wichtig, dass wir dem Sterbenden die Erlaubnis geben zu gehen. Manchmal bitten uns Sterbende geradezu darum.

Ich habe eine Sangha-Freundin erlebt, eine junge Mutter, die Mitte 30 war, als sie zu mir in die Praxis kam. Es hatten sich damals schon Metastasen gebildet. Sie hatte ein Kind von drei oder vier Jahren und beteuerte: „Ich werde es schaffen, meinem Kind zuliebe werde ich es schaffen." Ich versicherte ihr, sie so gut zu unterstützen, wie ich konnte.

Ich würde niemals jemandem den Mut nehmen, obwohl ich weiß, was ein metastasierter Zustand bei bestimmten Erkrankungen bedeutet. Meiner Ansicht nach ist es nicht die Aufgabe von Therapeuten und Ärzten, den Menschen den Mut zu nehmen und eigene Konzepte durchsetzen zu wollen. Unsere Aufgabe als Arzt und Begleiter ist es, an die Hoffnung anzukoppeln, ehrlich zu sein und dabei gleichzeitig die Tür zur Hoffnung offen zu halten.

Es vergingen zwei, drei Jahre sehr intensiven Lebens, auch intensiven Erlebens in ihrer Beziehung. Sie hatte einen deutlich älteren Mann, der noch nie mit Sterben und Tod in Berührung gekommen war. Irgendwann erklärte sie: „Ich glaube, mein ursprünglicher Plan wird so nicht aufgehen. Aber ich möchte auf jeden Fall erleben, wie mein Kind eingeschult wird."

Ich bestärkte sie darin: „Dann lass uns jetzt alles tun, damit dies möglich wird, und erst einmal herausfinden, was dazu nötig ist. Willst du eine Fortsetzung der alten oder eine neue Chemotherapie?" „Nein, das nicht." „Wärst du einverstanden, wenn wir die Misteltherapie weiter fortführen und etwas verändern?" „Ja, damit bin ich einverstanden. Die kann weitergehen." „Gut. Dann verändern wir jetzt die Misteltherapie und intensivieren sie." „Was brauchst du an äußeren Dingen?", erkundigte ich mich weiter. „Ich brauche Zeit für mich allein." „Was möchtest du in dieser

Zeit tun?“ Sie wollte beispielsweise bestimmte Kraftorte noch öfter aufsuchen. Und so besprachen wir, was zu tun war, damit sie ihr Ziel erreichen konnte.

Etwa zwei Monate vor ihrem Tod kam ihre Hausärztin zu ihr, ihr Körper war damals schon in einem sehr geschwächten Zustand. Die Ärztin machte den Hausbesuch in der Absicht, mit ihr über Sterben und Tod zu reden. Meine Sangha-Freundin rief mich hinterher an und erzählte mir: „Du, ich bin noch voller Wut, ich muss dir sofort etwas berichten. Da kommt doch diese Hausärztin unter dem Vorwand, einen Hausbesuch bei mir zu machen und will mit mir über den Tod reden. Stell dir das mal vor!“ „Und … was hast du gemacht?“, wollte ich wissen. „Na, ich habe sie rausgeworfen.“

Da bestimmte ein Konzept das Handeln der Ärztin. Natürlich dachte ich mir auch manchmal: „Man müsste doch eigentlich …“ Aber es geht nicht um das Konzept-Bewusstsein, es geht um Einfühlung. Und die Einfühlung wusste: Nein, so weit ist es noch nicht. Ende August wurde ihr Kind eingeschult, und sie konnte dabei sein. Danach nahm die Krankheit einen sehr schnellen Verlauf. Aber in den Augen der anderen war sie immer noch die Kämpferin, bis sie irgendwann zugab: „Bitte, ich möchte nicht mehr kämpfen müssen, nichts mehr tun müssen. Ich möchte nichts mehr leisten müssen. Ich möchte keinen Vorstellungen mehr genügen. Lasst mich gehen.“

Sterbende gehen lassen

Familienangehörige, Freunde, Partner, liebe Menschen können Sterbende in ihrem Prozess unterstützen. So wird es schon in einer Lehrrede des Buddha beschrieben:[4)]

„Zu jener Zeit aber wurde der Hausvater Nakulapita von einer

---

4) Angereihte Sammlung, VI.16, Bielefeld: Aurum Verlag 1984.

Krankheit befallen, war leidend und schwer krank. Da sprach die Hausmutter Nakulamata zum Hausvater Nakulapita also: ‚Möchtest du doch, Hausvater, nicht voller Sorgen dahinscheiden! Qualvoll stirbt man, o Hausvater, wenn man voller Sorgen ist. Getadelt hat der Erhabene den sorgenvollen Tod. Vielleicht, o Hausvater, denkst du: ›Die Hausmutter Nakulamata wird nach meinem Tode nicht imstande sein, die Kinder zu ernähren und den Haushalt weiterzuführen.‹ Doch das darfst du nicht denken, Hausvater. Denn ich verstehe mich darauf, Baumwolle zu spinnen und Wolle zu verarbeiten, und dadurch bin ich wohl imstande, die Kinder zu ernähren und den Haushalt weiterzuführen. Mögest du daher, o Hausvater, nicht voller Sorgen dahinscheiden! Qualvoll stirbt man, o Hausvater, wenn man voller Sorgen ist. Getadelt hat der Erhabene den sorgenvollen Tod.‘" (…)

„‚Vielleicht aber, o Hausvater, denkst du: ›Die Hausmutter Nakulamata wird nach meinem Tode kein Verlangen mehr haben, den Erhabenen und die Mönchsgemeinde aufzusuchen.‹ Doch das darfst du nicht glauben, Hausvater. Denn nach deinem Hinscheiden werde ich umso begieriger sein, den Erhabenen aufzusuchen und die Mönchsgemeinde. Möchtest du daher, o Hausvater, nicht voller Sorgen dahinscheiden! Qualvoll stirbt man, o Hausvater, wenn man voller Sorgen ist. Getadelt hat der Erhabene den sorgenvollen Tod.‘"

In der Lehrrede ist Nakulapita so gerührt von der Rede seiner Frau, dass er wieder gesund wird. Beide gehen dann zum Erhabenen, und Nakulapita sagt sinngemäß zu ihm: „Ich habe eine wundervolle Frau. Als es schien, dass ich sterben würde, sprach sie zu mir …", und er wiederholt die ganze Lehrrede. Und der Buddha bekräftigt, wie richtig Nakulamata in dieser Situation gehandelt habe.

Es geht also darum, Sterbenden gewissermaßen die Erlaubnis zu geben zu gehen, und zwar dann, wann sie es wollen. Nicht selten sterben Menschen, wenn ihre Angehörigen sich nicht im

Raum befinden. Diese Erfahrung machen wir immer wieder. So erlebte ich es auch bei der Sangha-Freundin, nachdem sie die Einschulung ihres Kindes miterlebt hatte.

Als ich mich nach einigen Tagen an der Ostsee auf dem Rückweg befand, bekam ich einen Anruf ihres Mannes, der mir anvertraute: „Ich bin in einem ganz desolaten Zustand. Ich bin Tag und Nacht bei ihr und habe das Gefühl, sie kann nicht gehen. Ich bin völlig außer Kräften und habe überhaupt nichts mehr zu geben." Ich bestärkte ihn sehr darin, eine Nacht zu Hause zu schlafen. In dem Krankenhaus, in dem sie starb, hatte man noch ein Bett in ihren Raum gestellt, sodass er auch nachts bei ihr sein konnte. Davon war er jedoch vollkommen erschöpft. Auch er brauchte gewissermaßen die Erlaubnis, eine Nacht zu Hause zu verbringen, und ich ermunterte ihn dazu.

Morgens früh um sieben Uhr erhielt er einen Anruf vom Krankenhaus, seine Frau sei eine halbe Stunde zuvor verstorben. Sie musste völlig allein sein, um den letzten Schritt der Loslösung gehen zu können.

Vorwürfe

In solchen Situationen machen sich Angehörige manchmal Vorwürfe. Eine meiner Verwandten hat ihren Mann, mit dem sie seit 40 Jahren verheiratet war, liebevoll bis zu seinem Tod begleitet. Er war nicht schwer krank, es war ein ganz sanftes Dahingehen. Seine letzten Tage verbrachte er meistens im Bett. Wir feierten noch gemeinsam seinen Geburtstag und vier Tage später ist er dann nachts im Schlaf gestorben. Seine Frau schlief neben ihm. Als sie morgens wach wurde, war sein Körper schon kalt. Sie bekam einen großen Schrecken und machte sich furchtbare Vorwürfe.

Christine Longaker, die sich viel mit Sterbebegleitung beschäftigt hat, verleiht diesem Aspekt des Sterbens eine Stimme, indem sie den Sterbenden sagen lässt: „Bitte mache dir keine Sorgen und habe kein schlechtes Gewissen, wenn du nicht an meiner Seite bist, wenn ich sterbe. Manchmal beruhigt mich deine Anwesenheit, doch manchmal hindert sie mich daran zu gehen. Bitte sage und tue alles Nötige, so früh wie es dir möglich ist, damit du nichts zu bedauern haben wirst, falls ich früher sterbe als erwartet. Und wenn du erfährst, dass ich gegangen bin, mache dir bitte keine Vorwürfe.“ [5)]

Sterbephasen

Ein normal verlaufender Sterbeprozess entfaltet sich in bestimmten Schritten. Elisabeth Kübler-Ross hat in den 60er- und 70er-Jahren darüber sehr ausführlich geforscht. [6)] Sie war eine Pionierin auf diesem Gebiet und hat die bekannten Sterbephasen beschrieben. Ich will hier nicht ins Detail gehen, sondern sie nur aufzählen. Sie laufen so oder in ähnlicher Weise ab, wenn auch nicht unbedingt in der Reihenfolge von eins bis fünf.

In der ersten Phase steht das Leugnen, das Nicht-wahrhaben-Wollen. So erzähle ich einem Patienten, welch schwere Krankheit er habe und dass die Situation nicht gut aussehe. Ich tue dies mit Bedacht, aber dennoch deutlich. Und beim nächsten Besuch fragt er: „Herr Doktor, habe ich eigentlich Krebs?“ So als hätten wir nie darüber gesprochen. Er befindet sich in der Phase des Leugnens.

Die zweite Phase ist die der Wut, verbunden mit einem Bedürfnis nach Beachtung und gleichzeitig der Wahrnehmung von Ausgeschlossensein: „Die anderen leben weiter. Sie führen

---

5) Christine Longaker: Dem Tod begegnen und Hoffnung finden, München: Piper Verlag 2001.

6) Siehe das Werk von Elisabeth Kübler-Ross, u. a.: Über den Tod und das Leben danach, Güllesheim: Silberschnur Verlag 1989.

ihren Alltag wie gewohnt fort, gehen ihrem Beruf nach, fahren in Urlaub, sehen ihre Kinder aufwachsen. Nur ich muss gehen." Gefühle von Wut und Zorn bestimmen diese Phase.

Als Nächstes folgt die Phase des Verhandelns, in der wir versuchen, noch etwas zu verändern, Zeit zu gewinnen: „Ab jetzt werde ich täglich beten oder meditieren, meine Alltagsgewohnheiten umstellen und mehr Dankbarkeit aufbringen. Ich werde alles tun, gib mir bitte noch diese Zeit – Zeit, damit ich das oder das noch erleben kann, vielleicht noch dabei sein kann, wenn mein Kind eingeschult wird oder dass ich noch erlebe, wenn mein Partner von einer Reise zurückkommt."

Im nächsten Schritt wird die Phase der Trauer durchlaufen, manchmal einer verzweifelten Trauer. Nun ist kein Wegschauen mehr möglich, nur noch direktes Konfrontieren der Situation und unmittelbares Erleben. Auch jetzt ist immer noch Zeit, die Dinge zu regeln, Zeit zu weinen. Und schließlich geht daraus die Phase des Einverständnisses hervor.

Der Sterbeprozess

Ein gewöhnlicher Sterbeprozess verläuft nach bestimmten Gesetzmäßigkeiten. Zuerst lösen wir uns von den Dingen, dann von den Menschen und zum Schluss folgt das Loslassen des eigenen Körpers. Es ist meines Erachtens wichtig, dass wir um diese Gesetzmäßigkeiten wissen. Menschen mit einer intensiven Geistesschulung können die einzelnen Schritte dieses Prozesses durchlaufen und wieder zurückkehren.

Besonders der tibetischen Kultur verdanken wir ein umfangreiches Wissen zu den Details des Sterbevorgangs. Ich habe verschiedene Belehrungen von buddhistischen Lehrern gehört und selbst in umfangreichen Quellen recherchiert. Daneben habe ich die Berichte von Nahtoderfahrungen intensiv studiert und festgestellt, wie bestimmte Dinge sich decken. Und schließlich habe ich versucht, dies alles in Einklang mit meinen eigenen Erfahrungen mit Sterbenden zu bringen.

Auf der körperlichen Ebene beginnt der Sterbeprozess mit dem Zurückziehen der vier Elemente, während gleichzeitig verborgene Zeichen auftreten. Dieser Prozess kann sich über Wochen hinziehen. Zuerst löst sich das Erdelement, zeitlich etwas versetzt dann das Wasserelement, gefolgt vom Feuerelement. Als letztes löst sich das Windelement.

Zurückziehen des Erdelementes

Wenn sich das Erdelement zurückzuziehen beginnt, lässt der Appetit nach. Der Sterbende verliert an Gewicht und Kraft, Alltagshandlungen fallen ihm schwerer. Er braucht mehr Zeit, sich anzuziehen, die Körperpflege durchzuführen und Nahrung zu sich zu nehmen. Der Sterbende möchte jetzt keine Anforderungen oder Erwartungen mehr erfüllen. Nun ist es Zeit, sich zu verabschieden, Unaufgelöstes abzuschließen, zu verzeihen oder um Verzeihung zu bitten. Auch ist jetzt Zeit zum Weinen.

In der letzten Phase der Loslösung vom Erdelement kommen verborgene Zeichen zum Vorschein. Der Sterbende erlebt jetzt eventuell leichten Schwindel sowie eine Wahrnehmung von Dunst. Dieser Dunst gleicht dem Flirren der Luft über den Straßen, wenn sie im Sommer von Sonnenhitze aufgeladen sind.

Dieses Phänomen liegt darin begründet, dass das Erdelement den Geist nicht mehr stützen kann und dadurch das Wasserelement an Stärke gewinnt. Diese Erscheinung wird – so wie die folgenden – nur im Geist wahrgenommen, nicht mit den Augen. Für den Sterbenden kann es hilfreich sein, wenn er jetzt daran erinnert wird, dass die beschriebenen Vorgänge ganz normale geistige Erscheinungen sind, die in dieser Phase auftreten.

Zurückziehen des Wasserelementes

Parallel zur Loslösung des Erdelementes – oder zeitlich etwas versetzt – reduziert sich das Wasserelement. Die Körperflüssigkeiten nehmen ab, Mund und Augen trocknen aus, die Lippen ziehen sich zusammen und die Zunge wird trocken. Durst nimmt zu, Appetit ist kaum noch vorhanden. Das Sprechen wird allmählich schwer und unverständlich, während das Schlafbedürfnis zunimmt. Der Sterbende kann es als wohltuend empfinden, Augentropfen verabreicht zu bekommen, um das mit der Austrocknung verbundene unangenehme Reiben bei den Augenbewegungen zu vermeiden. Die Trockenheit im Mund kann mit dem Betupfen der Mundhöhle behandelt werden. Du könntest dich rechtzeitig erkundigen, welche Geschmacksrichtungen er bislang bevorzugt hat, und diese dann im Tupfer verwenden.

Der Sterbende kann Stuhlgang und Urin nicht mehr kontrollieren. Das Windelnwechseln kann ihm peinlich sein, auch Körperkontakt wird nun eher als unangenehm empfunden. Sorge nun mit all deiner Sensibilität und Fürsorglichkeit dafür, ihm das so angenehm wie möglich zu machen.

Wenn der Sterbende einen spirituellen Weg gegangen ist, dann ist es jetzt wichtig, die Zufluchtnahme oder Gebete mit ihm zu sprechen, ihm aber keine Praxis aufzudrängen. Wenn du weißt, dass er den christlichen Weg gegangen ist, dann kümmere dich darum, dass jetzt ein christlich Übender anwesend ist und mit ihm christliche Rituale praktiziert. Wenn der Sterbende den buddhistischen Weg gegangen ist, dann schau, ob er bestimmte Rituale aus dem Tibetischen, dem Zen oder der Theravada-Tradition praktiziert hat. Begleite ihn durch Meditationen, die er vielleicht besonders gerne mochte, etwa eine Metta-Meditation. Du kannst ihm auch eine Lehrrede vorlesen, die ihn inspiriert und beruhigt hat. Du kannst auch Schutztexte für ihn rezitieren.

Dem Sterbenden erscheint jetzt als verborgenes Zeichen Rauch.

Ein feiner Rauch, ein zarter Rauchnebel, der den ganzen Raum durchzieht. Gesche Rabten sagt, es sei kein schwerer, sondern ein schwacher Rauch. Das Wasserelement stützt das Feuerelement und wenn es sich nun zurückzieht, kann das nächste Element vorübergehend an Stärke gewinnen.

Zurückziehen des Feuerelementes

Dann beginnt auch das Feuerelement, sich zurückzuziehen. Es kann noch einmal ein Wechsel von Unruhe und Ruhe auftreten oder von Hitze und Kälte. Mal möchte der Sterbende eine dicke Decke auf dem Körper haben und dann wieder allenfalls ein Laken. Möglicherweise musst du häufig die Wäsche wechseln, weil er abwechselnd friert und schwitzt.

Langsam werden die Extremitäten kalt. Bei manchen Menschen zieht sich das Feuerelement über den Kopf zurück, der dann als Erstes erkaltet. Bei anderen zieht es sich über die Beine zurück, sodass die Füße zuerst kalt werden. Das Feuerelement zieht sich in die Körpermitte zurück. Die Körperperipherie wird zunehmend kälter, möglicherweise verfärbt sie sich auch bläulich, während in der Körpermitte noch Wärme, möglicherweise auch Hitze spürbar ist. Manchmal kann der Sterbende das noch artikulieren.

Das verborgene Zeichen in dieser Phase sind Lichtfunken. Lichtfunken, die manchmal beschrieben werden wie Glühwürmchen, die durch den Raum tanzen. Sie erscheinen, weil jetzt das Feuerelement dem Windelement nicht mehr als Stütze dient. Es zieht sich gerade zurück, und als Letztes entwickelt das Windelement eine vorübergehende Dominanz.

Zurückziehen des Windelementes

In dieser Phase kann der Sterbende nicht mehr sprechen. Seine Erinnerungsfähigkeit löst sich auf. Der Atem wird allmählich unruhiger. Er kann schon eine Zeit lang nicht mehr hören, als Erstes geht der Hörsinn, dann der Geschmack- und als Letztes der Tastsinn. Die Sinne ziehen sich zurück, der Atem wird unregelmäßiger. Es entstehen jetzt verschiedene Atemlaute, möglicherweise brodelnde Geräusche, weil sich Wasser in der Lunge ansammelt. Der Atem wird für den Begleiter laut hörbar. Es ist wichtig, jetzt nicht den Schleim, der den Atem behindert, abzusaugen und damit diesen sehr subtilen Vorgang mit irgendwelchen Handlungen zu stören. Bleibe weiter bei dem, was du aus der bisherigen Begleitung als stimmig erlebt hast, sorge dafür, dass möglicherweise leichte Musik erklingt oder auch Stille im Raum herrscht. Achte darauf, dass Würde und Würdigung im Raum spürbar sind. Irgendwann geschieht ein letztes Ausatmen und kein neues Einatmen. Mit dem letzten Atemzug und dem Stillstand des Herzens ist nach buddhistischer Sicht der Sterbevorgang noch nicht abgeschlossen. Die Wahrnehmung des Sterbenden ist nun an den feinstofflichen Körper gebunden.

Innere Auflösung

In diesem Moment erscheint ihm ein schwacher Lichtschein. Die Tibeter sagen, ein Lichtschein wie von einer Butterlampe, einem Teelicht oder einer Kerze. Dieses Licht, diese Butterlampe, flackert zunächst noch und brennt dann ganz ruhig. Ein Lichtschein, der sich nicht mehr bewegt. Bisher hat sich die Auflösung immer noch in gröberen Bereichen vollzogen, jetzt folgt die immer subtiler werdende innere Auflösung. Der Geist löst sich aus den groben Verkörperungen und erreicht immer feinere Bewusstseinsebenen.

„Nach der tibetischen Tradition ist dieser Moment nur Übergang von der bisherigen Körper-Geist-Ebene auf eine Energie-Ebene jenseits der materiellen Existenzebene“ [7], so der tibetische

---

7) Zitiert nach: Ute Hofmann-Hanf-Dressler: Auf Schatzsuche. Was ist jenseits der Angst?, Berlin: Pro Business 2011, Seite 60.

Meditationslehrer Tarab Tulku. Dieser Vorgang wird begleitet von weißen und roten Licht-Erscheinungen. Zunächst tritt die weiße Essenz ins Bewusstsein, die wie ein Tropfen weißen Lichtes beschrieben wird. Diese weiße Essenz war in den oberen Energiezentren zu Hause und ist das Erbe des Vaters, das mit der Befruchtung in den Körper kam. Und nun zieht sie sich zurück durch den Zentralkanal in Richtung Herzchakra. Die Wahrnehmung des Sterbenden besteht jetzt aus weißem Licht, wie das des aufgehenden Mondes. Gleichzeitig ist der Geist klar und rein. Aus medizinischer Sicht ist der Sterbende bereits tot. Er atmet nicht mehr.

Als Nächstes tritt die rote Essenz ins Bewusstsein. Aus den unteren Zentren, der Nabelchakra-Gegend, nähert sich rotes Licht wie die aufgehende Sonne am Morgen und zieht zum Herzchakra. Der Sterbende nimmt ein angenehmes rotes Licht wahr, und gleichzeitig entsteht ein vorübergehender Zustand von Glückseligkeit. Das Zusammenkommen der weißen und roten Essenz in der Herzchakra-Gegend beschreibt der tibetische Meditationsmeister Tulku Urgyen Rinpoche so: Diese Erfahrung sei wie das Zusammentreffen von Himmel und Erde. Das Bewusstsein mache in diesem Moment die Erfahrung von Schwärze. Andere tibetische Lehrer beschreiben dies als das Erleben eines Himmels in tiefer schwarzer Dunkelheit.

Während dieser Phase des Sterbevorgangs ist das Bewusstsein ganz still. Dann kann sich dieser Prozess ungestört fortsetzen, und der Durchbruch zum Klare-Licht-Bewusstsein erfolgt. Es kann an dieser Stelle zum Vorschein kommen, wenn der Meditierende sehr geübt ist. Das Klare-Licht-Bewusstsein ist wie der vollkommen klare Himmel, subtilstes Bewusstsein. Der Dalai Lama sagt, es sei das Innerste, das wir immer in uns tragen, der subtilste Geist. Wir nennen es Buddha-Natur, den wahren Ursprung aller Arten von Bewusstsein. Selbst in der Buddhaschaft bleibt das Kontinuum des Geistes erhalten.

Jeder einzelne der Schritte, die bisher beschrieben wurden, kann für Entwicklung genutzt werden, und zwar für eine sehr kraftvolle. Das Potenzial dafür ist hier sehr viel größer als in unserem Gewohnheits- und Alltags-Bewusstsein. Im Allgemeinen erkennen wir diese einzelnen Schritte aber nicht, weil wir noch nie etwas von ihnen gehört haben. Und wenn wir sie nicht erkennen, dann rauschen sie ungenutzt an uns vorbei. Phase um Phase, immer subtiler, und wir lassen Chance um Chance vergehen. Und deswegen ist es nach meinem Verständnis sehr wichtig, darüber Bescheid zu wissen. Aus diesem Grund habe ich dieses Buch geschrieben.

11. Praxis für Sterbende und Verstorbene

Widerstandslosigkeit

Zum Abschluss unserer bisherigen Betrachtungen haben wir uns vor Augen geführt, wie sich die Elemente auflösen und wie mit jedem dieser Schritte verborgene Zeichen zum Vorschein kommen. Wenn wir die einzelnen Schritte kennen, werden wir mit den subtilen Erlebnissen, die wir als Sterbende haben werden, einfacher umgehen und die darin liegenden Chancen nutzen können.

Um unsere Chancen nutzen zu können, ist ein gewisses Maß an Bewusstheit erforderlich. Damit diese nicht gestört wird, ist gegebenenfalls eine gute Schmerzmedikation erforderlich, denn Schmerzen können unser Bewusstsein trüben oder einengen und Angst oder Widerstand aufkommen lassen. Überhaupt geht es in dieser Zeit darum, uns selbst immer wieder zu ermuntern, Widerstände aufzulösen, oder – wenn wir Begleiter sind – den Sterbenden dazu zu ermuntern, dies zu tun. Widerstände lösen wir auch jetzt auf die gleiche Weise auf, die wir schon besprochen haben, als es um den Umgang mit ihnen ging.

Ermuntere dich selbst, Widerstände aufzulösen.

Maria verfügte über großes Vertrauen und Hingabefähigkeit mir gegenüber. Sie ließ sich sehr leicht von mir führen. An ihrem Bett hatte sie ein Foto von mir stehen, und wenn nachts Angst aufkam, dann sagte ihr Mann zu ihr: „Schau doch Wilfried an, denk doch an ihn." Das war für sie der Schlüssel, die Angst aufzulösen. Dabei kannte sie mich auf persönlicher Ebene kaum. Sie sah in mir jemanden, der sich um das Dharma bemüht, es ein Stückchen weit verstanden hat und es auch zu leben versucht. Aber über mein persönliches Leben wusste sie nichts. Was ihr half, war also letztlich Vertrauen in das Dharma.

Im Frühsommer bat sie mich ein letztes Mal zu sich und sagte mir: „Ich werde jetzt sterben, heute Nacht werde ich sterben. Ich bin vollkommen damit einverstanden zu gehen, und ich weiß, die Bedingungen sind gut." Dann bat sie mich, sie in der Nacht mit Metta zu begleiten und zu gehen. Sie schlief sofort wieder ein, denn sie war sehr erschöpft. In dieser Nacht starb sie. Eine solche Widerstandslosigkeit zu erwirken ist ein großer Segen, und wenn andere sie uns vorleben, ist das ein großes Geschenk.

Widerstandslosigkeit zu erwirken ist ein großer Segen.

In der Sterbebegleitung vieler Menschen habe ich erkannt, dass Konzepte nichts taugen. Niemand von uns weiß, wie der eigene Tod sein und was dann noch ins Bewusstsein drängen wird. Auch habe ich dabei viel Angst verloren, denn so viele Menschen haben mir vorgelebt, dass all das, von dem wir im Dharma immer wieder hören – Einfühlung, Vertrauen, Hingabe, Loslassen, Verständnis und die entsprechenden Übungen dazu – hilft und trägt.

Die Wucht der Erscheinungen

Im Buddhismus heißt es, dass die Zeit des Sterbens eine sehr besondere Zeit ist, weil wunderbare Chancen in ihr liegen. Es ist eine bedeutsame Zeit. Im Sterbeprozess kommt es darauf an, dass wir uns nirgends verfangen, sondern dass wir im Grunde genommen immer in der Haltung bleiben, in der wir die Erscheinungen durchschauen. Was wir während dieses Prozesses erleben, unterscheidet sich nicht von unserem Erleben im normalen Alltagsbewusstsein, nämlich das ständige Kommen und Gehen der Erscheinungen.

In unseren Meditationen versuchen wir, uns auf die Phänomene auszurichten und ihr Wesen, ihre Bedingtheit und ihre Vergänglichkeit zu erkennen. Wir üben uns darin, das Entstehen und Vergehen von Gedanken, Gefühlen, Wahrnehmungen und Reaktionstendenzen zu beobachten, ohne uns von ihnen vereinnahmen zu lassen. Vielmehr versuchen wir, das Wesen dieser Erscheinungen zu durchschauen, das in fortwährendem Wandel und fortwährender Bedingtheit besteht.

Lass dich nicht von den Erscheinungen vereinnahmen.

Wir üben uns darin, unser Verständnis und Erleben immer weiter zu verfeinern und zu vertiefen, um uns auch von heftigen Gefühlen und Gedanken nicht aus der Balance bringen zu lassen. Was wir lange und häufig geübt haben, wird uns im Sterbeprozess zugutekommen und verhindern, dass sich unser Herz verschließt, wenn wir verschiedene Erscheinungen erleben.

Shankaras

Wir haben von der Auflösung der subtilsten Energien gegen Ende des Sterbeprozesses gelesen. Christlich würde ich es so ausdrücken: Das ist der Zeitpunkt, an dem die Seele den Körper verlässt. Buddhistisch ausgedrückt, bedeutet Seele die vier geistigen Khandhas: Gefühl, Wahrnehmung, Reaktion und Bewusstsein.

Bevor sich die subtilsten Energien auflösen, ist das übliche Verstandesbewusstsein bereits in das Sterbebewusstsein übergegangen und der endgültige Auflösungsprozess hat begonnen. In dieser Phase treten alte Shankaras ins Sterbebewusstsein.

Shankara kann übersetzt werden mit Gestaltungen und Abdrücken im Speicherbewusstsein als Folge von Reaktionen und Absichten. Damit sind alle mentalen wie auch körperlichen Reaktionen gemeint. All das, was du in deinem Leben gedacht, gesagt und getan und wie du auf dein Erleben reagiert hast, sind Shankaras.

Die stärkeren Shankaras erscheinen in dieser Zeit im Sterbebewusstsein an der Oberfläche. Das heißt, der Sterbende wird noch einmal mit Handlungen konfrontiert, die er begangen hat, ebenso mit Erlebnissen, auf die er reagiert hat. Was an Shankaras ins Sterbebewusstsein tritt, hängt vor allem von der Energie ab, die bei ihrem Entstehen eine Rolle spielte. War es eine Energie von Gier, Hass und Gewalt oder eine Energie von Großzügigkeit, Güte und Mitgefühl?

Shankaras im Sterbeprozess

Ich erinnere mich an eine Sterbebegleitung, bei der mir dieser Ablauf zum ersten Mal sehr deutlich vor Augen geführt wurde. Das Alltagsbewusstsein der Sterbenden, das Verstandesbewusstsein, war bereits ins Sterbebewusstsein übergegangen. Erd- und Wasserelement hatten sich schon weitestgehend zurückgezogen, und die Sterbende hatte keine Kontrolle mehr über Urin, Stuhl und Tränen. Meistens lag sie schlafend da, und ab und an stieg eine „Erinnerungsblase" empor. Vielleicht kannst du dir diesen Vorgang ganz plastisch wie das Aufsteigen von Blasen im Wasser vorstellen. So kam eine Erinnerungsblase, und sie bäumte sich mit einer unglaublichen Kraft auf. Einer Kraft, die sie noch aufbrachte, obwohl der Körper schon sehr schwer war und sie sonst sehr still lag. Erinnerungsbilder kamen hoch, und bisweilen sprach sie mit Menschen, die ich nicht kannte, aus Zeiten lange vor unserem Kennenlernen. Manchmal war dieses Erleben beglückend, manchmal lachte sie, manchmal kamen ihr die Tränen. Die Aufgabe eines Sterbebegleiters besteht in einem solchen Moment darin, dem Sterbenden zu helfen, sich immer wieder auf Höheres auszurichten.

Dem Sterbenden helfen, sich immer wieder auf Höheres auszurichten.

Diese Sangha-Freundin besaß ein Thangka, das sie sehr liebte und auf dem Tara abgebildet war. Es hing so vor ihrem Bett, dass sie es gut sehen konnte. Ich habe sie immer wieder ermuntert, sich darauf auszurichten, manchmal sanft, manchmal mit sehr deutlicher Ansprache: „Nein, gehe nicht da weiter! Folge diesem inneren Bild nicht, mache jetzt die Augen auf und schau auf Tara!" „Ah ja. Ja. Richtig, ja", kam dann von ihr, und sie sank wieder in den Schlaf. So ging es einige Stunden lang.

Als Begleiter brauchst du sehr viel Klarheit, Balance sowie eine Kraftquelle in dir, um nicht auf die Energie, die mit diesen Vorgängen verbunden ist, zu reagieren. Es ist eine unglaublich dichte Energie, die dich natürlich auch mit eigenen Geschichten in Berührung bringt. Um in dieser Energie selbst klar ausgerichtet zu bleiben und dich nicht ebenfalls von Hin- oder Abneigung vereinnahmen zu lassen, ist es wichtig, dass du die Kanäle zur Herzchakra-Gegend, also die Verbindung zu Metta, offenhältst.

Alaya und Herzchakra-Energie

Während der Phase, in der das Bewusstsein immer subtiler wird, ist hochgradige Läuterung möglich. Die Voraussetzung dafür ist jedoch, dass du sie bereits eingeleitet hast. Nur wenn du den Geist klar geschult und dem Läuterungsprozess schon bei Lebzeiten den Weg gebahnt hast, kannst du ihn in der Sterbephase noch besonders intensivieren.

In dieser Phase verbindet sich das Alaya-Bewusstsein mit der Herzchakra-Energie. Wir haben gelesen, dass männliche und weibliche Energie, die eine vom Vater, die andere von der Mutter stammend, sich in der Herzchakra-Gegend verbinden. Wir haben auch gehört, dass Bewusstsein aus Energie besteht – dies gilt natürlich auch für das Alaya-Bewusstsein. Alles, was du in diesem und allen vorhergehenden Leben erlebt hast, ist im Alaya-, Ursprungs- oder Schatzhaus-Bewusstsein gespeichert und verbindet sich mit der Herzchakra-Energie, wenn die Seele – oder die vier geistigen Khandhas – über die Herzchakra-Gegend den Körper verlässt.

Wir sterben also, wie wir geboren wurden: in der Herzchakra-Energie. Es ist, als kämen wir von zu Hause und gingen in die Verkörperung hinein. In der Verkörperung gibt es Aufteilung und Trennung, damit auch Dukkha. Dukkha will uns bewusster werden lassen, sodass wir ein gutes Stück Entwicklungsarbeit geleistet haben, wenn wir nach Hause zurückkehren. Die in der Verkörperung getrennten Energien werden wieder zusammengefügt, Alaya-Bewusstsein verbindet sich mit Herzchakra-Energie und verlässt diesen grobstofflichen Körper.

Wir sterben, wie wir geboren wurden: in der Herzchakra-Energie.

Das konzeptionelle Bewusstsein löst sich mit dem grobstofflichen Körper auf. Das Denkbewusstsein, deine Erinnerungen und intellektuellen Errungenschaften, dein berufliches Wissen und Können, all das ist an das konzeptionelle Bewusstsein gebunden. Dieses wiederum ist abhängig vom Gehirn und stirbt demzufolge mit dem Körper.

Das konzeptionelle Bewusstsein löst sich mit dem grobstofflichen Körper auf.

Sterben bedeutet also Trennung, Desintegration der Persönlichkeit, die sich in immer subtilere Energien hinein auflöst. Wenn das Alaya-Bewusstsein, verbunden mit der Herzchakra-Energie, den Körper verlassen hat, drängt es in die nächste Verkörperung. Der Prozess der Auflösung wird umso ungestörter verlaufen, je mehr wir im Leben gelernt haben, diese subtilsten Energien balanciert zu halten.

In diesem Zusammenhang lege ich dir ganz besonders die Übung mit den Chakren ans Herz. Möglicherweise ist es sinnvoll, mit der Praxis des Wohlfühlortes [1] zu beginnen, um erst einmal zu lernen, dich zu fühlen und Selbstvertrauen wachsen zu lassen.

---

1) Zur Praxis des Wohlfühlortes: siehe „1. Begegnung mit dem Götterboten Alter", Seite 42.

In der tantrischen Praxis des tibetischen Buddhismus wird systematisch geübt, dieser natürlichen Prozesse gewahr zu werden. Manche Lehrer unterweisen ihre Schüler darin, das Gewahrsein während des Einschlaf-Prozesses aufrechtzuerhalten. Auch dieser Prozess ist mit einer Desintegration der verschiedenen Anteile unserer Persönlichkeit verbunden. Je nachdem wie gut wir gelernt haben, unser Gewahrsein zu halten und zu stabilisieren, können wir unsere Möglichkeiten nutzen. Auch deswegen weise ich immer wieder auf die Wichtigkeit kontinuierlichen Übens hin.

Nach dem körperlichen Tod

Die folgende Frage wird immer wieder gestellt: „Wann verlässt die Seele nach dem sichtbaren Tod den Körper?" Dies ist schwer zu beantworten. Nach meinem Verständnis hängt es sehr davon ab, welchen Grad an Loslösung dieser Mensch in seinem Leben schon erreicht hat, wie weit er Anhaftungen oder Aversionen reduzieren konnte. Die tibetischen Lehrer sagen, dass im Allgemeinen etwa eine halbe bis eine Stunde vergeht. Es kann aber auch länger dauern.

Was ist in dieser Zeit zu beachten? In dieser Phase sollte der Leichnam nicht berührt werden. Solange die Seele noch nicht gegangen ist, vollziehen sich die sehr subtilen Prozesse der Desintegration, die möglichst ungestört verlaufen sollten. Mit etwas Empfindsamkeit können Menschen, die in der Begleitung Sterbender erfahren sind, erkennen und spüren, ob die Seele gegangen ist oder nicht.

Solange die Seele nicht gegangen ist, berühre den Leichnam nicht.

Der indische Weise Sri Aurobindo erläutert, um die Seele zu finden, müsse man von der Oberfläche zurücktreten, sich weit in sich selbst zurückziehen und sich tief, tief versenken. Und dort fände man etwas, das glüht, das ruhig ist und reich, ganz unbewegt und erfüllt und unvergleichlich sanft – das sei die Seele.

Mir ist das zum ersten Mal sehr eindrücklich deutlich geworden, als ich im Notdienst die Leichenschau für einen älteren Herrn vorzunehmen hatte. Im ärztlichen Notfalldienst stehen wir oft unter Zeitdruck, weil häufig mehrere Menschen auf einen Notarzt warten. Ich bekam die Anweisung von der Zentrale, und wir fuhren zu der Wohnung des gerade Verstorbenen. Eine alte Dame, seine Frau, öffnete die Tür und bremste meinen schnellen Schritt, indem sie sagte: „Pssst! Er ist noch nicht gegangen." Ich verlangsamte sofort meine Geschwindigkeit, denn die Gewissheit, die von ihr ausging, war für mich sehr authentisch zu spüren.

Ich betrat das Sterbezimmer, das sich in einem Haus an einer stark befahrenen Straße in Berlin-Neukölln befand, aber ich nahm die Geräusche der Außenwelt nicht wahr. Der übliche Straßenlärm war weit weg, vermutlich, weil die Aufmerksamkeit von der Atmosphäre im Raum gefesselt wurde. Es brannten Kerzen, und in der Mitte des Raumes lag in einem Pflegebett ein alter Herr, der Verstorbene.

Ich hielt inne und praktizierte Metta für den Verstorbenen und seine Frau. An verschiedenen Zeichen meinte ich zu erkennen, dass der Sterbeprozess in seinen feineren Stadien noch nicht abgeschlossen war. Sicher, das Herz hatte längst aufgehört zu schlagen, doch meiner Wahrnehmung nach hatte das Bewusstsein den Körper noch nicht verlassen.

Wenn wir Ärzte eine Leichenschau machen, dann sind wir angewiesen, den Leichnam unbekleidet zu untersuchen und alle Körperöffnungen zu inspizieren. Das wird uns aufgetragen und ist von Juristen so vorgegeben, damit wir eine unnatürliche Todesursache nicht übersehen. Das bedeutet aber, einen Verstorbenen zu entkleiden, hin und her zu drehen, seinen Mund zu öffnen und hineinzuschauen, ebenso in den Anus, die Ohren und so weiter.

Dies alles wäre eine Störung des Sterbeprozesses. Nach dem physischen Herzstillstand sollten Angehörige und medizinisches Personal den Körper des Sterbenden möglichst nicht bewegen.

Für mindestens eine Stunde sollten auch keine Schläuche oder Katheter entfernt werden. Vielmehr sollte im Sterberaum eine möglichst fried- und würdevolle Atmosphäre geschaffen werden. Es können Gebete gesprochen und Meditationen oder Rituale durchgeführt werden, die natürlich zu der spirituellen Ausrichtung passen sollten, die der Sterbende zu Lebzeiten bevorzugte. Wenn er keinerlei spirituelle Orientierung hatte, oder diese nicht bekannt ist, dann eignet sich immer die Praxis von Metta. Metta ist nicht an eine Konfession gebunden, sondern sie ist die uns allen innewohnende Urenergie.

Für Verstorbene praktizieren

Eine häufig beschriebene Erfahrung aus Nahtoderlebnissen besagt, dass das Bewusstsein des Verstorbenen noch über Sinneswahrnehmungen verfügt. Er oder sie kann in dieser Zeit eventuell noch hören, was gesprochen wird. So hört er zum Beispiel, wie Angehörige oder der Arzt sagen, dass er nun verstorben sei. Wenn wir also nach einiger Zeit – möglichst mehrere Stunden nach Eintreten des Todes – den Leichnam waschen oder ankleiden wollen, dann kann es hilfreich sein, ihm zu erklären, was wir jetzt tun werden.

Kurz nach dem körperlichen Tod verfügt das Bewusstsein des Verstorbenen noch über Sinneswahrnehmungen.

Auch nach dem für uns sichtbaren Tod ist es noch möglich, den Sterbenden zu unterstützen. Wir können ihn beruhigen, ihn an Loslassen, Hingabe und das Gute erinnern. Wir können Rituale ausführen und all das tun, was seinen Geist auf die überweltliche Ebene ausrichtet. Es ist auch gut, Kerzen im Raum anzuzünden – das tun wir gewöhnlich fast automatisch.

Wenn du zu einem Unfalltoten kommst, kannst du ebenfalls für ihn praktizieren, ihn unterstützen und daran erinnern, was in diesem Moment wichtig ist. Das kannst du laut oder auch leise tun. Vor einiger Zeit war ich auf der Landstraße unterwegs, ein

Motorradfahrer überholte mich, und kurz darauf gab es einen Stau. Er war in der nächsten Kurve gegen einen Baum gefahren und verstarb noch an der Unfallstelle.

In dieser Situation geht die Desintegration sehr schnell vonstatten und die „Seele“ weiß überhaupt nicht, was geschieht. Wenn das Erleben an der Unfallstelle dich nicht zu sehr aufwühlt und du nicht von Betroffenheit vereinnahmt bist, kannst du dem Wesen, das sich gerade von seinem grobstofflichen Körper trennt, aus der Kraft deines Mitgefühls heraus erklären, was geschieht. Erinnere ihn an das Loslassen. Versuche, ihn zu beruhigen und die Kraft von Metta zu ihm auszustrahlen. Du kannst dies mit Hilfe deiner formalen Metta-Praxis tun, indem du die Sätze aus deiner Übung nimmst und ihm schenkst. Wenn du möchtest, kannst du auch Parittas, die Metta-Sutta oder das Herz-Sutra für ihn rezitieren.

Das Sterbebewusstsein löst sich vom zerfallenden grobstofflichen Körper und verbindet sich mit einer Art Energiekörper, in dem die bekannten vier Elemente zwar ebenfalls vorhanden sind, aber sehr viel subtiler und in einem anderen Verhältnis. So sind zum Beispiel sehr viel weniger Erd- und Wasserelement enthalten. Deswegen ist dieser feinere Energiekörper im Allgemeinen auch nicht mit unseren groben Sinnen wahrzunehmen.

Auf hoher Ebene begleiten

Für dich als Begleiter ist es wichtig, dass du dich immer wieder neu ausbalancierst, das heißt, auch für dich Mitgefühl und Metta aufbringst. Wenn du in deiner Kraft bist, kann Mitgefühl leicht fließen. Zu deiner Kraft findest du durch eigene Kraftquellen. Wenn sich hingegen dein Herz verschließt, wirst du zum Spielball deiner Ängste und dann könntest du den Sterbenden möglicherweise irritieren. Es ist für ihn nicht hilfreich, wenn du als Begleiter in Widerstand oder Angst bei ihm bist.

In einer Lehrrede aus der Mittleren Sammlung wird der Sterbevorgang des Anathapindika beschrieben. Er war ein Schüler von Sariputta, der wiederum einer der drei Hauptschüler des Buddha war. Anathapindika war Geschäftsmann und ein großer Gönner der Mönchs-Sangha. Im Rahmen seiner lebensbedrohlichen Krankheit erlitt er starke Schmerzen und wandte sich hilfesuchend an seinen Lehrer. Sariputta begriff sehr schnell, dass der Sterbeprozess begonnen hatte und leitete Anathapindika in dieser Weise an:

„Dann, Haushälter [2], solltest du dich so üben: ‚Ich werde nicht am Auge anhaften, und mein Bewusstsein wird sich nicht auf das Auge stützen.' So solltest du dich üben. Du solltest dich so üben: ‚Ich werde nicht am Ohr anhaften, und mein Bewusstsein wird sich nicht auf das Ohr stützen.' So solltest du dich üben. Du solltest dich so üben: ‚Ich werde nicht an der Nase anhaften, und mein Bewusstsein wird sich nicht auf die Nase stützen.' So solltest du dich üben. Du solltest dich so üben: ‚Ich werde nicht an der Zunge anhaften, und mein Bewusstsein wird sich nicht auf die Zunge stützen.' So solltest du dich üben. Du solltest dich so üben: ‚Ich werde nicht am Körper anhaften, und mein Bewusstsein wird sich nicht auf den Körper stützen.' So solltest du dich üben. Du solltest dich so üben: ‚Ich werde nicht am Geist anhaften, und mein Bewusstsein wird sich nicht auf den Geist stützen.' So solltest du dich üben."

„Haushälter, du solltest dich so üben: ‚Ich werde nicht an Formen (Klängen, Gerüchen, Geschmäckern, Berührungsobjekten, Geistesobjekten) anhaften, und mein Bewusstsein wird sich nicht auf Formen (Klänge, Gerüche, Geschmäcker, Berührungsobjekte, Geistesobjekte) stützen.' So solltest du dich üben."

„Haushälter, du solltest dich so üben: ‚Ich werde nicht am Erdelement (Wasser-, Feuer-, Windelement) anhaften, und mein

[2] Gemeint sind praktizierende nicht ordinierte Menschen, die ein häusliches Leben führen.

Bewusstsein wird sich nicht auf das Erdelement (Wasser-, Feuer-, Windelement) stützen.‘ So solltest du dich üben.“ (…)

„Haushälter, du solltest dich so üben: ‚Ich werde nicht an Form (Gefühl, Wahrnehmung, Gestaltungen, Bewusstsein) anhaften, und mein Bewusstsein wird sich nicht auf Form (Gefühl, Wahrnehmung, Gestaltungen, Bewusstsein) stützen.‘ So solltest du dich üben.“ (…)

„Dann, nachdem der ehrwürdige Sariputta und der ehrwürdige Ananda[3] dem Haushälter Anathapindika diesen Rat gegeben hatten, erhoben sie sich von ihren Sitzen und nahmen Abschied. Kurz nachdem sie gegangen waren, starb der Haushälter Anathapindika und erschien bei der Auflösung des Körpers, nach dem Tode, im Tushita Himmel wieder.“[4]

Eine Meditation für den Verstorbenen

Die folgende Meditation habe ich zusammengestellt und als sehr herzöffnend erlebt. Mittlerweile habe ich sie für viele Sterbende und bereits Verstorbene praktiziert, auch noch während der Trauerfeier. Ich habe diese Meditation damals für Maria entwickelt und bei ihrer Trauerfeier zum ersten Mal angeleitet. Auch bei der Beerdigung meines Vaters – der nach evangelischem Ritus beerdigt wurde – leitete ich sie an. Dazu bitte ich die Trauergemeinde oder diejenigen, die sich am Bett des Verstorbenen versammelt haben, die Augen zu schließen und sich mit dem Verstorbenen zu verbinden. Hier folgen die Worte:

„Wir schließen unsere Augen und verbinden uns jetzt mit dir, liebe Maria. Mit unserem Herzen und unseren Gedanken berühren wir dankend deine Augen, die so oft gelächelt haben. Du wirst nun den Blick in die jenseitige Welt richten. Wir berühren mit unseren

---

[3] Einer der Hauptschüler des Buddha und sein Cousin und Aufwärter.

[4] Rat an Anathapindika, Mittlere Sammlung, 143, Uttenbühl: Jhana Verlag 2001.

Gedanken deine Ohren, mit denen du uns so verständnisvoll zugehört hast. Du wirst uns nun mit anderen Ohren zuhören. Mit unserem Herzen und unseren Gedanken berühren wir dankend deinen Mund, mit dem du so viel Liebevolles gesprochen hast. Du wirst nun mit anderen Stimmen zu uns sprechen."

„Wir berühren dankend deine Hände, von denen so viel Gutes ausging. Du wirst uns nun auf andere Weise berühren. Wir berühren dankend deine Füße, das Gute, das du gewirkt hast, wird dich nun tragen. Wir berühren dankend dein Herz, mit dem du uns so mitfühlend beschenkt hast. Möge dein Herz nun weit und offen sein für die höchste Liebe und Güte. Wir berühren dankend deine Stirn, du kannst dich jetzt öffnen für das klare Licht: rein wie der Himmel."

Bei einer Trauerfeier gehe ich an dieser Stelle bewusst in Verbindung mit den Menschen, die der oder dem Verstorbenen nahe stehen: „Wir berühren mit unseren Gedanken nun ..." – hier nenne ich den Namen des Partners oder der Kinder, die einen so schmerzlichen Verlust erlitten haben – „Mögen sie Trost finden und Kraft und Zuversicht." Und so beziehe ich alle mit ein, die im Raum sind, ebenso diejenigen, die jetzt nicht anwesend sein können, aber mit dem Verstorbenen verbunden sind. Ihnen allen wünsche ich, dass sie Trost, Kraft und Hilfe finden mögen.

Bei Marias Trauerfeier hob ich auch besonders hervor, wie wertvoll es ist, als Mensch geboren worden zu sein. „Wann immer wir an Maria denken", erinnerte ich die Gemeinde, „brauchen wir uns nicht mehr von Vorstellungen unserer eigenen Begrenztheit verblenden zu lassen. Wann immer wir an Maria denken, können wir uns unser eigenes tiefgründiges Potenzial vergegenwärtigen. Auf diese Weise wird Maria uns weiter begleiten und in dieser schwierigen Welt eine Leuchte für uns sein." Im Allgemeinen lasse ich dann die Menschen in Stille gehen. Wenn sie wollen, können sie dem Verstorbenen noch einen persönlichen Wunsch mitgeben, auf die Stille lauschen oder ein Gebet sprechen.

Den Leichnam aufbahren

Die tibetischen Meister raten uns, den Leichnam mindestens einen Tag, besser drei Tage, liegen zu lassen. Wenn du einen Bestatter hast, der dazu bereit ist, dann ist dies sogar zu jeder Jahreszeit möglich. Als eine unserer Sangha-Freundinnen starb, war es Hochsommer und unglaublich heiß. Sie hatte sich gewünscht, nach ihrem Tod drei Tage in ihrem Zimmer zu verbleiben. In dieser Zeit sollten sich Angehörige und Freunde in Ruhe von ihr verabschieden. Um ihr das zu ermöglichen, hatte der Bestatter viele Kühlelemente besorgt und diese dann unter ihrer Wäsche um den ganzen Leichnam herum verteilt, sodass sich der Verwesungsprozess verlangsamte. Es ist wichtig, dass wir dem Verstorbenen erklären, was geschieht, während der Leichnam aufgebahrt wird. Es kann auch sehr hilfreich sein, Angehörige darin einzubeziehen. So durften die Kinder der Verstorbenen damals mithelfen, ihr das Totenhemd anzuziehen. Eventuell kann Musik erklingen, oder es herrscht Ruhe im Raum, vielleicht spricht jemand Gebete.

Du kannst einen Teil von dir geben, vielleicht einen materiellen Gegenstand, der dir etwas bedeutet. Kinder können ein Bild malen und in den Sarg legen. Damals trug ich schon länger eine Mala, eine tibetische Gebetskette, am Arm, diese legte ich in ihren Sarg. Eines ihrer Kinder gab sein Schmusebärchen mit. In dieser Zeit ist es wichtig, sich immer wieder zu bedanken und vielleicht finden auch noch Abschiedsrituale statt.

Rituale am Grab

Am Grab erinnere ich die Trauergemeinde an die Auflösung der Elemente, daran, dass diese sich nun wieder vollständig mit den Elementen des Universums verbinden werden. Dies kannst du auch bei einer Feuerbestattung praktizieren, denn natürlich lösen sich auch hier die Elemente auf.

Kürzlich ist eine Berliner Sangha-Freundin verstorben. Die Sangha führte zusammen mit den Angehörigen ein Ritual durch und dann betraten alle gemeinsam den Raum, in dem der Verbrennungsofen stand. Während der Leichnam in den Ofen geschoben wurde, rezitierten sie das Herzsutra mit dem sehr passenden „Gate Gate Paragate": „Weitergehen, weitergehen, über alles Bedingte hinausgehen." Anschließend versammelten sich alle wieder im Trauerraum, um eine Metta-Meditation für die Trauergemeinde und ganz besonders die Angehörigen zu praktizieren, die in dieser außerordentlichen Situation nicht sich selbst überlassen bleiben sollten. Wenn ein lieber Mensch stirbt, dann trifft dich das in Bereichen, die du vielleicht noch nie gespürt hast. Wenn ein lieber Mensch stirbt, kann es sein, dass tiefste Bindungen angerührt werden oder auch tiefste Verspannungen und Ängste. Dein Herz ist schmerzlich angerührt, ist möglicherweise ganz offen. Und vielleicht tauchst du jetzt in Bereiche deines Erlebens ein, die du bisher nur von Ferne ahnen konntest.

Ich erlebte das zum ersten Mal mit zwölf Jahren, als meine geliebte Oma starb. Wenn wir um einen Menschen trauern, kommen wir in Verbindung mit unserer eigenen tiefen Trauer, einer Trauer, mit der wir möglicherweise schon geboren wurden. Vielleicht ist sie uns in unserem bisherigen Leben gar nicht so bewusst geworden, hat im Alaya-Bewusstsein geruht und wurde jetzt durch diese sehr dichte Energie berührt. Eine Trauer, die möglicherweise weit in andere Leben hineinreicht. Sie zu erleben, beschreiben manche als „in die Tiefen des Ozeans hinabtauchen".

Wiedergeburt

Im Sterbebewusstsein erscheint als Letztes das Shankara, das am stärksten ausgeprägt ist. Es verbindet sich mit der Energie derjenigen Wiedergeburtsebene, die mit ihm in Resonanz geht, und führt das Wesen in diese Ebene. Wir kennen aus buddhistischer

Sicht verschiedene dieser Ebenen. Unterhalb der menschlichen ist die Ebene der Tiere, der hungrigen Geister und der Höllenwesen angesiedelt, darüber die der Himmelswesen, in immer subtileren Abstufungen.

Unter allen Ebenen gilt die der Menschen als die kostbarste, denn hier herrscht ein ausgewogenes Gemisch von Dukkha und Sukha[5)] und damit die günstigste Voraussetzung zu Weiterentwicklung und vollständiger Befreiung. Auf den untersten Ebenen gibt es zu viel Dukkha und zu wenig Bewusstsein und damit kaum Möglichkeiten, Verständnis zu entwickeln. Auf den oberen Ebenen wiederum ist zu viel Sukha vorhanden, sodass die Dringlichkeit der Praxis nicht erkannt wird. Auf alten Darstellungen erscheint darum der Buddha in den Himmelsebenen mit einer Laute, um über ihr Erklingen die Wesen an die Vergänglichkeit zu erinnern.

Den Weg bis zur vollkommenen Befreiung gehen

Nun haben wir viel über die Götterboten erfahren, von Alter, Krankheit und Tod. Vielleicht konnten wir einen Eindruck davon bekommen, dass uns die Götterboten nicht bedrücken, uns nicht in Melancholie oder Depression führen wollen. Dass sie weder Widerstand noch Hader oder Zweifel in uns entfachen wollen.

Stattdessen wollen sie, dass wir dankbarer und wertschätzender werden. Sie unterstützen uns dabei, unsere Prioritäten zu klären und den Blick über diese materielle Welt der Vielfalt hinauszulenken. Sie helfen uns, diese Welt und ihre Erscheinungen zu verstehen, um dann die Verblendung und die Angst vor ebendiesen Erscheinungen zu verlieren.

Die Götterboten wollen uns zu dem führen, was uns als Mensch auf dieser Welt möglich ist, und uns immer wieder daran

5) „Sukha“ (Pali) bedeutet Freude oder Glücksgefühl.

erinnern, dass die Zeit in unserem Körper kostbar ist. Sie wollen uns zeigen, dass der Weg zu einem vollkommenen Verständnis in den spirituellen Traditionen aufgezeichnet wurde, und uns inspirieren, uns einem spirituellen Weg zuzuwenden und ihn auch zu gehen.

Buddhistisch ausgedrückt: Sie wollen uns dazu verhelfen, Vertrauen zu entwickeln. Damit beginnt die überweltlich bedingte Entstehungskette. Im ersten Schritt entwickeln wir Vertrauen, im zweiten Schritt schulen wir uns in Sammlung, um dann weiter im dritten Schritt Freude zu erleben. Eine Freude, die dem Dharma entspringt, der Erfahrung, dass sich etwas in uns öffnet, wenn wir das Dharma praktizieren. Aus der Freude wiederum leitet sich im vierten Schritt die Inspiration her, die im fünften Schritt zu Gestilltheit führt.

Identifikationen verlieren ihre Heftigkeit und können sich langsam etwas lockern. Wir sind dann mehr am Sein als am Haben und Tun interessiert. Dies ist immer verbunden mit einem Erleben von großem Glück, dem sechsten Schritt. Wenn wir diese Ebene von Freude, Glück und Inspiration erfahren, wird sich unsere Meditation vertiefen. Damit wird sich das Erleben unserer selbst als eine kompakte Persönlichkeit allmählich etwas reduzieren. Wir werden offener und transparenter und erleben den siebten Schritt, in dem wir erkennen, wie die Dinge wirklich sind, das heißt, wir erkennen überall das Prinzip von Ursache und Wirkung.

Nichts, was bedingt ist, was entsteht und vergeht, bietet Sicherheit. Und so lassen wir uns weiterführen von der Sehnsucht nach Sicherheit und vollkommener Geborgenheit. Dabei erleben wir auf tiefer Ebene die Vergänglichkeit und die damit verbundene Unerfülltheit. Unser Interesse richtet sich jetzt auf das, was nicht vergeht, auf die überweltliche Ebene.

„Ich habe wenig Interesse am Vergänglichen, während Sie von nichts anderem reden“, sagte ein bekannter Lehrer einmal zu seinem Schüler. Im achten Schritt erleben wir Ernüchterung in Bezug auf die Welt, das heißt, wir erkennen, was die Sinneswelt uns bieten kann und worin ihre Gefahr besteht. Die Gefahr liegt darin, dass immer wieder Hindernisse aufkommen und damit neue Identifikationen entstehen. Wir machen also ein paar Schritte zurück und erleben immer wieder neue Inkarnationen.

Wenn wir diese Gefahr erkennen und uns nicht wieder verstricken, dann resultiert daraus im neunten Schritt die Leidenschaftslosigkeit. Jetzt richten wir uns ganz und gar auf Nirvana aus, um im zehnten Schritt die Befreiung zu erleben.

Das ist zusammengefasst das tiefste Anliegen der Götterboten. Du musst dir dies alles nicht unbedingt merken, es kann jedoch hilfreich sein, davon zu wissen. Wenn du aber behalten kannst, dass letztlich das Wichtigste in diesem Leben ist, wie viel Liebe wir empfangen haben, wie offen wir waren, um Liebe zu empfangen, wie viel Verständnis wir entwickelt und wie viel Liebe wir selbst verschenkt haben, dann hast du dir das Wesentliche gemerkt. Ich glaube, darauf kommt es an.

Und was wurde aus Carla?

Carla hat sich neu verliebt. Ich glaube, in einen Mann, der sie so sieht und annimmt, wie sie ist. Vor nicht allzu langer Zeit war sie mit einem positiven Schwangerschaftstest bei mir in der Praxis. Und ich bin mir sicher, dass sie die Götterboten gehört hat und auf dem Weg der Heilung ist.

Kontemplation über liebende Güte

Nimm bitte deine Meditationshaltung ein und richte die Achtsamkeit für ein paar Momente auf den Atem. Nimm Verbindung zum Körper und – wenn es dir möglich ist – zur Herzchakra-Gegend auf.

Möge ich frei sein von Feindseligkeiten.

Bitte überprüfe zunächst, ob dieser Wunsch für dich stimmt. Wünschst du dir dies wirklich?

Prüfe, welche Energie dieser Wunsch in sich trägt. Wie würde es sich anfühlen, ohne Feindseligkeiten zu sein?

Und nun schaue einmal nach, wie oft du im Alltag, in einer gewöhnlichen Woche, schlecht gelaunt bist. Wie oft bist du gereizt, ärgerlich, im Widerstand, in Negativität oder einer anderen Form von Feindseligkeit?

Wenn du an solche Zustände denkst, dann vergegenwärtige dir dabei auch, wie sie sich anfühlen. Wie geht es dir damit?

Versuche auch zu erkennen, was du ausstrahlst, wenn dich solche Zustände vereinnahmen. Was meinst du, wie du auf andere in deiner Gereiztheit, deinem Ärger, deiner Negativität wirkst?

Und nun versuche bitte einmal zu erkennen, ob deine Feindseligkeit dich auf etwas aufmerksam machen möchte, ob hinter ihr ein bestimmtes Anliegen steht. Brauchst du etwas, wenn du gereizt, übellaunig, negativ bist? Ist ein Bedürfnis ungestillt und meldet sich nun auf eine wenig nützliche Weise zu Wort?

Bitte untersuche dies. Deine Feindseligkeit ist kein Makel, sondern nur eine ungünstige Strategie eines ungestillten Bedürfnisses. Schaue hinter deine Gereiztheit, denn sie will dich auf etwas aufmerksam machen.

Und untersuche auch einmal, was dir vermutlich helfen würde. Was könnte dich unterstützen, solche Zustände von Widerstand, Ablehnung und Gereiztheit überflüssig werden zu lassen?

Stelle dir nun noch einmal vor, wie es wäre, wenn alle Negativität, jede Feindseligkeit sich auflösen würde. Wie würde sich dies anfühlen?

Möge ich frei sein von Angst.

Bitte überprüfe zunächst wieder, ob dieser Wunsch für dich stimmt. Möchtest du dies wirklich?

Und dann schaue einmal nach, wie viel Unsicherheit, Sorgen, Selbstzweifel und Zweifel in einem gewöhnlichen Wochenverlauf in dir hochkommen. Wie häufig erlebst du Sorgen und Unsicherheit bis hin zu spürbarer Angst? Welchen Stellenwert nehmen diese Zustände in deinem Leben ein?

Bitte versuche auch zu erkennen, welche Energie aus diesen Zuständen von dir ausgeht. Wenn du von Sorgen besetzt, in Unsicherheit gefangen bist, was strahlst du dann aus? Und wie agierst du dann?

Und nun versuche zu erkennen, dass sich hinter jeder Unsicherheit und Angst ein Bedürfnis nach Schutz, nach Geborgenheit und Sicherheit befindet. Schaue einmal hinter die Angst, hinter die Sorgen, um zu erkennen, was du brauchst, wenn sich Sorgen deiner bemächtigen oder Angst aufkommt.

Vielleicht ahnst du auch schon, was dir helfen könnte, die Unsicherheit zu verringern und irgendwann jegliche Angst überflüssig werden zu lassen.

Zum Abschluss wünsche dir noch einmal „Möge ich frei sein

von Angst" und spüre, wie es sich anfühlen könnte, wenn dieser Wunsch in Erfüllung ginge. „Möge ich frei sein von Angst."

Möge ich keine Lebewesen verletzen.

Auch hier prüfe bitte zunächst, ob dieser Satz für dich stimmt. Ist es dir wirklich ein Anliegen, niemanden zu verletzen?

Nun schaue dir wieder eine gewöhnliche Woche an und erkunde, wie einfühlsam du mit den Bedürfnissen deines Körpers umgehst. Und wie sehr du dich für die Bedürfnisse deiner Seele interessierst. Wie einfühlsam gehst du mit dir selbst um? Oder ignorierst du deine Bedürfnisse?

Und wie häufig erlebst du dich in einem gewöhnlichen Wochenverlauf anderen gegenüber zugewandt? Interessiert an ihren Bedürfnissen? Bei deinen liebsten Menschen, aber auch jenen, die dir nicht so nahe stehen: Arbeitskollegen, Patienten, Klienten, Kunden, Nachbarn.

Wenn du jetzt an Situationen denkst, in denen du dich als wenig einfühlsam erlebt hast, dir selbst oder anderen gegenüber, dann untersuche einmal, was dahintersteht. Was könnte die tiefere Ursache sein? Was ist in diesen Momenten in dir blockiert?

Versuche auch zu untersuchen, was aus solchen Zuständen im Allgemeinen erwächst.

Und was könnte dir vermutlich helfen, empathischer und einfühlsamer zu sein, dir selbst und anderen gegenüber?

Möge ich fähig sein, mein Glück zu beschützen.

Bitte schaue nach, in welchen Momenten in deinem Leben du dich erfüllt fühlst. Wann erlebst du Zufriedenheit, Gestilltheit? Wo findest du Freude?

Wie ist dein Zugang zu den Quellen von Zufriedenheit, Erfüllung und Freude?

Und wie kannst du dein Glück beschützen und stärken, sodass es von den Schwankungen der Außenwelt sowie von den Zuständen des Körpers unabhängig wird und die Quelle immer offen bleibt? Wie kannst du dein Glück beschützen, sodass es unantastbar wird für die Außenwelt und unabhängig von den Bedingungen des Körpers?

Mögen alle Menschen frei werden von Feindseligkeiten.

Versuche noch einmal, deinen eigenen Ärger, deine Übellaunigkeit und Gereiztheit zu verstehen. Und versuche dann, sie auch bei anderen zu verstehen, indem du erkennst, dass auch bei ihnen bestimmte Anliegen dahinterstehen, sich ungestillte Bedürfnisse zu Wort melden.

Versuche, die Gereiztheit in anderen zu verstehen, ohne sie deswegen abzulehnen.

Stattdessen kannst du ihnen wünschen und ihnen nach deinen Möglichkeiten helfen, ihre Feindseligkeiten zu durchschauen und aufzulösen – aber nur, wenn sie bereit und offen dafür sind.

Mögen alle Menschen frei sein von Angst.

In dem Maße, in dem du selbst Zugang zu deinen inneren Ressourcen, zu deinen Kraftquellen, gefunden hast und Unerschütterlichkeit ausstrahlst, kannst du für andere zu einem Leuchtturm werden, der ihnen hilft, ihrerseits Angst und Unsicherheit zu überwinden.

Die Überwindung deiner eigenen Angst ist ein sehr kostbares Geschenk, das du anderen Menschen machen kannst.

Mögen die Menschen einander nicht verletzen.

Wenn du erkannt und erlebt hast, wie sich Ignoranz und Ablehnung anfühlen und wohin Ablehnung und Ignoranz führen, kannst du anderen Menschen wünschen, einfühlsam und zugewandt miteinander umzugehen.

Und du kannst mit deinem Beispiel Güte und Freundlichkeit in der Welt vermehren.

Mögen alle Menschen fähig sein, ihr Glück zu beschützen.

Alle Menschen sehnen sich nach Sicherheit, Glück und Erfüllung. Du kannst ihnen wünschen, dass sie Glück in ihrem Leben finden und es dann auch beschützen können.

Und wenn du selbst einen Weg zu Erfüllung und Glück gefunden hast und diesen Weg auch wirklich gehst, dann kannst du anderen deinen Weg zeigen – aber nur, wenn sie davon auch wissen wollen.

Die fünf täglichen Betrachtungen

1) Ich bin dem Altern unterworfen, ich kann dem Altern nicht entgehen.

2) Ich bin der Krankheit unterworfen, ich kann der Krankheit nicht entgehen.

3) Der Tag wird kommen, an dem ich sterben werde. Wenn der Tod zu mir kommt, kann ich ihm nicht entgehen.

4) Alles, was mein und mir lieb ist, wird sich ändern und entschwinden.

5) All meine Absichten, Gedanken, Worte und Taten prägen mein Wesen. Wenn ich sterbe, werde ich begleitet von dem, was ich im Leben getan und worum ich mich bemüht habe.

Danksagung

Claude Troesch hat weite Teile des Manuskriptes gelesen und wichtige Vorschläge eingebracht.

Sabine Schüler hat meine Vorträge mit großem Engagement in die vorliegende schriftliche Form gebracht und bei der Niederschrift des Buches eng mit mir zusammengearbeitet.

Traudel Reiß hat als Lektorin aus ihrer Erfahrung und Weisheit heraus viele umfangreiche Verbesserungen eingebracht.

Claudia Wildgruber, die dieses Buch gesetzt hat, unterstützte mich mit konstruktiven Ratschlägen.

Bärbel Wildgruber hat mit großem Einsatz und Sorgfalt Korrektur gelesen.

Simone Hundertmark übernahm mit ihrer kreativen und fachlichen Kompetenz die Gestaltung der Umschlagseiten.

Ihnen allen danke ich aus tiefstem Herzen.

Meinen Schülerinnen und Schülern danke ich für die Ermutigung und Inspiration, das Dharma zu lehren.

Das Lotos-Vihara Meditationszentrum

Wie eine Oase mitten in der Stadt liegt es zwischen den Plattenbauten in der Nähe des Alexanderplatzes: das Lotos-Vihara Meditationszentrum. Umgeben von einem großen Garten, verfügt es über drei Meditationsräume in verschiedenen Größen und eine Bibliothek. Kleine Apartments bieten die Möglichkeit zu angeleiteten Einzelretreats. Im Lotos-Café treffen sich Dharma-Praktizierende und Menschen aus der Umgebung.

Zum vielfältigen Programm des Zentrums gehören regelmäßige Vorträge über die Buddha-Lehre, Meditationsabende und mehrere

Meditationsgruppen, darunter auch Gruppen für Menschen mit Krebserfahrung, für Schwangere und junge Eltern sowie für Ärzte und Therapeuten.

Lotos-Vihara Meditationszentrum
Neue Blumenstraße 5
10179 Berlin (Mitte)
Tel.: 030-2576 2164
Fax: 030-2408 3159
info@lotos-vihara.de
www.lotos-vihara.de

Ebenso im Jhana Verlag erschienen sind

Klappenbroschur, 312 Seiten
ISBN 978-3-931274-43-6

Bhante Henelopa Gunaratana
mit Jeanne Malmgren

Reise zur Achtsamkeit

Die Autobiografie des Bhante G.

Bhante Gunaratana oder Bhante G., wie er liebevoll genannt wird, erzählt in bewegenden Worten seine abenteuerliche Lebensgeschichte. Geboren in ärmlichen Verhältnissen in Sri Lanka, wurde er mit 12 Jahren als Mönch ordiniert. Seine innere Reise führt ihn durch viele Höhen und Tiefen. Heute ist er einer der bekanntesten und gefragtesten buddhistischen Lehrer des Westens.

CD, kartoniert im Digi-Pack
ISBN 978-3-931274-44-3

Die Herzen verbinden

Geleitete Meditationen auf CD von Ayya Khema, Bhante Nyanabodhi, Charlie Pils, Wilfried Reuter und Sylvia Kolk

Jeder kann sein Herz erweitern und mit Hilfe dieser Anleitungen einen Zugang finden, um mehr Liebe und Mitgefühl zu empfinden. Die CD beinhaltet geleitete Meditationen von verschiedenen namhaften Meditationslehrern und -lehrerinnen und erfordert keinerlei Vorkenntnisse.

JhanaVerlag

Klappenbroschur, 208 Seiten
ISBN 978-3-931274-41-2

Ayya Khema

Meditation ohne Geheimnis

Eine Führung ins Innerste

Meditation ist das notwendige Mittel, den Geist zur Ruhe und Klarheit zu bringen, damit wir eines Tages in die Tiefe schauen und erkennen können, wozu wir auf der Welt sind. Was könnte interessanter sein, als sich selbst zu erforschen? In diesem Buch stellt Ayya Khema eingehend die Grundlagen der Ruhe- und Einsichtsmeditation dar, erläutert, wie wir uns von festgefahrenen Denkmustern und Gefühlen befreien können, und gibt wertvolle Ratschläge für unsere Praxis.

Hardcover, 144 Seiten,
mit Farbabbildungen
ISBN 978-3-931274-38-2

Ayya Khema

Ein Leben in Liebe und Weisheit

Begegnung mit einer Mystikerin

Dieses Buch ist kein eigentliches Lese- oder Bilderbuch, sondern ein „Berührt-werden-Buch". Auf jedem der Fotos begegnet man der außergewöhnlichen Präsenz Ayya Khemas und ihrer inneren Kraft und Liebe. Die tiefgründigen Aussagen und Aphorismen lassen unsere Aufmerksamkeit nach innen wandern und zeigen uns die menschliche Natur und die Gesetze des Lebens auf. Eine lebendige Begegnung mit einer Mystikerin.

JhanaVerlag

Klappenbroschur, 240 Seiten,
mit zahlreichen Abbildungen
ISBN 978-3-931274-34-4

Ayya Khema

Ich schenke euch mein Leben

Die Lebensgeschichte einer deutschen Buddhistin

Dies ist die Geschichte einer ungewöhnlichen Frau. Sie erlebte großbürgerlichen Luxus und wurde als Jüdin verfolgt. Sie bereiste mit Mann und Kind unter abenteuerlichen Umständen fast die ganze Welt und war immer auf der Suche nach der letzten Wahrheit. So fand sie schließlich im Buddhismus ihre geistige Heimat, praktizierte klösterliche Askese und wurde als spirituelle Lehrerin hoch geehrt.
Ein Leben, so spannend wie ein Roman.

Klappenbroschur, 264 Seiten
ISBN 978-3-931274-37-5

Ayya Khema

Ohne mich ist das Leben ganz einfach

Der Weg des Buddha zur vollkommenen Freiheit

Jeder von uns glaubt, dass wir eine unersetzbare Persönlichkeit sind, die sich möglichst erfolgreich durchsetzen muss. Damit erleben wir zahlreiche Enttäuschungen, deren Ursachen wir meist bei anderen Menschen suchen und feststellen, dass unsere Erfolge uns nicht wirklich innerlich befriedigen. Der Titel des Buches weist auf das Ziel der Buddhalehre hin: das Loslassen dieser Illusion über uns selbst und die Erkenntnis, dass das Leben ohne (m)ich ganz einfach ist.

Das Buddha-Haus ist ein buddhistisches Zentrum der Theravada-Tradition und liegt etwa 130 km südwestlich von München in den Allgäuer Voralpen. Im Laufe des Jahres finden Meditationskurse für Anfänger und Geübte statt, die von erfahrenen LehrerInnen geleitet werden, insbesondere von langjährigen SchülerInnen von Ayya Khema.

Interessenten wenden sich bitte an: